思想觀念的帶動者

文化現象的觀察者

本土經驗的整理者

生命故事的關懷者

{ PsychoAlchemy }

啟程，踏上屬於自己的英雄之旅

外在風景的迷離，內在視野的印記

回眸之間，哲學與心理學迎面碰撞

一次自我與心靈的深層交鋒

DREAMS, A PORTAL TO THE SOURCE

通往生命的泉源

榮格觀點的解夢書

Edward C. Whitmont　Sylvia Brinton Perera

艾德華・惠特蒙　席薇亞・佩雷拉

著

譯——王浩威　校閱——徐碧貞

Routledge
Taylor & Francis Group

想想夢的無限變化，就可以明白為什麼我們很難找到一種方法或是一種技術程序，可以引導出可靠的結果。的確，沒有所謂正確的方法是件好事，否則夢的意義還沒開始就會先出現局限，還會失去夢對治療的目的無可估價的優點：夢提供新觀點的能力。

——卡爾．榮格，〈心理學對現代人的意義〉
收錄於《榮格全集》（*Collected Works*），卷十，段 319

要瞭解任何一個夢都是十分困難的，因此長久以來我設下一個原則，當有人告訴我他的夢，並且問我意見時，我會先告訴自己：「我完全不知道這個夢的意義。」之後，我才能開始檢視這個夢。

——〈論夢的本質〉，收錄於《榮格全集》，卷八，段 534[1]

1 譯註：這兩段原文在原書並沒有附出處，這裡是由譯者附加的。

目次

|導　讀| 解夢，釋夢，如夢如幻／李孟潮 …… 011

|關於作者| 惠特蒙與佩雷拉／王浩威 …… 033

|致　謝| …… 039

|第一章| **導論：臨床工作的夢詮釋** …… 041

|第二章| **臨床實務中的夢工作** …… 049

|第三章| **夢如其情境** …… 069

夢中自我 / 072

從夢工作中開展心理發展的可能性 / 080

|第四章| **夢的語言** …… 085

意象 / 86

寓言 / 89

象徵 / 91

圖謎 / 93

|第五章| **聯想、解釋、擴大：夢的場域** 099

聯想 / 101

解釋 / 105

情緒和身體反應 / 112

「瑣碎」的夢 / 115

幻想、想像和活現 / 117

情感與感覺特質 / 122

擴大法 / 126

治療師的反應 / 129

|第六章| **補償和補充：客觀層面和主觀層面** 131

補償和補充 / 132

夢中的客觀和主觀層面 / 136

戲劇化作用 / 138

運用補償或補充原則於帶著未發展或碎片化自我的做夢者 / 142

|第七章| **夢的戲劇情節結構** 145

夢戲劇的總體概述 / 147

戲劇結構 / 149

|第八章| **神話母題** 163

找出神話母題 / 167

原型材料和個人材料的相互作用 / 171

處理夢境中的神話主題 / 191
一些特殊的主題 / 194
生命戲劇 / 195
出生 / 198
孩童 / 202
動物 / 206
神話材料的解釋 / 208

|第 九 章| 技術要領 211
時序 / 212
夢進行重新評價的功能 / 214
白天的殘存物 / 222
系列的夢 / 224
單一主題的種種變化 / 229
噩夢 / 233

|第 十 章| 夢的預測 235
夢到死亡或疾病 / 244

|第十一章| 身體意象 251
性 / 255
身體開口（孔）的意象 / 263

| 第十二章 | **關於治療和治療師人物的夢** …… 269

治療師的真實現實 / 273

移情反應 / 275

內在治療師 / 276

反移情動力 / 280

治療師的誘發 / 286

關於治療過程的夢 / 289

關於治療過程主題的變化 / 294

另類治療師的意象 / 297

夢中的原型移情 / 302

只為了治療師的治療之夢 / 309

治療師自己有關案主的夢 / 311

| 第十三章 | **總結** …… 313

| 評　論 | 在無可確定裡，尋找介紹自己給自己認識的方式／蔡榮裕 …… 317

| 附　錄 | 參考書目 …… 360

｜導讀｜

解夢，釋夢，如夢如幻

伯蹇叔盲，足病難行。終日至暮，不離其鄉。

——《易林·否之噬嗑》

I. 導言

1900 年，清光緒二十六年，佛洛伊德的《夢的解析》一書上市，精神分析的百年革命大幕就此拉開，好戲連台，可惜此書銷量慘不忍睹，區區 800 冊，八百壯士中，便有一人，名為榮格，他風華正茂，年方二十五歲，是優秀的精神科總住院醫師，一顆心理治療的新星，正要升起在黑暗的歐羅巴夜空中。

這兩個人的此後關係跌宕起伏、莫名其妙，猶如所有潛伏同性戀欲望的異性戀男子的友情，比如說三國英雄和梁山好漢的愛恨情仇。和古代英雄好漢們不同之處，在於他們誕生的年代，父權制的黑夜即將消逝崩解，資本主義和社會主義的日月同輝即將到來。

在不少歷史大事記年表中，《夢的解析》的出版都被列為 1900 年的大事之一，與之並列的，是「庚子拳亂」。

慈禧太后，這個操縱父權制度下的威權主義者，這個愛好閹割兒子的老母親，借著義和團帶來的底氣，悍然向十一個國家同時宣戰，因此她被後人被戲稱為「史上膽子最大的老太太」，戰局結果是清帝國的脊樑被打斷，中國的父權制社會，從此猶如眼盲跛腳的伊底帕斯，四處流浪，不知家歸何處，總是徘徊在到底是葉落歸根於傳統還是落地生根於現代的內心衝突中，就如佛洛伊德和榮格的爸爸。

最終佛洛伊德找到了「科學主義」作為父性的替代物，榮格找到文化父親則是「靈性主義」。佛洛伊德渴望用科學的火炬照亮夢境的黑暗，榮格則沉醉於夢境的幽冥府邸，猶如一個閉黑關的瑜伽行者，等待神靈啟示之光閃亮升騰，與之合二為一，超越各種創傷——個人的創傷、文化的創傷、歷史的創傷。

精神分析的百年征程可謂波瀾壯闊，百年初心卻不見得歷久彌堅，百年歷史更沒有入腦走心。有關「夢的解析」的文獻在 PEP 資料庫中，一路下滑，逐年走低，[1] 利空不你多，佛洛伊德的後人們熱衷於「客體」、「自體」、「主體」間，似乎遺忘了，這個體那個體說到底，不還是一場春夢了無痕嘛，分析師應該抱持的，不僅是個案本人，而是「於事無心風過樹，於心無事月行空」的超越心態，正如比昂（Bion）和格洛斯坦（Grotstein）所言（Grotstein 1979, 1996）。

榮格派沒有融入精神分析的醫療化大流，流浪江湖忘情山水，卻意外地保持了當年革命底色，百年來一直堅持對夢工作的探索。乃至事到如今，一個人想要夢工作技術，都會難免朋友榮格派的各

1 以「Interpretation of Dream(s)」為主題詞，在 PEP 僅僅搜索到 80 篇文章，從 2015 年至今，只有五篇文章。

種著作。[2]

本書便是一本培訓榮格分析師的教材。本文意圖對此書內容進行簡要總結和評述，並提出我本人有關進一步研修的些許淺見。

II. 本書內容簡介

本書的第一章，闡明其寫作目標——為了受訓的治療師培訓而做。故而書中並不討論有關夢的元心理學和神經生理學文獻，而只是列出這些方面的參考文獻。值得關注的是，參考文獻中居然有數篇發表在《美國精神醫學期刊》（AJP）上的論文，精神科醫師們想必備感親切。該書作者在註解 5，還貼心地列出了當時的榮格分析師們有關夢工作手冊，是一份不錯的擴展閱讀書目。然後，該書作者闡述了「人為什麼要做夢？」這一千古疑問的答案。他們認為，夢的基本功能在於發展、維持、修復整個精神系統，故而夢境具有診斷功能、療癒功能、藝術功能和超越功能。接下來，作者提出了釋夢要注意的哲學要則，即解釋要超越二元對立，整合二元對立。作者在本章最後，還提出了夢工作的七個面向。並且宣告以後章節將要跟隨這七個面向展開。

第二章介紹了夢工作的一些基本要點。首先提倡夢工作需要治療師具有良好的藝術修養。能享受詩歌、童話、文學、音樂及視覺藝術。這當然是建立在榮格本人的觀點之上，也就是科學主義釋夢觀不足以服務臨床工作，該書作者們花了兩個段落一大堆文獻來

2　近年來，佛洛伊德的傳人們對夢的研究，可以參考霍布森等人（Hobson 2014; Michael 2015; Colace 2010; Ackerman 2019）。

論證這個問題。然後他們詳細論述了第一章提到的夢工作各種價值——診斷價值、預後判斷價值、自我覺察價值等等。在此作者們用一段話點題書名——夢是大我的呈現，夢工作是用於鏈接上大我這一生命源泉的。憑藉釋夢的工作，提供了溫尼考特（Winnicott）所說的抱持性環境，提供了比昂（Bion）所說的涵容功能，修復了客體關係和自體缺陷，也可以用於處理移情。

夢工作被說得這麼好，那麼技術上如何實現呢？作者們提出了九個技術要點：1）夢工作需要兩個人或者一個團體來進行。2）夢意象可以進行多種操作，包括冥想反思、完型對話、心理劇排演、意象對話、繪畫夢意象等，它們可以被統稱為「積極想像」。3）對困難個案，以上的技術操作是危險的或者無效的，治療師可以在心中默默進行工作，並在臨床脈絡中使用這些資訊。4）夢者可能出現阻抗，此時可以回到夢境最初，重新進行夢意象的描寫，過多混亂的夢也是阻抗的一種表現，這時候治療師可以只選擇夢片段或者簡短夢進行工作。5）對發展性創傷個案，對夢境的解釋，可以提供寇哈特（Kohut）所說的鏡映移情滿足，也可以提供溫尼考特所說的過渡性空間和遊戲功能。6）雖然治療會面的小節內，不足以處理每一個夢，也可就此放手，因為夢境的神聖啟示功能足以支撐個案發展，在之後的發展中，來訪者也可能回到之前的夢境。7）夢的特質是象徵，象徵不是語言、不是符號，過早地解釋夢境，或把夢境用《周公解夢》一樣的「解碼法」轉譯，會破壞了療癒過程，這可能是來自治療師的反移情阻抗。作者們對此非常有心得，提供了一個「妓女夢」案例說明。這個案例再次證明了佛洛伊德在《夢的解析》一書中的觀點——細節是魔鬼、無意識往往藏在細節中。8）修通的夢會形成「啊哈」感，而且往往伴隨身體反應，未被修通的情結或者工作不足的夢，會形成重複夢。9）夢境不僅僅要注意意象，更要關注的是整個夢境的戲劇結構，尤其是在整個結構中的荒謬、不合邏輯之處。

第三章介紹了夢中自我的各種可能意義，以及通過夢境自我是如何發展，並且與大我連結整合的。

第四章則介紹了夢境表達自身的四種形式，分別是意象、象徵、寓言與圖畫謎題。前兩個在佛洛伊德時代已經有較多介紹，後兩個則較有新意。該書作者們似乎寫作之時把讀者們想像成了熟讀佛洛伊德《夢的解析》的榮格，幸虧我們好心的譯者王醫師和校閱者徐老師，給大家寫了譯註，降低了閱讀難度。該書作者特別指出，通過對意象的解讀，可以產生意義。我想這大概是我們喜愛精神分析的原因。父權制裂解了，人生意義也隨之喪失，就像榮格生長的歐洲一樣，現實生活中找不到的意義，人們就會去夢境中苦苦挖掘。

從第五章開始，本書進行了較為詳細的技術介紹。這一章討論了七個問題：聯想、解釋、情緒和身體反應、瑣碎的夢、幻想、想像和活現、擴大法、治療師反應。

在作者筆下，自由聯想和積極想像，可以合併使用，而非截然對立，來訪者從自由聯想開始，然後遇到具有情緒的畫面，就可以開始積極想像。

作者認為，解釋傳達了夢境帶來的意義，它分為兩大類別——客觀－集體層面的解釋和主觀－個人層面的解釋。它們兩者需要辯證平衡。如果出現不一致，則需要考慮來訪者是不是孤立於集體之外。

釋夢過程中要特別注意情緒和身體反應，尤其是治療雙方的各種身體姿態，無論是治療師的還是來訪者的。如果出現共時性事件，則需要特別關注。

作者們闡述了各種積極想像和引導想像的技術，包括：1）夢境投射到螢幕；2）透過想像完成夢境；3）把夢變成舞臺戲劇，交替演出各個成分，或者團體成員演出各個成分，同時關注身體感受。

作者們特別強調了擴大法引導出的神話主題，其核心性質是超個人的，這種超個人特質不應該強加到個案身上，更要防止的是，治療師和來訪者只把夢境進行超個人解讀，而防禦其個人的意義。

在這一章的結尾，作者們提請大家注意，在釋夢過程中會出現很多反移情和投射性認同，治療師只有在修通反移情和投射性認同的基礎上，才能進行客觀層面的釋夢。

第六章重點闡述了夢的補償功能。因為補償功能的存在，所以治療師要在主觀和客觀兩個層面上工作。比如夢境在重現白日情境時，就提示我們要從主觀層面工作，尤其是注意細節的非同尋常之處。這一章的最後一個部分，介紹了碎片化自我的夢工作原則，特別值得對人格障礙、複雜創傷、解離障礙工作的治療師們參考。

本書中多次提及夢的戲劇結構，此乃作者之一惠特蒙的拿手菜，在第七章對此進行了細緻說明。他認為夢境由一個個戲劇衝突似的對立角色組成，角色們的愛恨情仇沿著展現，轉折，危機，化解四階段進展，故而瞭解這個無意識的自我療癒、自我修復過程，自然是對臨床工作大有裨益。

第八章是本書篇幅最長的一章。它通過具體案例，展示了我們如何發掘、識別夢境的神話主題，整合原型材料和個人材料，其中一個邊緣型女性的黑帝斯夢境，尤其值得學習。此章還列出了夢境的四大特殊主題——生命戲劇、（輪迴）出生、孩童、動物——進行經驗總結，尤其在（輪迴）出生主題一節，還參考了葛洛夫（Stan Grof）超個人呼吸療法的經驗。

第九章看起來是在延續第八章內容，它討論了夢境中時間、空間交錯順序，主題變化、系列夢等技術內容，系列夢這一節尤其強調了記錄夢日記的重要性。它是最基本的治療任務，相當於畫筆對於畫家、食材對於廚師的重要性，但是實際臨床工作中，的確有大量個案既無法記住夢，更無法猶如佛洛伊德或榮格一樣經年累月地記錄夢日記，作者們提出，這種情況下，就要辛苦治療師代替來訪者記錄夢境了。

榮格學派吸引大眾眼球的特徵之一，就是神祕有趣，第十章則部分滿足了這種好奇心，討論了夢的預測功能，包括對死亡、疾病等重要事件的預告。

榮格派容易被誤解為絕口不提性愛與身體，貌似與佛洛伊德派勢不兩立。本書第十一章，則充分展現了在榮格派的釋夢過程中對身體的重視。作者們首先提出了身體和心理的二元對立，也是需要被整合的議題。然後討論了各種身體意象和身體部位（口腔、肛門、生殖器等）在夢中出現的意義。專列一個小節探索了性欲與夢境的意義。案例中的「阿尼瑪抽動射出夢」充分展示了作者功底。

治療技術相當於煉金熔爐中發生的各種化合反應，而治療關係，則相當於煉金爐這個容器本身。所以本書把夢境中體現的治療關係，放到了最後一章，此章花費大量篇幅，介紹了治療師本人出現在來訪者夢境中時，可能具有的七種意義，包括了從個人移情到原型移情等各個方向，最後一小段，關於治療師夢見個案的意義，雖簡短但精要深入。

III. 評述及擴展研習建議

總體而言，本書內容豐富，案例精彩，配有足夠的參考文獻，是一本值得研讀的著作。讓我驚訝的是，譯者不辭辛勞，加入大量註解，讓此書升級加分，錦上添花。

這世間沒有一本書是完美的，此書不足也有必要提出，並且提出補救之策，主要有以下三個方面：

第一方面，行文邏輯結構不清。我本來準備為此書做一思維導圖，但最後發現，全書只有一、兩個章節可以做到這一點。作者們大概和榮格一樣，是內傾直覺比較發達的人，寫作就容易行雲流水，讓人抓不住重點。這個缺點可以通過另外兩本書補足，一本是詹姆斯·霍爾（James Hall 1983）的《榮格解夢書：夢的理論與解析》（*Jungian Dream Interpretation: A Handbook of Theory and Practice*）。另外一本是羅伯特·強森（Robert Johnson 1986）的《與內在對話：夢境·積極想像·自我轉化》（*Inner Work: Using Dreams and Active Imagination for Personal Growth*）。

第二方面，對夢工作技術總結不夠全面，沒有與時俱進。我覺得這主要還是因為沒有應用元綜合（Meta-synthesis）這樣的整合質性資料的研究設計，雖然佛洛伊德的《夢的解析》，榮格的《心理類型》等早期書籍，都自發地使用了類似元綜合的研究方法，但這個方法卻沒有被後世分析師繼承和發揚。所以後世著作，總讓人感覺掛一漏萬或者同義重複。個人認為，可以補充學習的三個技術是孵夢、夢意象體現和清醒夢。孵夢可以參考德萊尼（Delaney 1988）的著作，雖然淺顯但是實用，也可以配合艾森斯塔（Aizenstat 2011）的 Dream Tending 深化操作。夢意象體現可以參考羅伯特·波斯納克（Robert Bosnak 1996）的相關作品和培訓，清醒夢可以參考斯蒂芬·拉伯奇（Stephen LaBerge）的系列著作（LaBerge, S. & Rheingold 1990）。

孵夢和夢意象體現，可能是作者寫作時無意遺漏，然而清醒夢，在下猜測是有意忽略，我曾經問過多位榮格分析師，有關清醒夢引入榮格分析之事，他們的反應，讓我感覺就像梁啟超和光緒帝看到了慈禧太后老佛爺，恐懼、憤怒、輕蔑、敬畏、羨慕，五味雜陳，難以一言道之。

說到底，心理學界探索清醒夢，探索著探索著，難免就探索到其源頭——藏傳佛教的夢瑜伽。而夢瑜伽的目標之一，就是造成「夢醒同一」這種狀態，也就是無意識和意識合二為一，從而此人超越紅塵、不再受控於生本能和死本能。從凡俗觀點來看，就容易把這種狀態理解為意識對無意識進行了殖民，進行了獨裁。

但是根據本人了解，長期保持清醒夢狀態的屈指可數，這些無夢之人也不是就再也不受到創傷記憶或無意識的影響。有些擔心過於誇大，就像義和團拳民，擔心自己一旦去清華大學讀書，就會拿到諾貝爾獎一樣。當然宗教界的夢瑜伽自然光修習，可以緩解死亡焦慮，的確值得深入研究和學習（Norbu 1992）。

本書的第三點不足，在於對夢教學的方法探索不夠。閱讀學習本文附錄中提到的榮格的多個夢研討會可以補足這一點。意識合成夢是一種很好的教學方法，中國的學員回饋不錯，也值得學習和推廣（Frank and Trunnell 1978）。

最後，好多榮格派的書籍都默認學員們已經熟讀佛洛伊德、榮格原著。但是根據本人觀察，不少西方人在原著方面的深度閱讀也不夠。

故借此寶地，提出一些深入研習夢工作的個人淺見：

> 首先還是應該在佛洛伊德的夢心理著作基礎上開展閱讀，《夢的解析》當然是必讀著作，中文版中要注意是否是根據標準版全集翻譯的，因為只有《夢的解析》的全集標準版有幾篇附錄，那幾篇附錄細緻地總結了佛洛伊德的技術。學有餘力者還可以參考《精神分析引論》、《精神分析引論新講》等入門著作。

在研習完佛洛伊德基礎著作後，就可以開始榮格本人夢理論的學習。在本文附錄中，列出了榮格有關夢理論的重要文獻和大部分文章，可供參考。

之後，就可以根據個人愛好和專業方向深入閱讀一些專門的著作。這方面的榮格派書籍豐富多彩，有關於初始夢（Kradin 2006）、夢與死亡（Olson 2021; Jaffé 1999）、絕經婦女的夢（Mankowitz 1984）等等，其他流派如認知療法的夢工作（Rosner, Lyddon & Freeman 2004）、臨終關懷的夢工作（Bulkeley & Bulkley

2005）也可以涉獵。

這一類著作大多是英文，未免有些遺憾，因為畢竟我們在夢中是說漢語的，我們的夢，也充滿中華文化象徵內容，故而我們也應特別關注華人有關夢的研究，這方面當推朱建軍先生，他的一系列著作《夢的心理解析》、《夢：內心的聲音》、《解夢》、《解夢 500 例》等，夢例豐富，言語平實，技術清晰，是輕鬆上手夢工作的不二之選。

IV. 結語

2021 年的我們，能夠在這裏切磋精神分析，追根溯源還要回到 1900 年。要是那一年慈禧和義和團勝利了，西方文化，無論是科學的佛洛伊德分析，還是靈性的榮格分析，都不太可能進入中國。

那年，義和團拳民們結集在昏黃油燈下，他們信奉《易經》、祖先和佛道諸神，他們以乾字拳、坎字拳命名自己的新發明的宗教，並且根據易學的萬物類象的原則塗抹自己的旗幟和服裝（路遙，2002），同年，在蘇黎世精神病院中，二十五歲的榮格，正準備拜倒在佛洛伊德的《夢的解析》腳下，後來他也拜倒在《易經》腳下。榮格最著名的病人，物理學家諾貝爾獎獲得者泡利，也在庚子年春天呱呱墜地，降生於維也納，而嬰兒泡利的老鄉佛洛伊德醫生，已經人到中年，四十四歲，他正被死亡恐懼籠罩，正在狠狠抽著雪茄，感歎時運不濟，自己新書銷量不佳、反響不大，他就像遭受了旱災的拳民一樣，覺得人間處處都是冷漠隔離和拒絕，缺乏溫尼考特式的溫暖共情和抱持，他想要找個人把他按在地上痛快摩擦，體驗一番拉岡（Lacan）所說的酸爽感，這慾望之火給父權空虛的永恆夜晚帶來微弱光芒。（沈志中，2019）

庚子拳亂後的五十二年，泡利寫信告訴榮格他的慾望之火和心靈苦楚，這體現在一系列「中國女人夢」中，讓他印象最深刻的一個略述如下：

> 一個中國女人一邊跳舞一邊引導他進入一個禮堂，女人示意泡利應該上臺演講，泡利正在等待，中國女人又開始在臺階那裏跳舞，她左手指天，右手指地，舞蹈中蘊含一種神奇節律，逐漸變成「光的迴圈」，一種旋轉的運動。在此光學奇象作用下，臺階神奇消失。泡利此時準備登臺演講，卻就此醒來。
>
> 這個夢讓泡利的另一位分析師馮．法蘭茲（von Franz）大感興趣，就此發表了一通有關「時間」的量子力學假設。（Zabriskie 2005; Lindorff 2004）

泡利此人，遇夢不解問《易經》，他多次得到「震卦」，就此聯想到震卦和夢境都象徵著宇稱守恆。宇稱守恆還是不守恆，在當時物理學界掀起了戰爭和革命，泡利地位崇高，相當於八國聯軍總司令在當時中國的地位。正在和榮格通信討論宇稱守恆不守恆的過程中，他接到了一個邀請，去給楊振寧進行論文進行同行評議。泡利的外號「上帝之鞭」，諷刺同行的神功不遑多讓於佛洛伊德，他說他不相信上帝是個左撇子，楊振寧晚年回憶起此段往事，仍對被泡利按在地上胖揍心有餘悸，不過楊振寧已經不再有「洋大人恐懼症」，仍然堅信自己論文值得發表。某種程度上他應該感謝庚子拳亂，因為正是庚子賠款獎學金讓他得以赴美留學。（楊振寧，楊建鄴 & 楊建軍，2014；楊建鄴，2004）

楊振寧稍稍受損的學術自尊，馬上得到了過度補償，諾貝爾獎從天而降，物理學界稱他和李政道的發現為「中國革命」，而泡利則自戀受損，給前治療師榮格寫信，倒苦水訴心酸，榮格回信卻沒有多少溫尼考特倡導的溫一共一抱，相反比較的冷一隔一拒，他說了一通自己對於弱作用力和不對稱性的理解，並且認為中國女人夢，已經預測了這一原理。（Zabriskie 2005）

泡利居然求教於《易經》，讓做夢都想被稱為「科學家」的心理學家們尷尬不已，就像當年來華的西方傳教士遇到了帶領義和團蜂擁而上的各位王爺。他們居然教唆那群農民用八卦陣法和巫術咒語，和洋槍洋炮展開殊死決戰。義和團沒有戰勝洋大人，但是以《易經》為代表的大內宣，卻把傳教士衛理賢成功變成了中國人。

也是那倒霉催的庚子年，貧窮的德國農村牧師衛理賢，來到了上海，迎接他的未婚妻，兩個青年在燈紅酒綠的上海舉辦完婚禮，充滿回到夜幕籠罩、星星漁火的青島，愛本能的力比多驅使他們在青島生下四個孩子。

其中之一衛德明子承父業，成為了知名《易經》研究者。泡利和榮格閱讀的《易經》，就是其父衛理賢所譯。衛理賢因為馴化義和拳村民有功，還被清廷封官四品，成為了真正的洋大人——衛理賢道台。（衛理賢，1998）[3] 中國人在科學一民主中尋找救國救亡

3　衛禮賢生平，德語維基百科和百度百科較為詳細，英語維基則資訊不足，申荷永先生的《榮格與

之道，衛理賢卻期望中國文化能夠點亮禮崩樂壞、父性喪失的歐洲夜空。

百年瞬息而逝，這些人已經全部作古，回想這一切如夢如幻，難說宇宙就是一場夢境啊，宇稱守不守恆也就是地球上小事一件。

如今的世界大同也不同，同的是東方西方父權制都解體了，無父無君的人們都在尋找父親話語的替代物，不同的是有的人找科學要父愛，有的人找靈性要父愛，有的人在外界政經氣候中找，有的人在內心夢境幻想中找，所謂天地不交遠榮祿，於事無心風過樹，奮發麗天敕法度，於心無事月行空[4]。

李孟潮

精神科醫師，個人執業

附錄：榮格夢心理學著作簡評

Jung, C.G. (1909). The Analysis of Dreams. Translated from "L'Analyse des rêves," Année psychologique (Paris), XV (1909). *CW* 4. 收錄於英文版文集第四卷， 中文見：榮格著，謝曉健、王永生、張曉華、賈辰陽譯（2011），《榮格文集第一卷·佛洛伊德與精神分析》，北京：國際文化出版社，

簡評：這篇主要是介紹了佛洛伊德的夢理論，在舉例時，居然

中國文化》一書中也有一些獨家的一手資料。

4 此句化自否卦、噬嗑卦，以及石屋清珙禪詩，原詩尚有「風聲月色消磨盡，去卻一重還一重」兩句（山居詩·七言絕句）。

大篇幅運用了《浮士德》，有助加深讀者的文化品味，幾個臨床案例，讓我們看到當時的榮格，是一位多麼優秀的佛洛伊德釋夢技術的傳人。

Jung, C.G. (1910). On the Significance of Number Dreams. Translated from "Ein Beitrag zur Kenntnis des Zahlentraumes," Zentralblatt für Psychoanalyse (Wiesbaden), I (1910/11). *CW* 4. 收錄於英文版文集第四卷，中文見：榮格著，謝曉健、王永生、張曉華、賈辰陽譯（2011），《榮格文集第一卷・佛洛伊德與精神分析》，北京：國際文化出版社。

簡評：有關數字夢的經典名篇，值得遇到數字夢的治療師反覆閱讀。有意進一步研究的可以參考澳門城市大學龔曦的博士論文，《夢中數字的分析心理學意象研究》。

Jung, C.G. (1911). Morton Prince, "The Mechanism and Interpretation of Dreams": A Critical Review. Translated from a review in the Jahrbuch für psychoanalytische und psychopathologische Forschungen (Leipzig), III (1911). *CW* 4. 收錄於英文版文集第四卷，中文見：榮格著，謝曉健、王永生、張曉華、賈辰陽譯（2011），《榮格文集第一卷・佛洛伊德與精神分析》，北京：國際文化出版社。

簡評：有趣的論戰文章，榮格強烈地為佛洛伊德辯論，首先提醒論敵要學習德文，然後開列書單，接著人肉搜索論敵莫頓・普林斯（Morton Prince）的職業生涯，最後正式論戰開始，把對方觀點一一列出批評，最後把對方分析過的六個夢重新分析了一篇。只值得茶餘飯後，作為八卦材料略讀。

Jung, C.G. (1928/1984). Dream Analysis: Notes of the Seminar Given in 1928-1930. Princeton University Press. 中文見：榮格著，尹芳、董建中、陳雯瑾譯，遊瀟、王峘校（2014），《夢的分析》，吉林：長春出版社。

簡評：極其重要的研究學習榮格夢理論和技術的研討會，詳細探討了「正確先生」這個案例的三十個夢，正確先生是家族企業傳人，遭遇中年危機，是最理想的榮格派病人，治療結果也不錯。榮格在研討會中和其他人一起，對夢境進行了逐字逐句的分析。也是夢分析教學，民主研討教學，而非權威灌輸教學的很好的材料。

Jung, C.G. (1934). The Practical Use of Dream-Analysis. Translated from "Die praktische Verwendbarkeit der Traumanalyse," in Wirklichkeit der Seele (Zurich: Rascher, 1934). 收錄於英文版文集第十六卷（*CW* 16.），中文見：本文有多個譯本，我本人和台灣的熊伯（陳春雄）曾經在「中國心理治療論壇」分別獨立翻譯了一遍，這個兩位譯者對照的版本可以在「惟一心理讀書知識星球」這個 app 下載，https://t.zsxq.com/R3BuFQR，加微信號 13402007188 可免費贈送星球年費。

簡評：最精彩的名篇，簡短扼要地總結了榮格有關夢分析的理論和技術，迄今仍有指導臨床的意義，值得反覆閱讀。

Jung, C.G. (1934). INDIVIDUAL DREAM SYMBOLISM IN RELATION TO ALCHEMY. Translated from Psychologie und Alchemie (Zurich, 1944; 2nd ed., revised, 1952). *CW* 12. 收錄於英文版文集第十二卷 . 中文見：榮格著，楊韶剛譯（2019），《煉金術之夢》，

南京：譯林出版社。

簡評：以物理學家、諾貝爾獎得主泡利的夢與意象為主軸，包含了十八個夢和十個意象，具有豐富的象徵材料和理論解讀，研究榮格必讀。

Jung, C.G. (1935). THE TAVISTOCK LECTURES. *CW* 18. 收錄於英文版文集第十八卷，中文見：榮格著，肖翌譯（2020），《分析心理學的理論與實踐》。

簡評：榮格在倫敦的塔維斯托克，面對精神分析師的演講，整個演講清晰有序，材料詳實。從第三講到第五講，討論了多個夢，包括榮格自己的夢和「瑜伽女」案例之夢。這本書也是分析心理學技術入門的佳作。

Jung, C.G. (1936-37/2019). Dream Symbols of the Individuation Process: Notes of C.G. Jung's Seminars on Wolfgang Pauli's dreams by Jung, C.G. (edited by Suzanne Gieser). Princeton and Oxford: Princeton University Press. 無中文版。

簡評：榮格多次論述過泡利的案例，這是在美國進行的研討會，比較起文集十二卷中的 INDIVIDUAL DREAM SYMBOLISM IN RELATION TO ALCHEMY 詳細很多，可作為補充閱讀，其中有些十二卷中未涉及的知識，頗為有趣。比如使用太極陰陽圖來理解心理類型，使用噬嗑卦分析泡利的一個夢。

Jung, C.G. (1936-37/2008). Children's Dreams: Notes from the Seminar Given in 1936-1940 by C.G. Jung. (Edited by Jung, Lorenz

& Meyer Grass. Translated by Ernst Falzeder with the collaboration of Tony Woolfson. First published in Switzerland under the title Seminare: Kinderträume © Walter-Verlag 1987). Princeton and Oxford: Princeton University Press. 無中文版。

簡評：榮格在瑞士聯邦理工學院的多個研討會的合集。第一篇值得一讀，榮格在其中介紹了釋夢的理論和技術，提出了一些之前沒有提到的技術，比較如何記錄夢的結構四部分，在講解夢的本質時也十分清晰，尤其是講解了夢的非心理學功能。後面幾篇都是夢例討論，具體質量則要看呈報夢例者是誰而定，有些夢例榮格發言很少，都是研討會的其他同事在發言，有些發言讓人吃驚，是赤裸裸的野蠻分析，離題萬里。有些發言很精彩，絲絲入扣，比如沙赫斯（Sachs）夫人呈報的夢例。

Jung, C.G. (1936-41/2014). Dream Interpretation Ancient and Modern: Notes from the Seminar Given in 1936-1941. (Edited by John Peck, Lorenz Jung, Maria Meyer-Grass. Translated by Ernst Falzeder with the collaboration of Tony Woolfson). Princeton and Oxford: Princeton University Press. 無中文版。

簡評：這本是和兒童夢（Children's Dream）配套的研討會，介紹了西方歷史上一些有趣的夢書和有趣案例，多是短篇。編者下了很大功夫，寫了一個詳細的導讀。

Jung, C.G. (1948). General Aspects of Dream Psychology. Translated from "Allgemeine Gesichtspunkte zur Psychologie des Traumes," in Über psychische Energetik und das Wesen der Träume (Zurich: Rascher, 1948).

CW 8. 收錄於英文版文集第八卷，中文見：榮格著，關群德譯（2011），《榮格文集第四卷·心理結構與心理動力學》，北京：國際文化出版社。

簡評：再次闡述了榮格自己的夢理論，主要是聚焦於夢的終極目的論，夢的預測功能、補償功能、感應作用、夢中的投射功能，在文章結尾處為自己的神學傾向進行了辯護。

Jung, C.G. (1948). On the Nature of Dreams. Translated from "Vom Wesen der Träume," in Über psychische Energetik und das Wesen der Träume (Zurich: Rascher, 1948). 收錄於英文版文集第八卷（*CW* 8）。中文見：榮格著，關群德譯（2011），《榮格文集第四卷·心理結構與心理動力學》，北京：國際文化出版社。

簡評：是一篇比較普及性的文章，介紹了補償作用和目的論等基本要點，略讀即可。

Jung, C.G. (1961). Memories, Dreams, Reflections By C.G. Jung. Recorded and Edited by Aniela Jaffé, trans by Richard and Clara Winston. New York: VINTAGE BOOK (Random House). 中文見：榮格著，朱更生譯（2017），《榮格自傳：回憶、夢、思考》，杭州：浙江文藝出版社。

簡評：自傳中包括了榮格自己從小到大的二十八個夢，以及他的自我分析。文筆優美流暢，分析心理學入門必讀。分析心理學主要靠直覺「感悟」，審美「頓悟」，多讀幾遍自傳，以心傳心，其他的作品也就可讀可不讀。

參考文獻

路遙（2002），義和團運動發展階段中的民間祕密教門，《歷史研究》，2002年05期，第53～65頁。

衛禮賢著，王宇潔、羅敏、朱晉平譯（1998），《中國心靈》，北京：中國國際文化出版公司。

沈志中（2019），《永夜微光：拉岡雨未竟之精神分析革命》，台北：國立臺灣大學出版中心。

楊振寧、楊建鄴、楊建軍（2014），《六十八年心路》，北京：生活·讀書·新知三聯書店。

楊建鄴（2004），《楊振寧傳》三版，長春：長春出版社。

Ackerman, S. (2019). "I May Allow Myself to do This": Conflict in Freud's Writing of The Interpretation of Dreams. *Journal of the American Psychoanalytic Association*, 67(5): 767-787. https://doi.org/10.1177/0003065119883616

Aizenstat, S. (2011). *Dream Tending: Awakening to the Healing Power of Dreams*. New Orleans: Spring Journal Inc.

Bosnak. R. (1996). *Tracks in the Wilderness of Dreaming*. Amsterdam: Grand Central Publishing. 中文版見：羅伯特·伯尼克著，陳侃譯，申荷永審校（2007）《探索夢的原野》，廣州：廣東教育出版社。

Bulkeley, K. & Bulkley, P. (2005). *Dreaming Beyond Death: A Guide to Pre-death Dreams and Visions*. Boston: Beacon Press.

Colace, C. (2010). *Children's Dreams: From Freud's Observations to Modern Dream Research*. London: Karnac.

Delaney, G. (1988). *Living your dreams: using sleep to solve problems and enrich your life*. Harper & Row. 中文版見：蓋兒·戴蘭妮著，黃漢耀譯（1994），《你是做夢大師——孵夢·解夢·活用夢》台北：張老師文化出版社。

Frank, A. and Trunnell, E.E. (1978). Conscious Dream Synthesis as a Method of Learning about Dreaming: A Pedagogic Experiment. Psychoanal Q., 47:103-112 . 中文版見：惟一心理讀書知識星球 https://t.zsxq.com/B6aQjU3. 加

微信號 13402007188 可免費贈送星球年費。
Grotstein, J.S. (1979). Who is the Dreamer who Dreams the Dream and who is the Dreamer who Understands It: Psychoanalytic Inquiry Into the Ultimate Nature of Being. Contemp. Psychoanal., 15:110-169
Grotstein, J.S. (1996). Bion's "transformation in 'O'", the "thing-in-itself", and the "real": Toward the concept of the "transcendent position". Melanie Klein & Object Relations, Vol 14(2), Dec 1996, 109-141.
Hall, J. A. (1983). *Jungian Dream Interpretation: A handbook of Theory and Practice*. Toronto, Canada: Inner City Books. 中文版見：詹姆斯．霍爾著，廖婉如譯（2006），《榮格解夢書：夢的理論和解析》，台北：心靈工坊文化
Hobson, A. (2014). *Psychodynamic neurology: dreams, consciousness, and virtual reality*. New York: Crc Press / Taylor & Francis Group.
Johnson, R.A. (1986). *Inner Work: Using Dreams and Active Imagination for Personal Growth*. Harper & Row. 中文版見：羅伯特．強森著，徐碧貞譯（2021），《與內在對話：夢境．積極想像．自我轉化》，台北：心靈工坊文化
Jaffé, A. (1999/1958). *An Archetypal Approach to Death Dreams and Ghosts. Daimon Verlag*. (German edition, *Geistererscheinungen und Vorzeichen*, Daimon Verlag, 1995, originally published in 1958 by Rascher Verlag, Zürich.)
Kradin, R. (2006). *The herald dream: an approach to the initial dream in psychotherapy*. Lodon: Karnac
LaBerge.S. & Rheingold, H. (1990). *Exploring the World of Lucid Dreaming*. New York: Ballantine. ISBN 0-345-37410-X. 中文版見：斯蒂芬．拉伯奇、霍華德．萊茵戈爾德著，胡弗居、蔡永琪譯，樓偉珊校（2020）《清醒夢：夢境完全使用手冊》，北京：中信出版集團股份有限公司。
Lindorff., D. (2004). *Pauli and Jung: The Meeting of Two Great Minds*. Wheaton: Quest Books Theosophical Publishing House. 中文版見：戴維．林道夫著，徐彬、郭紅梅譯，《當泡利遇上榮格：心靈、物質和共時性》，長沙：湖南科學技術出版社。
Michael, M. (2015). *Freud's theory of dreams: a philosophico-scientific perspective.*

Rowman & Littlefield Publishing Group

Mankowitz, Ann (1984). *Change of Life: A Psychological Study of Dreams and the Menopause*. Toronto: Inner City Books.

Norbu, N., & Katz, M. (1992). *Dream Yoga and the Practice of Natural Light*. Snow Lion Publications. 中文版見：南開諾布仁波切著，歌者譯，（2010），《夢瑜伽與自然光的修習》台北：橡樹林文化。

Olson, S. (2021). *Images of the Dead in Grief Dreams: A Jungian View of Mourning*. New York: Routledge / Taylor & Francis Group.

Rosner, R.I., J Lyddon, W.J., & Freeman, J. (2004). *Cognitive Therapy and Dreams*. New York: Springer.

Zabriskie, B. (2005). Synchronicity and the I Chin: Jung, Pauli, and the Chinese Woman. J. Anal. Psychol., 50:223-235.

| 關於作者 |

惠特蒙與佩雷拉

艾德華・克里斯多福・惠特蒙（Edward Christopher Whitmont）博士 1912 年出生於維也納，一個典型的猶太家族，1936 年從維也納大學獲得醫學學位，當時就開始學習阿德勒和榮格。兩年後，在最後一刻逃到美國。他的父母都死在奧斯維辛集中營。在他成長的過程，維也納應該是充滿了強烈的佛洛伊德氛圍，但他反而選擇了榮格心理學和另類醫療，特別是順勢療法（Homeopathic Medicine）。這也許是他一直都是選擇一條人比較少的路在走。

二次大戰以後，大部分從事分析心理學的人，是回到蘇黎世找榮格繼續訓練分析；他卻是回到柏林，找古斯塔夫・海爾（Gustav Richard Heyer, 1890-1967）繼續分析。對他來說，古斯塔夫・海爾比他當時在紐約接受的榮格分析師，來的好太多了。

古斯塔夫・理查・海爾是榮格心理學家，「德國第一個被榮格心理學吸引的重要人物」。海爾是慕尼黑的一名醫生。1918 年，他與露西・格羅特（Lucie Grote）結婚，一位按摩師、舞者和身體心理治療先驅艾爾莎・金德勒（Elsa Gindler, 1885-1961）的學生。海爾和他的妻子共同開創了一種結合生理和心理治療的方法。他們都在 1920 年代中期接受了榮格的訓練，海爾成為榮格的密友。當榮格擔任世界醫學心理治療大會主席時，他擔任榮格第一位副手一年，榮格為海爾的《心靈的有機體》（*The Organism of the Mind;*

an Introduction to Analytical Psychotherapy）寫了一篇介紹。然而，在1936 年，他和榮格在學會的年會上發生了爭執。海爾後來與妻子離婚，加入納粹黨，並且在柏林戈林研究所教書及看病。儘管他顯然不是反猶太主義者，但是到 1944 年才退出納粹黨。1944 年，海爾負責審查榮格著作的德文版時，批評榮格的「西方民主觀眾」和他對極權主義的攻擊。戰後榮格譴責海耶的納粹歷史，並拒絕再次與他會面，直到他去世。海爾的女兒燒毀了她父親的所有文件。

然而，惠特蒙在他個人的分析中，以及後來的教學裡，確實受到古斯塔夫·海爾許多的影響。

榮格心理學在紐約的發展，其實是相當早的。1909 年，當佛洛伊德與榮格第一次訪問美國時，榮格在某些方面比佛洛伊德還更受到歡迎。哈佛醫學院的詹姆斯·傑克遜·普南（James Jackson Putnam），美國神經醫學的奠基者，就只邀請榮格參加一個五天的聚會，包括威廉·詹姆斯等人，因為這次的活動包括了唯靈論的討論，這是榮格接受而佛洛伊德排斥的；後來也安排他的表妹到蘇黎世給榮格分析。1912 年，榮格又單獨受邀到紐約福德罕大學（Fordham University）做精神分析的系列講座。在這樣的情形下，雖然 1913 年佛洛伊德將榮格趕出精神分析的陣營，但對於榮格印象良好的美國東岸，還是有許多的追求者。譬如說碧雅翠絲·辛克爾（Beatrice Hinkle）這位女醫師，在 1916 年就將《力比多的變化和象徵》翻譯成英文版的《無意識心理學》。然而，有系統的發展確實是很慢的。艾絲特·哈丁（Esther Harding）雖然在 1920 年代左右開始去紐約，是 1936 年紐約分析心理學俱樂部主要的推動者之一，但是以分析師為主的紐約分析心理學協會（The New York

Association for Analytical Psychology, NYAAP) 卻是大約 1958 年才成立的（官方網頁寫 1963 年成立，但 1958 年國際分析心理學會在蘇黎世成立時，他們就是發起組織之一了），至於正式訓練分析師的紐約榮格學院（The C.G. Jung Institute of New York）雖然很早就開始運作，但是 1973 年才正式獨立出去。在這個傳統之下，訓練出許多傑出的分析師，包括了愛德華．艾丁格（Edward Edinger）、本書作者艾德華．惠特蒙，以及第二作者席薇亞．佩雷拉（Sylvia Perera）、還有貝芙麗．札布里斯基（Beverley Zabriski）等人。

惠特蒙是紐約分析師最早參與培訓工作的六個分析師之一，他意識到在成員之間有很多的衝突，而個人的分析並沒辦法使一個人準備好去處理專業群體中的人際衝突，因此設計出紐約培訓獨特的訓練方法，要求所有的候選人參加一個為期兩年，每週一次的團體治療。

做為紐約榮格學院的創始會員，惠特蒙博士一生大部分時間都在探索心智、身體和精神相交的領域，綜合和擴展來自心理學、醫學、科學和宗教各種不同領域的想法和方法。。

他 1969 年出版的《象徵性的探究》（*The Symbolic Quest*）一書，首次將瑞士心理學家榮格關於原型的相關理論，應用到治療師在面對患者的專業工作中。對於尋求在臨床工作上了解榮格的治療師來說，這本書變得必不可少。後來的一本書《心靈與物質》（*Psyche and Substance*, 1980）探討了榮格理論與順勢療法醫學之間的聯繫，在《女神的回歸》（*Return of the Goddess*, 1982）中，惠特蒙強調了女性氣質在人類心理所扮演的作用。他同時也以創新的方法來處理無意識的材料，和夢境和其他心靈領域出現的意象而聞名。曼哈頓榮格分析師貝芙麗・札布里斯基說：「他指導整整一代榮格分析師對夢的動力分析。」而這些臨床工作上充滿創造力的菁華，指的也就是這本書《夢，通往生命的泉源：榮格觀點的解夢書》。

惠特蒙對榮格心理學的興趣，是由一位尋求他幫助的患者所引發的，因為這位病人告訴他說：「夢告訴我來找你。」。至於他對順勢療法的興趣，源自於與伊麗莎白・賴特・哈伯德（Elizabeth Wright Hubbard [1896-1967]，美籍醫師和順勢療法醫師，以順勢療法領域的領導和編輯工作而聞名）的相識。

惠特蒙在順勢療法的專業圈裡，是相當受到敬重的。如果他在榮格心理學的社群裡，是一位受人尊敬的老師，那麼他在順勢療法的專業圈裡，是被視為重要的理論創新者之一。他將榮格心理學和煉金術，引進到順勢療法裡。1940年代，他在紐約接受了伊麗莎白・賴特・哈伯德的順勢療法培訓，1950年代起與梅西蒙・潘諾斯（Maesimund Panos，暢銷書《居家的順勢療法》〔*Homeopathic Medicine At Home: Natural Remedies for Everyday Ailments and Minor Injuries*〕的作者）成為朋友和同事而密切合作。他在維也納透過卡爾・柯尼希（Karl König [1902-1966]，奧地利小兒科醫生，Camphill 運動的創立者，是針對有特殊需要或殘疾的人的治療性社區國際運動）而接觸到魯道夫・施泰納（Rudolf Steiner）的人智學及其他思想。他看到了榮格心理治療和順勢療法之間的許多重要相似之處和對應關係，並通過歌德和浪漫主義者，通過帕拉塞爾蘇斯和煉金術傳統，而走出了他自己的路。在他的作品中可以看到四個關鍵元素：純粹的順勢療法、煉金術、人智學和榮格心理學。很多從事順勢療法的專業人員表示，他的兩本書《心靈和物質》（*Psyche and Substance*）和《療癒的煉金術：心靈與身體》（*The Alchemy of Healing: Psyche and Soma*），對他們而言是最重要的兩本書。

惠特蒙對認識他的人產生了重大影響：人們對「他溫和、安靜和謙遜的方式……（他）謙遜、智慧以及對意義真理永無止境的探索」印象深刻。一位順勢療法專家表示：「和他一起散步，我很佩服他這麼喜歡大自然。他是一位喜歡移動、攀登、克服障礙、不斷開拓新天地的人。他年輕，永遠非常年輕——身心各方面。」他是「典型的外胚型人，矮小，結實，有一種不安分的神經能量，敏捷而富有創造力的頭腦。他永遠不滿足於他所知道的，不斷探索新的途徑，並被梅林般敏捷的銀色直覺所推動。」「他以尊重和愛心的態度，慷慨地分享他的知識……最重要的是，他是一個不斷進化、掙扎的人，完全『陷入困境』，直到最後都面對自己的陰影。」

惠特蒙死於 1998 年，享年 85 歲，有四個兒子，兩個女兒。

他晚年的長期伴侶席薇亞·布林頓·佩雷拉（Sylvia Brinton Perera），陪他走完這一生。

席薇亞·布林頓·佩雷拉（1932 年 12 月 30 日—），這本書的第二個作者，她在紐約州史卡斯代爾長大，是貴格會（Quaker）家庭五個孩子中的長子，畢業於雷德克利夫學院，原來是學藝術史，碩士則改學心理學。她的前夫是政治學家格雷戈里·詹姆斯·馬塞爾（Gregory James Massell），育有兩個孩子。

安德魯·塞繆爾斯（Andrew Samuels）對榮格心理學發展的女權主義，提出了三個這樣的群體：第一，那些重點在愛若斯

（Eros）和「心靈的關係聯結性」工作的（包括艾絲特・哈丁和托尼・沃爾夫）；第二，女人不是由她的關聯來決定的，而是「按照她自己的權利」（佩雷拉、瑪麗恩・伍德曼〔Marion Woodman〕和安・貝爾福・烏蘭諾夫〔Ann Belford Ulanov〕）；第三，與當代女權主義相符的（例如，瓊・辛格〔June Singer〕雌雄同體的理論）。塞繆爾斯進一步說，佩雷拉的書寫在尋找一種重生的療法，嵌入在古代女神神話中「變化中的智慧」。這樣的神話往往被盛行的父權體制觀點所忽視。這裡指的是《降為女神：女性的啟蒙之路》（*Descent to the Goddess*）一書。

佩雷拉 1981 年的這本小書，相當重要，對後來討論女性的成長有深遠的影響。蘇珊・羅蘭（Susan Rowland）在《榮格：一個女性主義者的版本》中，表示這本書「流行且有影響力」。其他主要著作包括《替罪羊情結：走向陰影和愧疚的神話》（*The Scapegoat Complex: Toward a Mythology of Shadow and Guilt*, 1986）、《凱爾特女王梅芙和成癮》（*Celtic Queen Maeve and Addiction: An Archetypal Perspective*, 2001）、《愛爾蘭公牛神：多元形式和整合男子氣概意象》（*The Irish Bull God: Image of Multiform and Integral Masculinity*, 2004）以及與惠特蒙合作的這一本書。

王浩威

本書譯者

誌謝

這本書所呈現的是，從事分析和教學工作多年進展所累積的成果。一切感激要歸於我們的患者和學生，因為他們提供了自己的素材及其互動反應。我們從他們身上學到的，不亞於我們從文獻和其他老師那邊所學到的。

我們特別要感謝安德魯・惠特蒙（Andrew Whitmont）[1]，因為他持續鼓勵我們撰寫本書，也因為他幫助我們將早期的一些材料，增長轉化為可工作的形式。

我們十分感激派翠西亞・芬莉（Patricia Finley），她對我們的初稿進行了周全深入的閱讀；我們也很感謝葛楚・奧吉莉（Gertrude Ujhely）[2]，她對最後的定稿提供十分寶貴而仔細的評論。

我們還要謝謝傑洛米・伯恩斯坦（Jerome Bernstein)、派翠西亞・芬莉、猶任・考夫曼（Yoram Kaufman)、查理・泰勒（Charles Taylor）等人[3]，這一群同事針對臨床應用的各面向，進行教學相長

1 譯註：安德魯・惠特蒙是作者之一艾德華・惠特蒙（Edward C. Whitmont）四個兒子中的第三位，臨床心理博士，目前在華盛頓州亞契瑪（Yakima）執業。

2 譯註：葛楚・奧吉莉（1923-2006）是維也納出生的猶太人，最後一刻才離開奧地利。她先成為精神科護理人員，後來在美國幾所大學任職為精神護理教授，最後的專業則是榮格分析師，同時也是紐約榮格學院的教師。

3 譯註：傑洛米・伯恩斯坦，在聖塔菲執業的榮格分析師，是大華盛頓特區榮格分析師學會（The C. G. Jung Analysts Association of the Greater Washington, D.C. Metropolitan Area）的創會主席，也

的討論。

特別要感謝朋友們、同事們、學生們，以及已經結束分析的受分析者們同意發表他們的夢工作。我們誠摯感謝他們所有人。

是聖塔菲榮格學院（The C. G. Jung Institute of Santa Fe）的資深教師；派翠西亞・芬莉（Patriia Finley)、猶任・考夫曼（Yoram Kaufman)：榮格分析師，也是紐約榮格學院（The C. G. Jung Institute of New York）教師；查理・泰勒（1929-2013)：榮格分析師，也是耶魯大學目前為止任期最長的校長。

導論：臨床工作的夢詮釋

1 每一個詮釋都是假說，企圖解讀未知的文本。

——《榮格全集》，卷十六，段 322

我們最好將所有夢境都當作全然未知的事物。透過各種面向看待這個夢，將它放在掌心，隨身攜帶著它，讓你的想像力持續圍繞著它。

——《榮格全集》，卷十，段 320

這本書是為精神分析師和心理治療師而寫的導論手冊，希望將夢境詮釋的基本方法整合到他們的臨床實務中。對於正在接受訓練的分析師來說，這是實務工作的基本功，因此才會出現對這類手冊的需求，而這正是我們在紐約榮格學院（C. G. Jung Institute in New York）投入夢詮釋教學中所認知到的。[1] 這本書的目標不大，幾乎不會觸及夢與幻想所帶出的豐富哲學議題。本書也未將西方心理治療領域中不同學派的實務以及不同的夢詮釋技藝所展現的材料，加以研究比較。[2] 而睡眠實驗室有關快速動眼期（REM）的必要性和

1　有一本很棒的書提出和討論這個議題，詳見歐芙拉荷提（W. D. O'Flaherty 1984）《夢、幻想與其他現實》（*Dreams, Illusions, and other Realities*, Chicago and London: University of Chicago Press）。

2　像這類的比較材料，詳見《夢的詮釋：比較研究》（*Dream Interpretation: a comparative study*, New York and London: Spectrum Publications, 1978），由佛夏吉（James L. Fosshage）和洛爾（Clemens A.

相關模式的研究，這本書也沒有處理。[3]

這項實驗的資料支持了榮格的觀點，認為做夢的過程是未遭到扭曲而且是有目的的，其目的是將體驗[4]透過有意義且具創意的方法，綜合成意象。這些意象促進了學習，同時也協助完成個體的發展。

確實，我們提出的方法主要歸功於榮格的原創著作，而追隨榮
格的治療師透過多年臨床工作和教學，闡明並擴展他的洞見。很遺
憾的是，這些成果大部分沒有加以統整及出版。[5]除此之外，其他 2
許多人，包括不同「學派」的心理學作者、專業同行、被分析者、
學生和友人，對於我們的理解也都有所貢獻。書末附錄的參考書目
只能略表我們的感謝。我們對所有的人都由衷感激。

Loew）彙編。

3 相關的參考書目，詳見由格魯斯曼（Myron L. Glucksman）和華納（Silas L. Warner）編輯之《新視角下的夢：重遊皇家之路》（*Dreams in New Perspective: the royal road revisited*, NY: Human Science Press, 1987）。亦請參考霍布森（J. Allan Hobson）與麥卡雷（Robert W. McCarley），〈大腦做為夢情境的生產器：關於一個夢過程的啟動—整合假說〉（'The brain as a dream state generator: an activation-synthesis hypothesis of the dream process'）一文，刊載於《美國精神醫學期刊》（*American Journal of Psychiatry* 134, no 12 [Dec., 1977], 1335-48）。

4 參考湯瑪士・克許（Thomas B. Kirsch）〈快速動眼狀態與分析心理學的關係〉（'The relationship of REM state to analytical psychology'），刊載於《美國精神醫學期刊》（*American Journal of Psychiatry*, 124, no. 10 [April, 1968], 1459-63）。

5 這裡提供一份參考書目，供大家參考：霍爾（J. Hall 1977），《夢的臨床應用：榮格學派的詮釋和活現》（*Clinical Uses of Dreams: Jungian interpretation and Enactments*, Grune and Stratton, NY）；希爾曼（J. Hillman 1979），《夢與幽冥世界》（*The Dreams and Underworld*, Harper and Row, NY；中譯本：台北，心靈工坊出版）；馬圖（M. Mattoon 1978），《應用夢分析：榮格學派的方法》（*Applied Dream Analysis: a Jungian approach*, Winston, Washington）；馮・法蘭茲（M. -L. von Franz 1986）《夢與死》（*On Dreams and Death*, Shambala, Boston and London）；惠特蒙（E. C. Whitmont 1978）（譯註：本書作者），〈榮格學派的方法〉（'Jungian approach'）收錄於佛夏吉和洛爾編《夢的詮釋：比較研究》一書中，頁 53-77。

夢本身是生命力量自然且必然的表現[6]：它在睡眠意識中現蹤，有時跨越覺醒的門檻[7]（threshold of waking）而被記住，並得以重新敘述。[8]就好像一朵花、一場颶風，或一個人的姿態一樣，基本的目的只是這股生命力量的呈現及表達。這帶給了我們能量的諸多意象，結合了過去與現在，結合了個人的與集體的經驗。

談到所謂的「詮釋」，我們並非只是將夜間世界看到的一切翻譯成日間世界的意識而已。這完全不像是在心理學或物理學裡，人工整齊劃分的二元論觀點；相反地，我們逐漸了解到這其實不是必要的。這就像是快速動眼期（REM）的過程在意識尚未清醒之下，整合白天複雜的資訊，日間世界的意識也由賦予其意義的意象所充滿和建構。我們確實逐漸明瞭，儘管做夢和說夢是在大腦不同的部位運作[9]，「做夢和清醒都參與了同一現實，而這既是精神的，也是生理的。」[10]這兩種狀態都可以從許多不同的觀點來理解，兩者也都可以從隱喻或象徵的層面解讀。

就整體而言，夢可以有許多人類「運用」。這就像水流一樣，可以滴滿杯子而用來煮食或解渴，可以用水閘或管線傳送而推動水磨坊，或用來填滿游泳池或沖馬桶。可以不管它，任由它在河床流動，靜靜看著它；因此也可以「使用」來休息或划船，用來沉思，

---

6 榮格（1963）《回憶，夢和反思》（*Memories, Dreams, Reflections*, Pantheon, NY），頁 161-162。

7 儘管這些夢是被記得的，而且經常也感覺是發生在過去，但是在治療中一個夢最好採用現在式時態來述說。這可以讓夢和做夢者更貼近，可以在重新體驗這一切意象和故事時更感生動。

8 這裡處理的不是清醒之夢（lucid dreams）的現象，也不是其他許多流派在治療時鼓勵做夢者在夢中啟動夢境自我，藉以帶出意識層面的目的。

9 拉蒙．格林堡（Ramon Greenberg 1987）探討失語症患者的夢境研究，收錄在《新視角下的夢：重遊皇家之路》，頁 134。

10 歐芙拉荷提（1984），《夢、幻想與其他現實》，頁 3。

或是用來激起藝術創作的思緒流淌。所以流入夢境意象的能量可以有許多用途。在這當中，夢可以用來提供管道進入生命的無意識領域，因為提供了許多適時且特定的訊息，可以協助做夢者解決問題[11]、提供藝術靈感、促進心理發展，以及深化精神層次。正如某位評論者所說的：「夢的上級功能是發展，維持（調節），以及在必要時對心靈的過程、結構和組織進行修復。」[12]

因此，夢也可以用在療癒上。既然夢撐起了意識中生生不息能量流動的隱喻和象徵，也維持及塑造個人的生命，夢也就顯現了這
一切隱藏在底層的模式；而我們為了健康的緣由，需要置身於與之 3
更有意識的關係中。同樣地，造成個人生命不得不扭曲的那些錯誤聚合模式的意象，夢也會顯示出來。在療癒的模式和「造成不舒適的／生病」（dis-eased）模式之間所流動的交互作用，可以提供心理治療歷程寶貴的引導。

對治療師來說，每一個夢所揭露的訊息，都是關於做夢者在過去或現在內心深處的心靈結構或情結。夢也傳遞了關於做夢者與他人關係的訊息，因為心靈結構和情結投射在這份關係上。每一個夢都在告知臨床工作者關於心理動力學、發展模式和能力的事。夢也會顯示出做夢者與自己的精神面向、與大我、與原型模式和能量

11 凱庫勒（Friedrich A. Kekulé von Stradonitz, 1829-1896）著名的夢，許多不斷旋轉的蛇，其中一條蛇咬了自己的尾巴，給了他苯環分子式的想法。關於這個夢及其他許多的夢，可以參考雷蒙．德．貝克（Raymond de Becker 1968），《夢的理解及其對人類歷史的影響》（*The Understanding of Dreams and their Influence on the History of Man*, New York, Hawthorn Books Inc.），頁 84；也參考《新視角下的夢》，頁 9-21。

12 詹姆士．佛夏吉（James L. Fosshage 1983），〈夢的心理功能：修正後的精神分析視角〉（'The psychological function of dreams: a revised psychoanalytic perspective'），刊載於《精神分析與當代思潮》（*Psychoanalysis and Contemporary Thought*, vol. 6, no. 4），頁 657。

等等關係所呈現的意象。對於這些迄今仍未知的個人與超個人存在的部分，做夢者和他／她的治療師也許可以從所有相關層面尋求學習。

為了找到適切方法進行夢的詮釋，我們必須超越二元對立意識所創造的觀點，因為這些內容只停留在對立面：外在／內在、客觀／主觀、日／夜、生／死、關於功能的描述／想像、聚焦的關注／開放等等。儘管這些對立面在理性意識中進行定義工作是很有價值的，但我們也必須發展出整合的意識（integrative consciousness）[13]，可以同時從許多不同的觀點解讀日間與夜間的行為和事件，解讀日間與夜間所呈現的一切視象，能為我們自己，也為在諮詢室中我們眼前的患者一做夢者，整合這些觀點。是否能擁有這種能力，有賴於能否在許多形式之間自由來去，包括神奇的—情感的、身體的、神話的、寓言的、象徵的和理性的覺知。透過這些模式的發展，或者透過特定的意識風格，我們才可以自由來去其間，就好像我們從一種環境相應的心理類型功能移轉到另外一種類型功能。這樣一來，我們才能在既定處境中，得到最多可能的心理意義的觀點：不論是一個事件、一個夢，或一個夢事件。

在日常生活裡進行多面向探索的可能性，可以用相近但簡化的方式來類比。我們可以假設有一棵樹，樹上有一個紅點：這個紅點可以當作具有特定物理目的的物體（例如：路標），也可以是行動的、關注的或感情的焦點，可以是視覺圖形的一點，可以是隱喻的或象徵的訊息，可以是啟動記憶的意象，可以是對分子內部能量

---

13 尚・葛布瑟（Jean Gebser 1985），《永恆的起源》（*The Ever-Present Origin*, Athens, Ohio, London, Ohio University Press），由巴斯塔（N. Barstad）和米庫納斯（A. Mickunas）合譯，參考第三章。

性質的揭露，也可以是某人的幻想（某人想要繪製的畫作殘影）表達。它甚至可以視為綠意盎然森林裡所出現的色彩樣式的一部分。它可以在這一切察覺的形式中，還有其他種種，扮演一定的功能。為了適當地探索，我們需要對所有可能性保持開放，需要發掘在這 4
既定狀況下，哪一個最可行。

為了適切地和夢連接，我們需要擁有從多種觀點巡行試探的能力。這就像榮格所說的：「為了公平對待夢，我們所擁有的詮釋配備，必須是由人類科學每一分支的成果苦心結合出來的。」[14] 而且，我們也會加上藝術和靈性樣貌。

本書企圖帶出部分豐富而多元的方法，包括在不同取向中來回自如的能力，期望能引起治療師們的關注，期待他們為了從不同的層次和意義揭露每一個夢，而能開始利用這些方法。

以下的面向是我們特別重視的：

1. 夢意象中的象徵性和隱喻性／寓言式語言；
2. 與個人聯想材料、理性的與集體解釋的材料、神話學擴大作用的材料等有關的夢意象；
3. 夢和做夢者意識位置間的各式關係；
4. 夢的戲劇性結構；
5. 做夢者針對療癒性的原型意象與個人經驗之間的關係所做出的描寫；
6. 在夢中的身體意象；以及
7. 有關分析者和分析的夢意象，作為揭顯移情和反移情關係的材

14 《榮格全集》（*Collected Works, CW*），卷八，段 527。

料。

當臨床工作開始進行夢的詮釋時，上述內容都必須來來回回地出現在治療師的意識之中。本書可以當成一個圓圈來循環閱讀，每一章都提供了一座轉運站從其出發聚焦於夢；而夢，恰恰就是這一切的中心。

臨床實務中的夢工作

5 釋夢的藝術是無法從書中學到的。所謂的方法和規則，就只有在它們不存在的情況下，才會起到最好的作用。

——《榮格全集》，卷十，段 325

要對夢進行臨床上的了解，同時需要藝術和技巧。藝術擁有的能力可以將夢感知為多層戲劇的表現，彷如一個人得以從自己生命的這一齣戲來見證某一個場景。這場表演需要以全然的敬意、同理、靈敏的智力、直覺，還有象徵性表達的感受來參與。這些藝術的／心靈的能力，治療師或許都具備，也可能都沒有。但是，如果這些天賦都是原來就擁有的，那麼在扎實而有條理的學習關係中可以得到進一步的發展。臨床工作者在學習這項藝術時，針對夢的整合戲劇性結構，能強化對其多方面向及多元層次的洞察力，能判斷夢境的主題以及細微的變化，以及夢境對於做夢者心理現實的觀點，也可以處理夢的象徵、夢的有意義焦點以及能量模式，還有夢情感表達的質量。享受詩歌、童話、文學、音樂以及視覺藝術的意象，對夢的品鑑能力是良好的訓練。

對於夢詮釋中這種藝術性的方式，所仰仗的要素，和欣賞文學、繪畫或音樂時運作的方式是相同的。而需要的敏感包括對主題

的內容和角色的特殊特質，對演出，對人物、形式和場景三者之間
的相互關係。它需要的敏感包括對夢中事件的節奏（快、慢、展開
的、碎片化的等等）；對情緒的色彩和調性；對質性上的一致或不
一致性，以及主題、意象、行動、人物上所出現的差異；對於規模
和空間；對於在夢中、夢與一致現實之間以及夢與做夢者有意採取 6
的立場間所出現的和諧及衝突；也包括夢境本身、夢意象和做夢者
有意識的察覺之間，當中的關係品質。

而另一方面，有關釋夢技巧的獲得，也可以提出某些明確的練習方向；但是這些應該只視為一般的方向指導。方向就像音階練習或練習曲一樣，它們都是用來提高技能的。然而這些並不能取代天生的藝術秉賦；夢的鑒賞就和音樂與戲劇的表演一樣，都需要這樣的天賦。此外，這些通過技術的練習而獲得的技巧，永遠都依循詮釋的**藝術**。因此，第一條「規則」就是所有療癒藝術的悖論：基本的原則是否適用，必須由感覺、敏感和直覺決定。

夢既然是意識的前理性（preratioal）和「改變」（altered）的展現，當然就和自然一樣是多變化的。它們的確是**造化的惡作劇**（*lusus naturae*），是大自然玩笑的結果，這也就永遠不會符合僵硬的系統。相反地，我們的理性思維能力必須要學會適應夢所呈現的生命過程中變幻莫測的特性。理性或「次級」的思維必須學會適應夢的感覺調性和夢的意象，在隨想（reverie）中反思，直覺地遊戲，如同音樂家譜寫奏鳴曲一樣地嚴肅認真，直到其意義終於浮現。

行為主義的觀點也許將夢說成是「神經元的錯誤啟動」，另一個同樣簡化的大眾觀點卻從表面理解夢的訊息，認為夢是具體

的。古典的佛洛伊德學派經常將顯夢中意象的多樣性化約為某些指示，指向潛抑的和創傷的力比多衝突所帶來的願望實現（wish-fulfillment）。[1]

值得注意的是，當今的精神分析社群正在重新評價古典佛洛伊德學說針對夢和做夢的方式。[2] 許多新材料又「重新發現」了榮格當年的基本觀點，包括夢的功能，和某些釋夢的方法學，但是我們認為他們並沒有還榮格一個應有的公道。一直以來，似乎榮格充滿開創性的著作常會受到抵禦，對方通常先是否認這一切的存在或是加以貶抑，然後再聲稱這些觀點是淺顯易見的，或說這些是某一精神分析修正者最近的新發現。然而，比反覆辯稱誰先發現更重要的是，儘管精神分析有許多不同的「門派」（每一派都重視心靈中的無意識過程），但現在有彼此靠攏的傾向，因為大家用比較整合和尊重的態度來面對他們所照顧的個別病人，而得以探索眼前的這一切證據。

7 榮格學派的釋夢，從一開始，就一直將夢視為做夢者心理狀態寓言式的和／或象徵性的陳述，一切精確而客觀，是為做夢者和／或其分析師的意識而量身定做的。夢像是X光，或者更恰當地說，像是出於大師筆下的傑作，從始終未知也未曾意識到的角度，揭顯

1 有關佛洛伊德學派和榮格學派分歧的主要觀點，其簡要討論參見塞繆爾斯（A. Samuels）《榮格和後榮格追隨者》（*Jung and the Post-Jungians* [1985], Routledge and Kegan Paul, London）。

2 可以參見：史托羅洛和艾特伍（R. Stolorow and G. Atwood 1982)〈夢的精神分析現象學〉（'The psychoanalytic phenomenology of the dream'），刊載於《精神分析期刊》（*Annual of Psychoanalysis*），第10期，頁205-220；佛夏吉（1987）〈修正的精神分析方法〉（'A revised psychoanalytic approach'），收錄於佛夏吉和洛爾合編的《夢的解釋：比較研究（修訂版）》（*Dream Interpretation: a comparative study*, Revised Edition, PMA Publishing Corp., New York）；由格魯斯曼和華納合編的《新視角下的夢：重遊皇家之路》（1987）。

了做夢者當下心理狀態多層次的訊息。藝術、技巧以及實務是理解這一切細微事物所必要的；但永遠不變的是，臨床工作者，帶著異乎尋常的精確性，發現夢境所描述的是做夢者所面對的心理狀態，完全一模一樣。這一切確實是這樣的，只要我們用心鑽研夢，就可以發現所有這一切戲劇性的結構以及結構中的每一個意象恰恰就鏡映出做夢者的心理狀態，同時呈現出可以代表當前心靈能量模式的象徵畫面。在夢中沒有任何次要的面向是不相干的；建構出這個夢的所有一切就是要一起傳遞某些意義深遠而主題深入的訊息。

因此，在臨床的工作中，每個夢都擁有豐富的訊息，可以提供診斷和預後、合宜的材料和時間點以點明做夢者當前的心理現實，以及指出並彌補做夢者（或／和分析者）意識上的諸多盲點。從診斷層面來說，夢的意象和結構證實了自我的強度狀態，也可能揭顯多樣的意識形式和心理的、生理的無意識彼此之間關係的品質。在預後層面上，夢讓我們注意到是什麼在逼視著意識，同時注意到可能的臨床進展，通常也注意到做夢者或／和分析者目前的察覺程度和相關能力將如何面對這一切的逼視。干預的時間點變得可能找到，因為意識的和無意識的立場持續辯證，在這過程中形成了方向的引領，而每個夢都是其中一部分。[3] 因此，治療師從夢的暗喻和象徵可以獲得訊號，明白了哪些議題需要點出來，以及如何及何時點出來。心理的現實和意識的盲點將會被點明，因為每一個夢都指向某個無意識的情結，指向情結裡充滿情感的層次背後的那些原型

3 夢所指涉的材料，若是那些在心理層面上與意識最遙遠的，通常不會被記住，或者，會呈現出在時間或形式上往往是遙遠的意象。那些最進入狀態、隨時可吸納的，往往是有跡可尋的，比如是在清晰光線下的，在感知上栩栩如生，或與做夢者似乎有某些個人關係的。

動力。

因此，每一個夢都可以視為自我察覺的拓展。夢對問題的解決提供了意見、糾正和貢獻。這樣一來，夢給做夢者（或／和分析者）清醒中的意識帶來了力量、產生聯結的發展，或是帶來了平衡，因此夢是支持心理發展的重要承載工具。我們也可以將夢看成是做夢者內心泉源的證明，做夢者因為夢而看到了也呈表了暗喻和象徵，目的是潛在的心理洞察：一個可以提出意見、糾正和教誨的資源。

8 的確，許許多多的證據都指出，夢是人格中引導和指揮中心的呈現，而這個人格在榮格學派的用詞是大我（Self）[4]。夢和外在事件兩者之間可以有效地連結為源自於生命泉源的象徵訊息，而這個生命泉源在做夢者的一生維持且指引自性化歷程（individuation process）。不論解釋者明白與否，釋夢的藝術和工藝，是對這股超越的引導力量所呈現的敬重行為。在治療中對夢工作，是用來接上這泉源的。

夢工作的過程在一定時間以後，能夠從恆定的、支持的、引導

---

4 譯註：榮格許多精神分析的觀念是來自佛洛伊德，專有名詞也因此沿用於佛洛伊德。不過，self 一詞，佛洛伊德本人提出的精神分析結構裡並沒有 self 這個觀念，一直到六〇年代英國溫尼考特所代表的中間學派，以及美國寇哈特的自體心理學，這個字才在計時學習當中變得重要。一般認為，這是榮格受到威廉．詹姆斯的影響而提出來。只是榮格將這個觀念一開始是相對於人格面具，當作更真實的自我，而後來的溫尼考特提出的真實自體（true self）是似乎榮格受到這一個階段觀點的影響。根據榮格的說法，自性意味著一個人的意識和無意識的統一，並代表整個心靈。這一切的實現是個體化／自性化的目標，一個人個性各個面向的整合過程。然而，對榮格來說，自性也會延伸到集體無意識。這時候，更像是人的自性當中所擁有的神性，相當於古希臘以來就相信每個人內在都有著守護神（Daimon）的觀念。榮格的寫作前後跨越數十年，用詞往往不一致。有些時候，尤其是晚年的作品，在強調這個想法時，會用大寫來特別表示，Self，也就是代表著有神性的自性，或者說是人內在的上帝意象。因為如此，所以本書將這個 Self 譯為大我。而 Guiding Self，相當於每個內在的神性所扮演的引導角色，因此也翻譯成引導大我。

的環境中帶來超凡的涵容感覺，從永無止盡的泉源不斷地提供給做夢者。因此，夢可以幫忙釐清和教導，也可以幫忙創造出基本信任（basic trust）和足夠安全感的自我，而足以回應大我不斷改變的訊息。在不同的時間，夢工作支持著心理發展的每一面向——包括客體關係和自我的建立，也包括那些和無意識動力有關聯、和內在或外在的人物和議題有關聯的一切。在心理治療中，甚至還用來協助處理對私人分析師的移情，經由持續指出移情關係的動力，也持續指出內在的權威：一個包含了個人認同或自我，而進行著維持和命令的中心。[5]

夢不只是必然會指出做夢者和分析者的盲點，用艾默生（Emerson）的話說，夢也會是「用象形文字回答我們所提出的問題」。[6] 夢將它的訊息呈現在隱喻的／寓言式的語言和象徵的意象裡。因為這兩個原因，對一個人的夢進行工作是充滿困難的。做夢者必然無法看到那些盲點，也無法理解他或她需要「提出」的「問題」本質。做夢者經常只能認同夢中自我的觀點以及對呈現的意象所產生的情感反應。而其他的情形則是，做夢者沒辦法區分夢的哪些面向指涉客觀的「外在」事實，哪些是投射出來的，或者是「內在」的主觀狀態和情結。

因此，夢的研究需要見證：有人提供來自做夢者自身背景之外的觀點，透過此人，夢得以初次相會。對夢的工作，最有效的方式，是需要有個二人或團體的設置。在這設置下，產生鏡映或挑戰

5　一個例子就是榮格病人在夢中將榮格視為神。《榮格全集》，卷七，段 214-216。也可以參見本書第十二章〈關於治療和治療師人物的夢〉「夢中的原型移情」一節。

6　愛德華・艾丁格（Edward Edinger）讓我們注意到這段話。

的他者可以形成一面屏幕，讓做夢者的反應得以投射在這上面。這個見證者或分析師或治療團隊，幫助將許多聯想和解釋抽引出來；將注意力引向別人看得到而本身卻有盲點的那些做夢者心理以及行
9 為的相關領域，而讓夢的訊息得以扎實落地。[7] 通常這些意象需要簡單地轉譯成適當的說明，關於個人的心理材料和／或與人物及外在事件的關係。有時，做夢者和分析師接收到這些意象時，這些意象會在心靈不可知的深處靜靜地迴響。

除了這種共享的互動，做夢者也許會發現各種透過想像力進行的技巧十分有用。對夢中出現的意象進行冥想、完形的和心理劇的活現（enactment）、與夢中人物和對象進行對話、畫下夢中的意象，以及其他的積極想像，都是和夢共同生活來打開其中意義的模式。[8]

但在另一方面，對某些患者而言，因為他們退行的程度或是早期發展上的欠缺，早就充斥著無意識的材料，這些技巧反而會加重他們碎片化和疏離化的感覺。這些患者也許沒辦法將夢中的人物當作自己的面向來因應。對他們而言，唯一可以和自己不同的面向產生關聯的部分，就是夢中自我（如果有的話），但有時連這樣也沒辦法。在這個階段，要求去直視他們人格中負面的部分（陰影），往往會產生反效果；除非這陰影的能量可被視為是有價值的（對自

---

7 在團體歷程中，抽引出做夢者的反應，然後鼓勵做夢者和團體透過問題、反應、聯想和暫時的詮釋來進行互動，往往是最有幫助的。群體成員中不同的性格和感知可以喚起並獲得更大範疇的細微事物和反應，即便他們可能相對缺乏臨床經驗，而無法將這些反應充分應用到詮釋中。將夢的訊息加以總結，就成為團體帶領者的任務了。

8 榮格鼓勵透過這樣的活動來和夢建立關係：「我總是小心翼翼地讓每個意象的詮釋慢慢地變成一個問題，而答案就留給病人自由的幻想活動。」（《榮格全集》，卷八，段 400，頁 203）；也參見霍爾（J. Hall 1977），頁 331-347，關於想像活動的特定模式。

我的強化和結合），使之深深植基於個人的材料，而且由碎片般的或微弱的意識位置所「擁有」。如果進行角色扮演，要求他們認同夢中的人物來加以扮演，往往會造成他們的混亂。夢戲劇當中的意象角色所呈現出來的內在心理矛盾，他們通常沒辦法連結上，也沒辦法涵蓋夢的整體訊息。對這樣的被分析者進行夢的工作，通常需要的是分析師自身去了解夢的訊息，同時在相關臨床脈絡底下運用部分的夢境訊息。

但就算在最好的狀況下，就算是最有經驗的治療師們，夢的工作還是需要與另一個人進行對話。儘管有些人對夢有大量經驗了，透過同事們之間相互的檢視和面質，還是可以找到許多我們忽略的基本細節和個人應用。醫生們之間就經常這樣說：「醫生如果對自己進行治療，就會把自己變成一個愚蠢的醫生。」同樣的情形也適用於此，因為夢帶給我們的是無意識的動力，從無意識的定義來說，我們當然就不可能很容易地明白這一切。

有關做夢者相信自己的觀點而犯下的謬誤，有一個歷史上的例
子[9]：漢尼拔，這位帶領迦太基的軍隊對抗羅馬的領袖。在第二次
布匿戰爭（The Second Punic War）前，根據紀錄，漢尼拔夢到自己
被邀請上到諸神的法庭。朱比特（Jupiter Capitolinus）這位最崇高
的神，向他發出對羅馬交戰的挑戰。在這個夢的激勵下，漢尼拔果 10
真這麼做了，但是他卻被徹底打敗了。他一廂情願對夢境的詮釋忽
略了這個事實：朱比特就是羅馬守護神的名字。他從羅馬的神而不
是迦太基的神得到建議。因此這夢境並不意味著勝利，而是質問漢

9　馮・法蘭茲，《泰米斯托克利斯與漢尼拔之夢》（*Dreams of Themistocles and Hannibal*, London Guild of Pastoral Psychology），1960 年八月，第 111 講，頁 16。

尼拔渴望上戰場的個人動機。夢透過羅馬神祇的意象，向他顯現出他感覺到自己被羅馬的力量所挑戰，也嫉妒羅馬的力量。所以一旦他執著於意識上的立場，他就無法解讀到夢的警告。現代的做夢者身邊若沒有提出質疑和提供鏡映的他人，而將來自無意識的訊息焦點放在補償性質上，就會有相同的偏見傾向。

儘管本書主要是為臨床工作者而寫的，但是臨床判斷的藝術不是本書的主題。我們所關心的只是如實瞭解夢；因為只有將夢的瞭解視為優先，再加上臨床的評估、同理和經驗，這樣治療師才能做出臨床決定：根據做夢者的吸收能力，決定重點要放在哪裡，有多少可以討論、和做夢者遊戲其中並提出詮釋。另外同樣重要的是，治療師對任何夢得以完全理解，還是需要做夢者的聯想和情感參與。

對治療師來說，面對每一場夢所進行的詮釋，都是想要找到對做夢者的吸收能力最有意義的焦點和層次。如果出現了阻抗，往往表示方法不適切，或完全錯了。如果這樣，可能詮釋完全用不上，或者重點不對，也可能本身或呈現的方式就是錯的。在這一切的可能性當中，阻抗本身就是夢所關注的情結或問題領域的一部分。一旦阻抗發生，通常最有幫助的方法就是退回去再重新對夢進行工作，仔細待在做夢著針對心靈動力的意象描寫，靜靜地等到暗喻可以被吸收。有時，需要暫時放下對特殊的夢境工作，絕對不能急切。競爭和強勢主導只反映出一個需要處理的反移情議題。

對有些個案來說，詮釋性的夢工作也許不是他們要的，或者是不可為的，或者只能在某些特殊修正的模式下進行。同樣地，每個禮拜出現了十來個夢，或者是夢中有「荒謬而混雜的意象」[10]，這可能是一種防禦，不想對情感和移情關係有任何的察覺。在這種情 11
況下，建議可以只選取一個夢片段或簡短夢，盡全力研究源自當前情緒現實和生活事件的這些意象，而這就是夢材料指向的一切。

發展的過程受過嚴重傷害的人，會將情感聯想分裂出來，或者沒辦法處理象徵性的材料。當治療師與這些人進行工作時，在意識中要謹記著這些不可避免的匱乏。這樣的情況下，對嚴重退行或沒能充分發展的個案，詮釋可以形成對於恐懼和分裂情感的各式涵容形式，形成多種形式的治療性鏡映。在這樣的情境下，對夢進行的共同工作，與其為做夢者抽取出夢的許多細微情感和象徵的意義，不如將重點放在夢帶給治療師的這些訊息，以及夢做為注意力共享和創造性活動的焦點所帶來的無與倫比的價值。對夢的意象進行相互的遊戲是一種特殊的治療活動，和藝術治療類似。處在治療性的容器中的做夢者，可以安全地與分析師對夢的意象加以互動並進行探索。他們也許是被「遊戲」的：被撿起、被描述、被總結、被重新安排、被丟棄，然後再次被撿起，然後才重新感覺到與自己相關的主控感和穩定的認同感。這種在分析師陪伴下而擁有的安全的創造性活動，建立起共享關係的能力：既是和外在的另一人共享，也是享有從自己內在存有（being）與認識（knowing）所在之處不斷湧現的夢材料。透過同理共感的他者來深思個人「自己的」夢的內容，做出聯想，將特別的夢意象落實在每日生活裡類似的事件和模

10 瑪殊・汗（M. Masud R. Khan 1972），〈精神體驗中夢的使用與濫用〉（'The use and abuse of dream in psychic experience'），收錄於《自體的隱私性：精神分析理論與技巧的論文輯》（*The Privacy of the Self: papers on psychoanalytic theory and technique*, International Universities Press, NY），頁306-315。

式，找出客觀的說明，分享自己的反應：這一切都提供了方法和材料去建設「夠安全的」（safe-enough）[11] 治療關係，在這樣的關係中，真誠的情感和自性（individuality）終究會湧現的。[12] 這樣的夢工作，一次又一次，帶出自己的內在內容是十分有價值的，以及覺察出有能力處理這一切意象。隨著時間過去，這樣的相互活動對於傳遞和發展出一種既是流動和融合的，也是連續和分離的認同感極有幫助：一份身為個體的感覺，其中遊戲和象徵理解都變得可能且令人喜悅。

在個別個案的治療考量裡，都需要對每個不同的個案，決定要如何和何時運用特定面向的夢境賞析。這本書裡的材料還留下許多個案管理的議題，留待治療師發揮自己的技巧和取向處理。這些解夢的方法雖然都很重要，但治療師終究要努力去瞭解，為個案呈現出來的一切找出治療效用。夢只是讓生命因療癒而改變的諸多潛在大道之一，但做為帶領通往治療歷程的引領者和嚮導，夢有著無可估量的價值，引領通往個案的大我。

12 在臨床工作中，仔細查看每一個夢是重要且有收穫的，在會談

---

11 作者從溫尼考特（D.W. Winnicott）所學到的一切，是無法在註腳裡簡單說明他的幾個觀念，就足以表達的。

12 罹患精神病的患者案例，情況可能並不是像比昂（W.R. Bion）1967 年出版的《精神分析的反思》（*Second Thoughts: selected papers on psycho-analysis*, Heinemann, London），頁 98 裡面所討論的病人，他工作對象的精神分裂症患者是無法做夢，他們的「看得見－看不見的幻覺」（visible-invisible hallucination），以及他們日後體驗到的夢意象是像糞便這樣的「固體」客體，恰恰相反於「夢的內容是細小而看不見的連續體」，像尿液的類比。與其將這一切視為前伊底帕斯階段的動力的化約，不如從象徵的層面來看這些產物，點出它們深邃的價值。（參見第十一章〈身體意象〉）相反地，佩里（J.W. Perry）在 1976 年的著作《神話與瘋狂中復原的根源》（*Roots of Renewal in Myth and Madness*, Jossy-Bass, San Francisco）則寫著，夢的意象是他年輕精神分裂症患者的導引，帶領他們經歷肢解、死亡和重生的過程。

時經常沒有足夠的時間探索和詮釋每一個細節。就像榮格在他夢研究的講座裡指出的，治療師不必「告訴他（做夢者）所有我談的這一切，只要給他提示就好了。」[13] 夢本身的神聖（numinous）力量可以幫助和支持治療歷程，在做夢者心靈的深度層面進行工作，包括每節分析會談之前和之後。的確，可以在做夢者的不同生命階段再次回到某些夢，重新挖掘其中豐富而與現下相關的意象模式。

然而，不可能只洞察夢的意義就夠了，也不能將夢的訊息看做是指示我們「無意識永遠是最知道一切的……（因此）削弱意識層面的決策力量」。[14] 在意識的所有層面上盡可能完整地理解夢的訊息，只是第一步。比「洞察」更進一步的，我們還要積極地將可以療癒的象徵意象模式，扎根進入做夢者個人的體驗裡，讓他們可以練習或實現那些洞察。這意味著他們選擇在每日的目標和關係中，用心而有責任地驗證並活出這一切的意義。這種實踐可以幫助我們將心理功能的各方面聯結在一起，將做夢者－演員－沉睡者－清醒者的角色放入她／他「應該要成為」的整個個體。

因為夢的意象是象徵性的，不是語言符號學的，臨床工作者必須要小心，不要對夢的「意義」過早「理解」，也不要依賴任何固定的等義關係（即：夢到木棍就是陰莖，夢到洞穴就是大母神，夢到閣樓就是理智或未來）。從夢迅速得到的意義，往往是來自治療師自己的偏好或反移情的投射，而不是來自真誠的、通常需要雙方相互的理解。[15] 就像所有來自「另外一邊」的表達，夢也傾向是多

13 榮格（1984），《夢分析：1928-1930 年講座筆記》（*Dream Analysis: notes of the seminar given in 1928-1930*, Princeton University Press, Princeton, NJ），頁 475。

14 《榮格全集》，卷八，段 568。

15 佛洛伊德在 1909 年《夢的解析》（*The Interpretation of Dreams*, Random House, NY）就指出了這一

層次且如神喻一般，因此與理性的、黑白分明的、簡單的解釋方法是互相矛盾（甚至是意義混合的）也十分阻抗的。

快速的理解，或者沒經過做夢者適當聯想的理解，即便部分是正確的，也容易忽略其中細節的暗示。例如，一位年輕的婦女形容自己是「性冷感」而且性經驗很少，她夢到：

13 我被鎖在一間滿滿都是妓女的房間，她們把鑰匙放在一個小盒子裡。

她對於妓女的聯想解釋是「性的濫交」。我們也許可以推測，她的心理狀態是被雜交的慾望「鎖起來的」，而且這些慾望是掌握她「性冷感」問題的關鍵鑰匙，這問題可以看成是一種反向作用（reaction formation）的防禦。還在訓練中的分析師向來訪者提出這樣的解釋，對方對此有點沮喪，消極地接受了。

因為這樣的解釋不能引起情感上的認同，而且因為這樣的解釋和督導對這個來訪者心理動力的印象不相符，督導於是提醒分析師考慮夢中可以證實或反駁這一切的證據是很重要的：無論是在過去的夢境，還是在當前這個夢中可能被忽略的細節。在這裡，沒有被考慮到的細節是鑰匙所在的那個盒子——從隱喻來說，這是很明顯的線索。在分析師督導時段後的一次會談中，分析師適時地問起這件事，做夢者說這讓她想起她終身未婚的姑姑莉迪亞擁有的一個小盒子。分析師進一步問，現在對姑姑和她的盒子有沒有更多聯想

點。參見該書頁10。

和可以解釋的記憶；來訪者將她的姑姑描述成一位非常有操守的、嚴厲的女人，總是將一切屬於她的東西都保持得井然有序，而且嚴守是非分明。性慾對莉笛婭姑姑來說絕對是放在黑盒子裡的。姑姑的盒子是什麼顏色？棕木色。夢中的盒子是什麼顏色？既不是棕色也不是黑色；它是緋紅色（scarlet red）。這些意識層面的記憶裡所出現的明顯變化，往往都有極大的意義（見下文），這色彩需要進一步的探究。「緋紅」帶出了非常強烈的情感反應。這位年輕婦女回想起在十三歲的時候，姑姑送給了她一本霍桑的《紅字》（*The Scarlet Letter*）[16] 做為生日禮物，而其他時候她的姑姑經常訓導她通姦和性都是邪惡的，讓這兩者在她心中似乎成為相同的東西。所有的一切在年少的女孩心裡留下了極其深刻的印象，以至於日後即便在意識上的思考知道這是不一樣的，她還是認為那些充滿情感的狀態和性的感覺就等同於通姦、賣淫、罪惡。過去家庭制約以強化性潛抑的記憶，開始在治療當中浮現。

的確，是緋紅色箱子這一細節解開了這個複雜的情結。相對於抵抗性雜交期望的反向作用，性冷感的問題本身揭露出來的，原來是性虐的、壓抑的制約教養所造成的直接結果，將她鎖進了所有的性感覺都和妓女一樣的這樣想法。而另一方面，她對賣淫的認同， 14
出現在她對權威的順從和很快出賣自身經驗的這些傾向裡，也表現在她對治療師最初不正確的詮釋十分消極的默許上。這裡出現了重要的移情和反移情動力，應是治療師關注的。他忽略了對這個夢像是關鍵鑰匙的細節，所得到的解釋可能將做夢者錯誤地關了起來，

16 譯註：關於這本書的資訊，讀者有興趣可參閱第九章〈技術要領〉頁 219 的譯註 1。

就如同關入以姑姑為中心的情結而鎖上的心理空間。

如果要對夢進行足夠深入的工作，治療師必須學會尊敬夢的意象材料，十分小心地放在相關脈絡中，保持著開放的困惑感，直到從做夢者那裡浮現出相應關聯的情感反應。如果只是試著聯想一個夢裡特定的人物，然後發現原來這是「一位高中的朋友」，這樣當然是不夠的。我們要持續地質疑，找出關於這個人當前且充滿情感的個人特質、事件或記憶。這種對象徵意象的情感動力，可以幫助我們建立起以下將要討論的圖謎（rebus）模式。

因為我們太容易落入陷阱，過早對夢做出顯而易見的詮釋，榮格的警告就顯得十分必要：「如果分析師想要排除來自意識層面的任何暗示，他就〔必須〕考慮自己的每一次釋夢都是不受用的，除非找到患者也認同的公式。」[17] 唯一可靠的標準就是做夢者的認同：不必然是意識上的認同，因為這可能受到理性的信念、期望、恐懼、阻抗所影響。如果這贊同是可信的，通常應該是來自身體感受的或是發自肺腑的，一種「啊哈！」「是呀！」「就是這個！」的感覺。這種肌肉感覺（kinesthetic）的證實，呈現出來自「在身體中的大我」[18] 內心深處的確定，它可以知道那些意識層面的「我」也不知道的東西。如果沒有出現這種反應，分析師對這夢意義的觀點就只能視為假設性的可能，還有待做夢者的大我進一步確定或否認。不可避免的是，後來再出現的夢也會對於原來的詮釋和做夢者對夢的理解，做出進一步的確定、修正或挑戰。特別的

17 榮格（1966），《榮格全集》，卷十六，段 316。

18 諾伊曼（Erich Neumann 1976），〈儀式的心理意義〉（'On the psychological meaning of ritual,'），刊載於《象限儀》（*Quadrant 9/2*），頁 11。

是，治療師不恰當的詮釋或是做夢者不恰當的理解，很可能反覆喚起相同的夢主題，而且經常是以數量更多、更激烈，或更戲劇的模式出現。

對於夢本身戲劇結構的鑑賞（見下文），也可以讓臨床工作
者避開那些特別的細節所帶來的深刻印象；那些細節會讓做夢者產
生深刻印象，或者失去了在整個脈絡之下對意象的洞見。因為每一
個夢都是在講述一則故事或是描述一場戲劇，所以如果忽視這整個
戲劇結構，就無法適當評估細節。一個聰明的角色可能出現在不切 15
實際的脈絡裡，或是進行惡作劇；一個盜賊或侵入者可能是有幫助
的；一個危險的闖入者也許帶來重要的消息。

整個情境以及夢動作都傳遞著訊息。有關這種情境的修正，有個例子是一位年輕人在參與心理工作坊時夢到的：

> 我遇到一位異國的心靈大師，他向我展示奇觀，那是一隻美麗的、魔幻的孔雀。這隻孔雀先展現了牠的美麗羽毛，然後表演了許多戲法，最後的高潮是牠帶著我的錢包和夢筆記一起飛走。

這位年輕人思考這個夢時，對這些「美妙的」角色實在是太印象深刻了，而且對這些魔力的承諾感到受寵若驚，他開始說起他發現與意象相對應的煉金術和印度。而治療師發現自己在思索的事實，包括這隻孔雀不只是智慧的意象，同時還是虛榮的意象，而且夢裡面這個賊（雖然做夢者沒有意識到）代表這戲劇的危機：扒手行為（pickpocketing）。隨著對夢最開始的詮釋，他陷入沉默，開

始想要知道這移情的含義，而對夢原來的詮釋熱情逐漸壓下來，同時也意識到釋夢的權威性也同樣可能讓治療關係掉入做夢者的「大師情結」（Guru complex）陷阱裡。他開始小心翼翼地詢問夢中的元素，同時也迎來最初的強烈阻抗。最後，問他對於丟失夢筆記和錢包有什麼感覺，這個年輕人吐露自己痛恨要更改信用卡的麻煩，但他也渴望有人可以用魔法解決他的麻煩。在緊接下來的一陣沉默中，做夢者聽見了他自己的回答，長長地嘆一口氣接受了。他的身體同意這些和最初的熱切感受完全相反的訊息。夢的戲劇結構呈現了另一個訊息：做夢者著迷於他理想化的偉大魔法智慧這個事實，其實是搶走了他自身原有的財產、他真實的身分和信用（有駕照和信用卡的錢包），以及他與無意識做個人連接的工作（夢筆記）。

夢意象本身一貫的邏輯是十分重要的，永遠要給予尊重。然而，我們也要考慮夢的脈絡是否運用合理的或者魔幻的邏輯。如果一座橋到了哈德遜河的半空就消失了，可能哪裡不對勁了；如果這是一座彩虹橋，跨向神話大陸而逐漸消失，可能就需要採用新的規
16 則了。如果夢意象是一個破碎的汽車馬達，而夢中自我不懂任何機械技巧，夢境隱約的含義可能在告訴我們，這時候應該要找修車廠，而不是勉強自己生疏地修理馬達，也不是尋求無所不能的魔法希望。換句話說，做夢者是需要尋求協助了，因為自己不具有處理這個問題的能力。同樣地，如果夢裡出現醫療團隊的需求，這個訊息可能是給做夢者的治療師的，意味著治療師需要尋找更多的支持或尋找督導了。（參見第五章有關「解釋」一節。）

這一點顯然非常重要：我們要對每一個夢特有的戲劇意圖、它的意象，以及它的情感或感覺意涵，進行徹底的工作。只有這樣用

心工作，才能將每一細節放到它們該有的適當位置，賦予適當的重要性，如此一來，就能揭露夢的訊息。

夢如其情境

17 夢是自發的自我描繪，透過象徵的形式，對無意識的真實情境所進行的描繪。 ——《榮格全集》，卷八，段 505

我們每個人的內在都有另外一個自己不認識的人。他在夢中與我們交談，告訴我們他看待我們的方式，和我們看待自己的方式有多麼不同。因此，當我們發現自己處於無路可走的困境時，有時他可以點燃亮光，徹底改變我們的態度。

——《榮格全集》，卷十，段 325

榮格認為夢是「心靈的高度客觀而自然的產物……是心靈生命歷程的自我表徵。」[1] 這是不由自主的心理歷程，不受意識的意願或看法所掌控，而是「如實展現患者內在的真實和現實：不是我所臆測它該有的模樣，也不是他想要它成為的模樣，它就是它。」[2] 因此，夢「矯正了情境。它貢獻的剛好是恰恰不足的材料，也剛好就是該屬於它的，因此態度改善了。這就是為什麼我們的治療過程

1 〈自我與無意識的關係〉（'The relation between the ego and the unconscious'），收錄於《榮格全集》，卷七，段 210，1928 年。

2 《心理治療的實踐》（*The Practice of Psychotherapy*）之〈夢分析的實際應用〉（'The practical use of dream-analysis'），收錄於《榮格全集》，卷十六，段 304。

需要夢分析的原因。」[3]

每個夢所呈現的意像都可以傳遞資訊，告知做夢者和／或做夢者的治療師一些他們不知道但卻很重要的事，是關於做夢者的、做夢者的治療師的，或者治療歷程的事。夢所補償或補充的欠缺內容，是關於做夢者的意識立場，和／或治療師對於做夢者或分析本身的立場。

因此，每個夢都可以看作是來自我們上面（就像是古老的智慧）的訊息，它執意要提供具有意義的新態度。[4]這個假設的存在，榮格稱之為大我（Self）。他將其定義為「自我發展所緣自的優先存在……並非由我創造了我自己，不如說是我碰巧遇到
自己。」[5]榮格的大我是一個象徵的假設，對於無法明確描述的 18
（Unanschaulich）動力所做出的「適當」說明，類似於同樣無法明確描述的核子物理學工作模型。[6]

為了將榮格假設的大我，和精神分析中自體（self）的概念（指被制約的、經驗的人格，包括心理的情結）區分開來，因此我們採取大寫的 S，將它當作引導大我（Guiding Self）[7]。引導大

3　《榮格全集》，卷八，段 482。

4　當然，對意識層面的自我來說，決定這一切如何呈現在日常生活裡是很重要的。夢到自己成為一名殺手，夢到被人追捕，意味著需要同時去辨識和面對已經出現在這個人生活裡的謀殺情緒。夢境不會告訴你該怎麼辦。這是留給做夢者良知的責任。但是夢確實指出在做夢者存在的處境中的那些「就是這樣」，是同時在客觀和主觀層面的。

5　《心理學與宗教》（*Psychology and Religion*），收錄於《榮格全集》，卷十一，段 391，1958 年。

6　「我們的模型是適當的，但不是真實的，如果要讓描述能夠變成真實，它必須要能夠與實際的事實直接比較。而我們的（原子）模型卻往往不是如此。」艾爾溫．薛丁格（1961），《科學與人文》（*Science and Humanism*, Cambridge University Press），頁 22。譯註：艾爾溫．薛丁格（Erwin Schrödinger, 1887-1961），奧地利理論物理學家，量子力學的奠基者之一。1926 年他提出薛丁格方程式，為量子力學奠定了堅實的基礎。

7　譯註：關於大我與引導大我，請參見第二章頁 54 註解 4。

我也就是自性化驅力的源頭和指導，想要「變成他應該的樣貌」（品達）[8]的原型渴求。[9]這也可以看成生命事件和夢材料的源頭與指導。生命事件和夢材料這兩者提供給個體暗喻／寓言的和象徵的寶貴訊息，可以幫助那些學會閱讀這些訊息的人，走向自性化的歷程。

夢中自我

有些時候，夢中自我所代表的是**做夢者對認同的確實感和整體感覺**，彷如是目擊者或是演員。在夢中，「我看見我的孩子們在大街上玩耍，於是警告他們待在院子裡；他們反而衝向大街。」夢中自我（dream-ego）表現的恰恰是做夢者的行動傾向。這夢指出了與他平常做法和良好意圖的反作用效果。

另一個例子裡，一個男人做了這樣的夢：

> 一個木匠帶來一艘船讓我修理，確信我一定可以在我的新店裡修好它。

因為做夢者不太相信自己的能力，懷疑是否能夠完成這項任務，這個夢呈現出大我向夢中自我擔保他可以完成這項任務。另一方面，如果做夢者對木匠的聯想是負面的，而且他很確知自己的能

8　譯註：品達（Pindar, 518-438 B.C.），古希臘抒情詩人。這裡引用的是他的詩句。

9　對照於早期針對自性化（individuation，或譯成個體化）一詞的使用，早期只局限在人生下半場期間內傾的過程，現在則是以「變成他本該的模樣」這樣的原則，注定這成為終身一直持續的過程，包括外傾的關係發展以及內傾的向內集中。

力，那麼這個夢就比較像是一種警告。[10] 不論是哪一種情境，夢中自我與現實中做夢者自身意識是相似的，只是從無意識所接收到的可能是擔保，也可能是警告。

尤其是，因為夢所呈現的許多意象是來自引導大我之觀點時，如果做夢者自己也出現在夢中，這意象與做夢者個人經驗的自我認同，也就是自己對自己的瞭解，可能會不一致。更常見的是做夢者，或是所謂的夢中自我，**出現的樣子會像是從引導大我看待他或她的模樣**。這時，他或她可能會被描寫為仍然是未知及無意識的潛能、傾向或弱點。舉個例子，一個在意識層面認為自己是有愛心且樂於助人的男人，他夢到：

> 有人請求我去拯救一個受傷的孩子。我沒去這個痛苦 19
> 的場景，而是遞出了手帕。

因為這不是這男人對於自己認定的形象，他於是抗議自己實際上絕對不會這樣做，然而來自引導大我的觀點卻是面質這個男人自以為樂於助人的形象。雖然有些困難，但隨著這強烈的領悟，他終於意識到這場夢呈現出自我的真實樣貌，他其實是拒絕承擔責任的，他沒有真正照顧自己的內在小孩，而是以象徵的、高貴紳士的姿態取代。進一步處理夢境後，他終於明白自己也是以「貌似紳士的風度」來對待他人。[11]

一般而言，夢中自我的品質，可以根據敘述的語調、行動和

10 參見本書第六章「補償和補充」一節。

11 參見第六章「夢中的客觀和主觀層面」一節。

態度等等的種類和質量，以及和夢中其他面向或人物的關係模式來進行評估。這些可能也和做夢者的自我所做的描述有關。做夢者的自我意識是否穩定或整合是否夠好，有賴於以下這些基礎，包括對道德需要和情境一情感需要的自我察覺，以及是否有能力且有所準備，能承擔做出適當的決定和行動。這個夢的意象表現了各種執行能力的成功或失敗，包括管理、建立關係、驅動（馬車、汽車等等）、駕騎、航行、飛行、探索、支撐、照顧、保衛等等這一切的能力。

在其他的情況裡，夢也會點出大我對此的看法：關於做夢者**與自我理想**（ego-ideal）[12] **或與膨脹誇大加以認同或合一的自我意識**。例如，一個女人夢到：

> 我是一位公主，在田園風光的度假村泳池裡游泳，忽然出現一個骯髒且憤怒的街頭流浪兒，讓我嚇到了。

我們先引導公主和流浪兒這兩個角色進行對話，然後開始解讀夢中的意象，她於是慢慢明白她視自己為「尊貴且敏感、需要被他人所照顧的、連動個指頭都不必的」（她對公主的聯想），身處在一個自己渴望的「度假村泳池」空間，「沒有衝突、充滿快樂、

12 譯註：佛洛伊德在《自戀導論》〔1914〕裡提出了自我理想（ideal ego），指的是依照嬰兒期自戀模型所塑造出來的自戀性全能理想；在第二精神裝置裡（如《自我與本我》〔1923〕一文中），提出了自我理想（ego ideal），職責是經由自我的理想化，包括對父母或替代性父母，還有對集體理想等的認同，所匯集出來的人格層級。有些時候，相當於超我；有些時候則是超我的一個層級，也許是評估是我的標準，也許是集體投射的理想。

隱密自在」；此時被她漠視的陰影[13]「流浪兒」進行了襲擊。這個「流浪兒」是她自己「骯髒」且輕視（因此尚未察覺）的攻擊性。「流浪兒」這人物將做夢者與她害怕的「強悍、正經」的對抗力量聯結在一起，因為這威脅到她的自我意象：甜蜜的、無助的、被關照的公主，也就是她父親和丈夫的寶貝。

在這個夢以前，這個女人一直認為自己的創傷是被母親拒絕所造成的，她為了維持好媽媽和好教授的角色而勤奮不懈。但這個夢 20
透過另一個迄今還沒被注意到的觀點，挑戰了這樣的看法。夢透過了不能駁倒且時機完美的意象，對阻止她發展的自我理想提出了面質。

這個夢對自我理想和攻擊性陰影的客觀呈現，促使治療聯盟能夠支持將這些困難材料同化，隨著做夢者和治療師的共同努力，由引導大我帶出的質問意象得以落實，並得到人格化。

一個男人做夢夢到「我是一頭獅子」。這表明他的大我認為潛在的獅子力量仍然消極地聚集在他生命中。他的夢中自我顯現出和誇大的嬰兒式自體和自我理想融為一體的狀態，可說是消弭個人的身分。當公主或獅子的特質是做夢者所嚮往的，而且能被自己同化時，夢中自我遇到的實體會是個別分立的角色，和它之間會出現有關聯的活動，而不是與它認同合一。或者，夢的活動會描述這個角色在追趕他，或者夢中自我需要餵食牠等等。

在空中不靠飛機的飛行，在水下的呼吸，或是其他這一類夢中自我的特殊能力，也許涉及了類似報導中瀕死者所經歷的靈魂出竅

13　「陰影」是榮格的觀念，人格中無意識層面可能負向也可能正向的態度或特質，是意識層面的自我想要忽略或否認的。

體驗。這些或許是潛在的能力。但是依據夢相關的背景，這些夢中自我的呈現，也可能是指逃避現實者的解離，或是透過非現實力量的自我膨脹。

有的時候，夢中自我只是一個被動的觀察者。彷彿從玻璃屏幕後方看著一切事件，沒有主動介入。這樣隔著距離、不參與的姿態，隱含的是對夢中描述的問題採取疏離的態度。如果是更極端的程度，甚至可能意味著做夢者的人格有解離的特質。

而在其他狀況下，有些時候夢呈現給做夢者的，是**認同上的渙散**或是**認同上彼此衝突的片段**，彷如漂浮在做夢者不確定的關係中；這樣，夢工作的歷程將反映出在個體性中哪些方面需要變得比較穩定、有節制，並且較為衡常。當邊緣型人格做夢者的意識幾乎沒有一致性時，就可能發生這樣的情形。在這種情況下，夢彷如無法藉此呈現自身有關個人身分、行動、情感和意向性的意識。[14] 夢的諸意象就好像鏡映著心靈的碎片，對做夢者而言夢境彷彿源自遠方不斷漂浮、幻象的泉源，而在治療所形成的促進成長環境（facilitating environment）中，得以讓在場／存有合為一體的感覺被漸漸創造出來／被發現。病人於是可以感覺到夢的源泉好比是好的或是壞的乳房：依意象本身是滋養的還是迫害的而定。

21 像是這類發展（emergence）的夢工作例子，就發生在一位邊緣型人格的年輕女人身上。她主訴自己「無法辨別日夜」，只有在治療師問起夢的意象時，才會注意到它們。在早期治療的一次會談，她幾乎記不住任何事，情感是平鈍的：

14 比昂（1967），《精神分析的反思》（*Second Thoughts: selected papers on psycho-analysis*. New York, Jason Aronson），頁 265。

我躺在沙灘上，也許睡著了。海浪來來回回沖刷。

在這個場景裡，她幾乎沒有感覺到自己在場，只記得海浪的動靜。在下一次會談，她想起的是：

某人站在檔案前，按某種秩序安置一些邊緣鋒利如刀片的卡片。是依字母順序排列嗎？我的手指流血了。[15]

幾個月後，她忽然回想起第三個夢：

鍋裡有隻骯髒的蟑螂。也許那裡有食物；也許有一支勺子在攪拌。

做夢者對這一切沒法找到任何聯想，裡面甚至都沒有出現「我」這個詞。夢中自我沒有以完整的存有來出現，只是隱晦的暗示，像是無意識的見證者或是受傷的「手指」部位。彷如有一位陌生而危險的「某人」，是他在發號施令。（也許是病人的某個意象，或是病人發號命令的部位，或其他人發號命令的部位，包括進行意識搜尋的治療師。）整體的認同終於浮現了，以「骯髒蟑螂」

15 治療師認為這有兩層意義：既是對患者生活中與判別指令的品質和危險相關的客觀陳述，其中她四散的狀態是一種防禦性倖存的模式；這同時也是移情的夢。作為針對上一次會談的陳述，這指出試圖要在治療上喚醒原來有序的意識，即使只是對夢意象的詢問，對於被分析的她來說都是尖銳的，同時像是去對與個人無關的卡片檔案進行無意義區別的排列，都會讓她工作中手指的能力受到傷害。（見第十二章「移情反應」一節。）夢意象讓治療師可以改變治療的風格，甚至不問關於夢的問題，就是為了更同理共感地陪伴她這樣四散的狀態，建立起治療關係中的信任。

的形式出現：自我核心仍舊是為了生存而躲藏的鬼鬼祟祟態度。但夢意象還是提供了病人心理狀態生動而清楚描述的暗喻，並且傳遞更多的材料給治療師，抱持住病人四散的被動性，直到工作的更後期，當〔夢〕是沒有〔做夢者〕捕獲或是被某位〔做夢者〕補獲了」。[16]

有些做夢者會發現自己在夢中是碎片。比如：

> 被肢解的碎片漂浮在黑暗的、有水的洞穴中，也許那些是我的一部分。

或者：

> 我變成碎片了，全被切碎在一棵樹的旁邊。

碎片化的過程，和通過治療過程來進行聚集而還原完整的身體
22 認同一樣，都是經由有缺漏的或不適切地具體化了的夢中自我等意象所指引出來。

這樣的例子可能出現在嚴重受擾並且分裂化的邊緣型病患，但是這些意象本身也會出現在其他病人的夢中，導因於情境中出現情感劇變的結果，或是分析過程揭開了退行的傷口，而感覺到自我認同要解體所帶來的結果。有個驚人的意象，「一個人在飛行，拿著我的頭，我身體剩下的部分不知在哪。」這是一位女人在考慮要進

16 比昂（1967），頁165。

行迷幻藥 LSD 的實驗時夢到的。這意象對她的恐懼提出警告，提醒她這件事可能的負面結果。

還有在其他的狀況裡，夢中自我呈現出**大我**的意象。「在夢裡我們開展自己，近似於那居住在太初漆黑深夜內無所不在、更真實、更永恆的人類。這時的他依然是整體，而整體就在他內在，無法和大自然區分開來，也幾乎沒了自我。」[17]

林肯總統在被刺殺的前一晚夢到夢中自我走進白宮東廂，發現自身莊嚴而壯麗的國葬。他詢問：「誰在白宮中去世了？」別人告訴他：「是總統……他被刺客殺死了！」[18] 這裡的夢中自我看來是象徵超然的見證身分，遠離人生經歷而旁觀著。如果不是夢已經預示了他的死亡，我們也許會將其解讀為夢中自我想要將總統角色的認同加以去除，因為這身分已經逐漸死亡。但因為做夢者被殺死了，總統的屍體象徵著他存在的人格面具、他這一輩子的使命和認同，就要死掉了。這裡，進行見證的夢中自我指的是「那個更加無所不在、更真實、更永恆的人」，我們稱之為大我。

在夢中自我聽到了至上聲音的這類夢當中，通過聯想或想像去尋找這聲音是誰的、它的品質又是怎樣，是十分重要的。這些聲音可能呈現出了大我的聲形，但也可能是來自某個情結或某個進行破壞或欺騙的陰影之聲。

17 《榮格全集》，卷十，段 304。

18 《牛津版夢之書》（*The Oxford Book of Dreams*, Oxford University Press, 1987），史蒂芬・布魯克（Steven Brook）選輯，頁 143-144。

從夢工作中開展心理發展的可能性

一般來說，將夢戲劇中夢中自我的姿態和行動，和做夢者有意識地維持的態度和行動，兩相比較，從中發現差異，並找出心理發
23 展的下一步重點，是十分重要的。在意識的位態尚未發展或破碎的情況下，夢會將這階段該討論的材料呈現出來，來支持接下來的發展和重點。（參考第六章「補償和補充」一節）

接收到新的洞察，對一致或牢固的自我位態可能既是幫助也／或是挑戰。不論是幫助或挑戰，意識的位態打開了，願意在意識層面的體驗中（感覺、思考、影響和有洞察力地活著）將夢的暗喻和象徵加以同化是必要的。只有這樣，夢才可以有效率地促進人格的發展，並且為人際關係提供幫助。如此一來，理解必然發生，並不只是在抽象層面，也在個人化的情感和感覺體驗上。這一切最後也必然會帶出適切的現實考驗和行動力，成為有效率、負責任、行為上的修正。對於夢中看到的或完成的事物，依然需要在醒來的世界裡努力成為「真實的」。

在夢中，解決一項任務或完成特定的行動，或是達到特有的理解層次，並不盡然意味著日常生活的成就，也無法予以取代。同樣地，在夢中降臨在我們身上的獎賞和災難都只是可能性，並不是清醒時存在的事實。夢境的事件只是指出了一條路。它們預示著在目前這樣的情況下，什麼事是可能的，或者什麼確定是可以發展的。因此，夢給予了鼓勵或警告。做夢者在夢中也許會冒險而解決艱鉅的任務，或走錯一步而墜入懸崖。這樣的結果都是暗喻，提醒我們注意一些已經發生的事情，或是我們沒察覺到正在發生的事情。既

然做夢者（在夢的訊息以前）不瞭解這事件的本質，夢意象是一種呼籲，要我們檢視心理事實或外在事實。但隨著做夢者的洞察和能力改變，夢裡出現的結果也可以修改或逆轉。

於是，夢境的戲劇化結果可以看成是有條件的：**在目前這樣的情境下**（也就是這夢的設置或展現，下文會進一步討論），**有可能會發展成這個或那個樣子**。然而，由於做夢者對夢境中訊息同化，並且改變原來持有的態度，於是當下的情境可能就改變了，夢中劇情所指出的隨後效果也將因此而改變。而後續的夢將出現在與做夢者改變態度以後的對話之中。

因此，在夢中出現的結果並不是固定或不可改變的；除非這夢很明顯地透過夢本身戲劇性的結構而呈現，或是很明顯地透過這些
意象象徵的或寓言的基調而呈現。以自發且不可控的自然事件（地 24
震、風暴、洪水、樹木傾倒等等）的意象所描繪出來的發展，就是這樣，這些看似注定的事件不可避免地會發生，除非有過去非比尋常的因素將一切帶向特定的和緩情境。考量夢境時間的本質，這一切究竟會以什麼形式（以外部事件或心理危機的形式）、在哪個時間點發生，又是另一回事。但以通則來說，夢的情節成為具體的結果，端視清醒自我對這些由夢引導的要素有何反應和態度而定。在這裡，我們所面對的是關於人類相對自由的要素。

此外，有些表面結果十分可怕的夢境，從引導大我的角度看來，是做夢者自身恐懼的寫照，而不是行動的結果。因此，關於某個特定的夢，決定這點是重要的：這夢究竟是從大我看待戲劇發展的角度來描述這心理情境，還是這夢傳遞了大我對做夢者對結果之期待和假設的看法，或者兩者都有。

有一個例子是關於對此差異的需求，以及相關的細微差別，是一個男人的噩夢：

> 我和一個乞丐握手，接著心臟病發作而倒下。

對這夢進行的工作，揭露了做夢者對於如乞丐般匱乏的恐懼，由於他對此不屑一顧，因此從不承認。迎接這一切進入他的生命，等於是要承受心臟病發作一樣的痛苦；因此，他一直竭力讓依賴的情感需要遠離意識。一旦被邀請重新進入夢中，想像他心臟病發作的結果，做夢者發現這將是「非常痛苦，卻不足以致命；但會需要新的生活方式。」這夢作出了象徵的預言；因此，在這次因他的不成熟和依賴而啟動的遭遇以後，做夢者在治療過程中經歷了慘痛的退行以揭露他的情緒，這一切徹底地改變了他的生命。這情形類似是他感覺上的認同經歷了死亡和重生。幾年後做夢者重新回顧這個夢境，他意識到自己恐懼的程度，和他在自性化過程所需要做出改變的程度，是息息相關的。

夢告訴清醒自我該做什麼的情況，就算有，也是很罕見。即使問題在夢中獲得了解決，也只是顯示了一種可能性。夢表現出做夢者心理現實所面臨的困境，如果支持或反對當下的態度和狀態，會發生什麼情況，以及這種狀態或特有的方法將會帶來什麼樣的影
25 響。這問題終究還是留給了做夢者，全看他或她如何帶出結論，如何決定，以及如何行動。在這情形下，在意識和無意識的動力之間出現了持續的辯證。無論好壞，意識進行反應的自由永遠是被尊重和保護的。

「夢如其情境」，從引導大我的觀點來看，是同時包括了內在的發展潛能和趨勢，以及在做夢者當前的、「就是這樣」的心理情境本來就有的後果。這同時也包括與做夢者外在生活和人際關係有關的材料。這代表為了在「主體」和「客體」兩方面可能的轉化和整合，有哪些事物是做夢者必須帶著意識去建立關聯的。因此夢可能會嚇到我們，逼我們詢問有關自身的主觀態度，或我們發現自己置身的外在環境：這些是我們從沒意識到要問的問題，或者我們一直不情願或沒有意識到，以致不曾考慮的問題。一個驚人的夢或一個將熟悉情境反轉的夢，可能會讓我們嚇到，之後才會進而考慮或是重新思考我們原本忽略的外部現實和關係問題。

這種情況的一個例子是榮格描述從患者口中聽來的夢。[19] 有位年輕人與一個家世顯赫的女孩訂婚，但在訂婚之後產生了神經症症狀，因此前來尋求建議。他帶來一個夢，夢裡未婚妻像是個妓女。榮格只是建議他去打聽女孩的名聲。他發現的也許就是他心裡已經知道、但卻不願意向自己承認的；因此身體化成口吃的症狀。這一發現足以讓他解除婚約。當他看到事情的如實情況而加以補救，症狀也就消失了。今時今日，我們也許想要將這個夢討論得更深，也往主體的層面發展，開始思索究竟這個年輕男子自己的阿尼瑪（也因此包括他的情感）是否不願意或還沒準備好安定下來。他是否因為一些可能的利益向結婚計畫讓步，像妓女一般出賣自己，並且對背叛自己的行為反應出身體化症狀裡的那些情緒？很顯然地，透過他無意識層面對未婚妻的選擇和拒絕，還有責怪婚約並逃離，對這

19 《榮格全集》，卷八，段 542。

時候的他而言，就足以將自己德行和擔當的不足投射出去而加以否認了。對心靈進行更深的工作顯然不是患者的目標，他只是想讓症狀緩解罷了。

夢的語言

26 這是夢的特性，它從不以邏輯的抽象方式表現自己，但總是透過平行或類比的語言表現。這同樣也是原始語言的特性……就像身體乘載了它的演化發展，人類的心智也是。因此，有關比喻的夢境語言是從古老的思想模式中留存下來的可能性，也就不足為奇。

——《榮格全集》，卷八，段 474、475

意象

夢的體驗是發生在清醒意識「底下」的意識改變狀態。這是「初級過程」（primary process）[1] 或者是在另外的世界的，遠遠在我們理性範疇的空間和時間之外。它將來自過去、現在和未來帶有情感影響力的材料加以整合，運用這些熟悉和不熟悉的資訊，甚至包括來自做夢者相當不熟悉的原型層面資訊。儘管如此，我們對夢

1 譯註：Primary 這個字有好幾種意義，分別是在不同的脈絡下。在這裡特別涉及了精神分析理論中的初級過程。佛洛伊德提出這樣的假設：在無意識中驅力的能量可以自由地進行內容的轉換，這個功能稱此為「初級過程」（primary process）。無意識中所有的元素缺乏邏輯及正式意義上的關聯，沒有時間觀念，只有簡單和原始的一些聯繫規則。所有的驅力及慾望均遵循「快樂原則」（pleasure principle），即不惜一切代價發洩、獲得滿足及減輕痛苦，而這是不被前意識和意識所容許的。

的感知卻是依照我們「此時此刻」的察覺，而這察覺主要還是意象的。夢為了和我們的意識能力相聯結，它在抵達的時候，就已經從原本的模樣轉譯成知覺意象的語言。於是，夢所具有的「邏輯」參考框架，就是感官的感知能力。這些意象可以是視覺的、聽覺的、本體感覺的（proprioceptive）或是肌肉感覺的（kinesthetic）；儘管在夢中比較常以視覺為主導。它們所發生的範圍，可以從身體的感官知覺，延伸到神話的意象和抽象的概念。就像繪畫或包含舞蹈的戲劇一樣，觀念和故事仍舊嵌在感官意象的母體裡，表現出來的是非理性的能量模式。

意象的交流模式是「初級／優先／最初」的[2]，而這個字在這 27
裡有好幾個意涵。這個「優先」，在「一個無意識的先驗，將自己沉澱為可塑模式」[3]的情況下，是最初朝我們走來的，於是朝向我們的感知能力。這對意識的其他模式來說，是最基礎的活動。如果依時間順序來看，它之所以是最初的，因為它是與孩子的感知模式相似的；做為交流的主要模式，則是與藝術家的模式相似。

做為交流的形式，這些意象也出現在古老而神聖的象形文字書寫中；比如，早期的中國人和美洲原住民的象形文字書寫，以及古埃及人的聖書體（hieroglyph）。這種象形一神聖的意象有著它們自己的「邏輯」[4]，所傳遞的訊息經常比可以言說的部分具有更多

---

2 佛洛伊德對初級過程的描述和這些是相關的；雖然我們不會從潛抑和願望實現的角度來看待這一切。他說：「就我們目前所知道的，只有進行初級過程處理的心靈裝置（psychic apparatus）是不存在……〔然而〕我們存有的本質……仍然有一些前意識無法抓到或抑制的東西……〔這些〕過程……〔就是〕心靈裝置從抑制中脫離以後所擁有的運作模式。」《夢的解析》（*The Interpretation of Dreams* [1909], Modern Library [1950]），布里爾（Dr A.A. Brill）譯，頁 455-456。

3 《榮格全集》，卷八，段 402。

4 參見蘇珊・德瑞（Susan K. Deri）所著的《象徵化與創造力》（*Symbolization and Creativity*, New

細微的意義。在這些不同文化背景裡，它們為新的加入者提供了一種語言；儘管所有人通常都看得出象形文字的形式。同樣地，夢的意象也是所有人都可以得到的，但它們的意義只開放給那些對隱喻的、寓言的或者象徵的意象具有理解能力的人。

如果意象的訊息可以轉譯成理性的觀念和語言化，我們會認為這些意象的形式是寓言的。如果意象的訊息指出「超乎常人且只能部分理解的」，那麼我們認為它們是象徵的。[5]

為了達到溝通的層次，將藝術的、情感的和直觀的調頻融入（attunement）[6]，和理性的邏輯結合起來，是必要的。當「調頻融入」夢中的感覺時，見證者必須感受，並且直覺地明白意義，而不是邏輯上的理由。他或她必須同理共感地進入夢所擁有的領域，其暗喻、象徵和戲劇等向度。到了第二步，見證者從這樣的神遊（reverie）撤回到理性的意識，好將這一切的產物和那些我們心理層面理解的產物，加以整合起來。即便如此，我們可以應用的心理理解，也只是夢的寓言面向。只有感覺－直覺（feeling-intuition）和奧祕感（sense of the numinous）才可以為那些真正是象徵的面向，提供可能的方向。

一般看來是這樣的，只要這些意象對做夢者或是他或她的治

York, International Universities Press [1984]），特別是第二部分。

5 《榮格全集》，卷十一，段 307。

6 譯註：Attunement 這個字用在許多地方，特別是能量醫學和精神分析中的自體心理學。在能量醫學裡，指的是治療師將學生的能量頻率校準到一個狀態，讓學生可以接收到自己靈氣自然的流動，讓自己成為一個載體。在中文裡，一般翻譯成調和，有些則翻譯成更本土性的灌頂或點化。至於在寇哈特（H. Kohut）所領導創立的自體心理學裡，共情／同理共感是最重要的治療途徑，而如果進一步強調接近病人而融入其感情，可能會用調頻融入（attunement）或共情調頻（empathetic attunement）這樣的名詞。作者在這裡所使用的定義，應該是偏向自體心理學。

療師有意義，夢就會加以使用。在某個程度上，治療師自己的局限也會限制他或她案主的夢所出現的意象範圍。同一位做夢者在同一時間，可能為不同的治療師做出不同的夢。彷彿夢是從共有的關係面向或場域所浮現的；而這個共有的場域也同樣引導出移情和反
移情。因此，我們找到了看似夢泉源的「機智」，至少有時是「嘗 28
試」避開治療師的盲點，用治療師可以理解的意象語言講述。當治療師不動聲色地分別將他或她處理象徵意象和所有擴大技術的能力加以拓展時，被分析者也可以因此獲得類似的幫助，而拓展他或她[7]自己的能力，即便在會談中並不需要討論這些材料的象徵層面。在其他的狀況下，公開討論夢的象徵材料也許是十分切中要點的。

許多夢被記起時只是單一的意象，也許是視覺、聽覺或肌肉感覺的。當通往夢領域（參見第五章〈聯想、解釋和擴大〉）的各式策略都被仔細運用時，單一意象對臨床工作而言也是十分足夠的。單一的意象也就成為整個觀點匯集網絡的中心，因此可以為做夢者揭顯出心理一類比的以及象徵的意義。

寓言

夢意象透過它們所激起的聯想、說明和擴大所形成的網，慢慢編織成為隱喻（用其他的意象來描述某一件事）。[8] 接著這張網則

7 治療師經常發現病人帶來的夢包含的意象是他們目前正在研究的材料。這是極為深刻的例子，說明了心靈場域的潛能，可以將治療關係中的雙方包裹進來，也為治療師繼續在自己的歷程和發展方面工作將會收穫豐碩提供了證明。

8 《榮格全集》，卷十二，段 403；李克夫特（Rycroft, C. 1979）《夢的純真》（*The Innocence of*

為意象提供了心理的脈絡和意義。

如果隱喻性的意象也引導到理性可以理解和表述的層面，我們就可以將它們當作是寓言的。當它們的脈絡或意義超出了理性可理解的範圍，我們討論的就是象徵。

夢的寓言面向描述客觀而「外在」的，或是主觀而「內在」的情境，是要被帶入做夢者的心理關注。當我們處理了每個細節（這些細節在臨床上不一定需要，甚至在當下的情境中也不是值得利用的），寓言面向的功能就如同X光攝影一樣，既可照出外在的事件和關係，這些有著當下情況的心理意義；也可以照出內在心理的結構和情境，是引導大我在這個特定的時刻會拿來檢視的。透過類比的方式，才可以顯示出白天意識的肉眼所無法直接看到的這些寓言功能；不過一旦警覺到隱喻語言的「詞彙」，還是能捕捉到其心理和理性層面。

有個夢意象，夢中自我找到了「一枚沾滿泥土的一分錢硬幣」，這讓做夢者聯想起一些記憶，他曾經在露營營地找到一枚
29 一分錢硬幣。他記得「當時下了很大的雨，他十分想家，心情低落」。透過說明，一分錢的硬幣是面額最低的，常讓人覺得可以隨意丟棄，非常廉價。做夢者當時正重新連繫上一些過去的老朋友，滿懷希望能夠找到支持和夥伴。藉由提醒他想到自己的孤獨憂鬱和低價值感，夢的意象以寓言的模式修正他對可能的重逢所抱持的過高期待。

寓言性的描述指的是理性上可理解的事實或心理動力，而這些

Dreams, New York, Pantheon），頁71。

往往會被忽略或是在自我覺察的範圍之外。雖然夢中的訊息會運用暗喻、詩的手法和戲劇等誇張方式，它的意像所涉及的情境還是可以用理性的意識表述。在做夢者當前的生活情境中，將這個訊息清楚地詮釋、理解和接地，是可以的，也是必須的。我們可以，我們也需要，找出寓言意象在心理層面究竟暗示著什麼。

寓言意象的主要問題涉及了「客觀／客體層面」（外在）的事件，或者「主觀／主體層面」（內在）的情結、事件和做夢者的心理動力。在實際的狀態下，究竟要運用哪一個層面，這是臨床判斷上的問題。但這情況也可以透過夢的補償理論來幫忙區分：分析師和做夢者可以決定針對這個夢的訊息哪一個層面的理解，更能夠完成補償或補充的功能。（參考第六章「補償和補充」一節）

象徵

相對於寓言，象徵指的是那些只能「隔著玻璃模糊地看出」的事物。在榮格的定義中，象徵是「關於相對未知的事實最好的描述或公式；然而，這個事實，它的存在並沒有因此就比較不容易辨識出來或不容易加以假設」[9]。它「是對超乎尋常人的而且只能部分理解的事物，加以擬人化（因此是有所限制的，而且某個程度內才有效）的表現。這可能是最好的表現方法，然而它的層級依然低於它所要描述的那個神祕層次。」[10] 有個好例子就是燃燒的灌木：這意象超越自身，而是表示自我焚毀且重生的神祕，是「靈性本身只

9 《榮格全集》，卷六，《心理類型》（*Psychological Types*），段 814。

10 《榮格全集》，卷十一，《心理學與宗教》（*Psychology and Religion*），段 307。

能帶著朦朧感識別的特質」。[11]

象徵指出了存在的意義，甚至指出超個人的意義，指向靈性的領域。將超越的面向含納為心靈生活的基本關注，表達了生命是需要意義的，這是透過感知的一本能的需求及其之外的一切而完成
30 的。因此，任何通往象徵面向的方法，都留存在我們可直覺感應的領域，呼籲著來自做夢者和釋夢者他們身上關於藝術和精神的敏感。象徵意象所包含的內容，我們最多也只能瞭解一部分。我們努力繞行它們可能的或是大概的意義，帶著虔誠和冥想的注意力，好讓我們自己可以與它們固有的原型能量和意義模式同頻。我們可以指出這所需要的敏感度，但沒辦法用技術性的術語來描述或教導。

榮格關於象徵意象的名言有時可以用得上。他這樣寫道：

> 意象和意義是同一的；而且當前者開始成形，後者就會逐漸清晰。事實上，這模式不需要任何解釋：這點可以描述為治療的需求。[12]〔因為古老的意象〕……出現的時候，已經有了十分突顯的奧祕特徵，只能形容為「靈性」的，因為如果用「魔幻」這個字可能太強烈了。[13]

於是，這個超個人的潛在力量直接作用在做夢者的心靈，而對奧祕意象的靜默沉思也許會成為他們最好的治療方法，至少在一開始的時候。另一方面，尋找他們靈性的和心理的意義，以及尋找他

11 《榮格全集》，卷八，段 644。

12 《榮格全集》，卷十一，段 222。

13 《榮格全集》，卷六，段 401。

們是如何道成肉身的，將是最基本要做的。

圖謎

另一方面，寓言意象的處理也是釋夢技巧的一部分。這個部分可以與對圖謎（rebus）的理解工作加以比較。

所謂圖謎，是通過圖片來呈現一句用語。這些圖片或多或少清楚地暗示著發音音節、單詞或想法。例如，一幅畫有一隻貓（cat）站在原木（log）上，也許是「目錄」（catalogue）的圖謎。一幅有鹿（deer）和「p U」兩個字母的畫，擺在畫著藥丸（pill）的畫旁邊，也許意味著「親愛的學生（dear pupil）」。在圖謎中，圖像可以透過發聲的「邏輯」來轉譯成字詞，不必在乎圖片順序的缺乏邏輯。因此，從表面上來看，圖謎的呈現是毫無意義序列的雜燴，然而如果根據發音加以轉譯，這圖謎會傳達清晰的意義。

夢也是類似的情況。夢通常不會出現觀念清楚的意念，展示給我們的意象順序往往令人困惑，至少是缺乏觀念上的邏輯，因為
夢境「遵守」它們自己的法則。比如，當故事的情節呈現了一系列 31
的意象，看似是夢本身的時間性，但這些後來可以指出意象之間的因果性關係。並且每一個意象都要根據做夢者的心理意義來加以理解。

舉例來說，想想以下這個夢：

> 我坐在我的桌子前。我找到了一個上面印有鹿圖形的藥片。然後我的父親將一個高速公路上「停」（STOP）

的標誌放到桌上。這標誌變成一朵花，而我在裡面發現一枚閃耀的鑽石。

所有這一切幾乎沒有明顯的意義。然而，就像圖謎一樣，我們可以透過做夢者聯想的方法轉譯每個意象，以及透過公認關於這意象的一般慣例意義而發現其中的心理意義。（參考第五章〈聯想，解釋，和擴大〉）

以這個夢做為例子：鹿是一種動物，因此公認是對生命能量的慣用表現，大多是在不加思索及本能的層次運作。這個意象**象徵**了太初能量的特性。這個做夢者**解釋說**，鹿是害羞而浮躁地跳來跳去的。（不同的做夢者會因為鹿所表現的其他特定情緒特質而給出不同的反應：也許是灌木叢的吞噬者、是獵殺活動的受害者等等）。做夢者也許也會記得某次與鹿的特殊邂逅。這樣的**個人聯想**會修正或支持自己的解釋。

藥片也許讓這位做夢者想到他用來緩解疼痛的阿司匹靈。於是，到現在為止，這一系列解釋皆暗示了某種不假思索或本能的害羞和輕浮，銘印在止痛劑上（或是成為它的標誌）。從心理學觀念來理解和轉譯，這可能意味著在這個人的內心，羞愧和浮躁是從痛苦中解脫的源頭或方法。

這張桌子讓這位努力要成為作家的做夢者想起他自己的寫作書桌；根據描述，他的父親是威權的、直白的、枯燥無味的商人，他認為做夢者的夢想和寫作抱負是不切實際的。於是，透過威權者意象所表現出來的，做夢者發現自己的心理是過於實事求是的狹隘，也許是父親情結的一個面向，將「停」的標誌放在邁向寫作夢想的

努力上。接下來的發展，隨著「停」的標誌，他退縮了，以避免可
能的痛苦。我們也許可以推斷，當他為了逃避對抗的痛苦而縮回去
寫作時，他屬於私己的、創造性的表現也就停止了。這可以是正向
也可以是負向的，全視夢其他的部分來決定。來自父親情結的停止 32
標誌這個事實，對於因為父親權威而讓步所引發的痛苦和退縮，反
而打開了更大的議題，寫作本身也許是出於自我防禦的目的。所有
的這些議題還需要與做夢者進一步發掘。

由於意象的意義主要還是由做夢者提供的意義所決定，對夢的解釋也就依情況而有所變化。假定對另一個做夢者來說，停止的標誌並不單單只有停下來的意思，而是「停，看，聽，然後繼續」，而且實際上這標誌在街上就是這樣的意義。這個意義就會改變對夢的提示。那麼父親懷疑的態度，以及它對做夢者產生的內射，可能就會被視為警示的要素，而非阻礙。就算做夢者剛巧認定他的父親或有關父性的價值觀是不合理的威權或控制，夢依舊會暗示出這些造成限制的影響和內射了的習慣，儘管現在的影響主要是往逃避和躲藏的方向，（即藥片上的鹿），或許現在會有意識並謹慎地被當作加以節制的警告，好讓一切更有效而安全地進行。

花做為意象，傳統上公認是和成長與茂盛有關。當停止的標誌變成了花朵，暗示著這樣的停止和張望可以看做個人的成長和開展必然需要的一部分，如此才能達到個人生命的綻放。而發展出自願的自我限制和小心翼翼，可以看成這位容易衝動和不耐煩的（需要停止標誌）做夢者所想要擁有的自我紀律，以取代自己過度敏感和退卻的畏縮。和這相同的情況是，我們會提醒駕車出遊的人要注意路上的交通信號，而不是期待不受阻礙的路程，也不是畏縮而完全

避開駕駛。

鑽石的意象是不可毀滅的物質、堅硬，和昂貴（這是解釋）。傳統上，它已經代表了個性核心中的一面，即不朽的大我。舉例來說，在東方傳統文化中，「蓮花中的珠寶」這一意象指的是經過冥想和奉獻的磨練而認識的超凡價值。原型脈絡的擴大所出現的是象徵的，不是只有寓言的、動力的。在我們的序列中，花中的鑽石這一意象所暗示的，不再是病態的或神經症的，而是有關自己想逃離
33 的念頭以及意識的發展依著「停，看，聽」而轉化的一切覺察，將是人格成熟中的核心創造力任務最主要的元素：所謂的道，是每一個體去尋找和發展自己本性的方法，是通往自性化目標的方法。

相反的情形是，如果做夢者剛好對東方哲學體系過度認同，誤解這一切而不知不覺地用來逃避自己的問題，前面所談的意涵也就完全相反了。這是因為必須考慮到夢的補償功能（見下文）。於是蓮花中心的珠寶也許只是寓言意象，代表著他的佛教理論。鑽石如石頭般的頑固僵硬出現在花朵綻放的生命中，可能等同於來自父親要求停止的訊息。那麼這個夢恐怕是以這僵局的源由質問著做夢者：也就是他信仰的觀點或哲學的觀點，變成自己不再向前的合理化藉口。透過這樣的暗喻，這意象的訊息將會是：激勵你自己，並且去冒險。又或者，如果阿司匹靈對於自然療癒方式的擁護者來說是令人討厭的或有毒的，這夢的解釋也就再次變得更負面。阿司匹靈上的鹿和桌子上的停止標誌，也許是指對痛苦的退縮和迴避，對他來說都是「有毒的」；兩者串通起來要強行停止他的創造力表現。

我們列舉出對於夢中同樣主題的詮釋有這麼多可能的變化，經

常和另外一個完全相反，而且這和做夢者對這些夢的個人反應和情緒反應息息相關，由此就可以看出，為什麼一定要避免沒有做夢者的參與就對夢快速進行詮釋。對任何夢要進行適當的工作，有一些事情是十分必要的。其中最重要的就是細緻地評估做夢者的聯想、價值標準，特別是意識狀態和外在表現，因為這些可能透過夢而對立、補充和／或補償。只有這些變數都好好考慮以後，對夢和做夢者才能做出合理的處理。

聯想、解釋、擴大：夢的場域

34 將夢當作線索來理解實在太過於單薄了，除非透過聯想和類比這些加以豐富，才能擴展而成為可理解的事物。

——《榮格全集》，卷十二，段 403

夢境內容的心理脈絡在於夢原本就是嵌入其中的關係網所構成的。因此這應該是一個絕對的原則，就是假設每一個夢，以及夢的每一個部分，在開始的時候都是未知的，而且只有小心翼翼地考慮脈絡以後，才能試著做解釋。然後才可以將我們由此方式發現的意義應用到夢的文本本身，看看是否產生流暢的閱讀，或者是否有個令人滿意的意義浮現出來。 ——《榮格全集》，卷十二，段 48

各式夢母題的意義和暗示從來都不是固定的。[1] 它們隨著個別做夢者對夢的反應而出現變化，透過個人的聯想和解釋表現出來，同時也可能影射著文化或集體共有的解釋和神話元[2]，而做夢者對

1 《榮格全集》，卷八，段 471。

2 譯註：神話元或神話主題（Mythologem），意指神話中經常出現的主題或基本元素，最初是神話學家克倫尼（Carl Kerenyi）於 1949 年首次在他與榮格編輯的《神話的科學：神聖兒童的神話與厄琉西斯城的神祕故事》（*Science of mythology: Essays on the myth of the divine child and the mysteries of Eleusis*）之〈緒論〉（'Prologomena'）中使用。

此不一定熟悉。所有的這一切，聯想、解釋和擴大，和夢本身及所有的事件形成了統一的場域，這些事件包括做夢者和治療師做為見證者，在敘說著夢和加以討論時身體或情感所出現的反應。還有，夢的意義還根據另一個準則而變化：補充或是補償。這一點我們將在下一章中提到。

聯想 35

在所有有關夢的解析都還沒嘗試以前，我們一定會最先想到的一些要素，是做夢者的個人聯想。所謂的聯想就是任何的想法、念頭、記憶、反應，或是其他等等，它們會在做夢者思考著夢和其中的特定意象時，跳進做夢者的心智。因此，聯想是與意象有所連結的，或是由意象所喚起的。但是，它們不盡然是對意象的理性評估，也不是對意象的評判。聯想是完全主觀的，不論理性與否。實際上它們像是任意或是隨機的元素，不需要任何邏輯上的正當證明。

舉例來說，一張桌子有可能讓做夢者想起父親的桌子、高中時期使用的桌子、在家具店看到的桌子、讓他兒時撞傷鼻子的閣樓上老舊物品、母親用來擦桌面的某一塊布，或者是某個老說要買某張桌子卻從來沒有買的人，這討人厭的傢伙還總是在不恰當的時間來拜訪。

為了要確定夢的適當意義，出現的任何聯想一定都要加以探索，直到它們揭露了情感的核心和心理的意義。這指的是，要找到與聯想連結的強烈情感，並且將這一切深扎在做夢者當下的心理事實裡。情感反應可能是隨興就降臨的，或可能經由更進一步的探索、詢問、想像、單詞重複技巧或其他的修通方式而引出。

要喚醒聯想和解釋，可以透過聽覺層面的問題：例如治療師對做夢者提問「那聲音讓你回想到什麼？」如果詢問「你的看法是？」或「你感覺怎麼樣？」或「這帶你進入什麼？」等等，視覺或身體和感覺的反應就更容易出現。採用和做夢者的敘述同樣的感覺模式提問是很重要的。這讓治療師成為「走進做夢者心門」的參與者兼目擊者。

為了將這意象在個人心理現實裡扎根，治療師需要詢問當與這意象相連結時，可能出現怎麼樣的事件、情感或感覺（痛苦的、歡樂的或表面上漠不關心的）。關於桌子的夢，分析師可以溫和地詢問：「那麼那張桌子呢，讓你想起了什麼？」做夢者在分析中談起這夢的那一刻，也許回想起那桌子看起來像是父親的，繼而引發和
36 父親的桌子有關的情感的、身體的體驗。有許多可能出現的反應，包括：因為腳沒有站穩而撞到桌子，因而受傷的感覺；因為某些作為或不作為而被父親責罰的感覺；有關父親工作態度的記憶和做夢者對這的情感反應，引向進一步探討，包括是怎樣的工作態度，以及是怎樣的反應。因此，這個或這幾個有情感深度的面向，就被挑出來成為焦點。

因此，強烈情感與夢意象的共時性，指出了那些需要在分析中加以揭露的相關心理議題。換句話說，任何一種強烈情感的聯想，都需要從做夢者現在和過去的心理情境加以深扎，這有著當下的心理學定義。對夢中意象（包括視覺的、聽覺的以及肌肉感覺的）的聯想和夢中的情感反應，接著會揭顯出這一切是如何與做夢者生活

當前的脈絡連結，同樣地，又如何與過去和童年時的記憶，以及與個案—治療師關係的特定經驗（移情的動力）連結起來。

舉兩個夢來作例子，兩者明顯相似，都指出對聯想密切關注的重要性。在這兩個例子裡，做夢者醒來都發現治療師坐在他的床邊。在第一個例子裡，做夢者的聯想已是情緒化的：「不，那是永遠不會發生的。」他表現出緊繃的恐懼。進一步詢問，他表示這種設置會聯想到「親密」（intimacy），並且開始在會談中抽菸。他清醒於在移情中要面對的那些帶有情緒的、潛藏情慾的親密，對此他顯然是感到十分害怕的。第二個例子裡，做夢者對同個意象的聯想：「坐在床邊，就像探望病人時那樣。」治療師問道：「這讓妳回想到什麼？」一個開放性的提問模式，最能夠有效地引發聯想。做夢者停頓了一會，然後回憶起來，「我去醫院看望我的表姐時，這樣做過。她那時已經快死了。」長長的一陣沉默之後，她繼續說了下去：「啊，你就要去度假，感覺像是永遠的，漸漸死去了。」她喚起了自己對分離的恐懼，感覺像是她自己的死亡。

如果出現了兩個或兩個以上的要素，包括對表面上看起來不一
樣的含義所做的聯想、解釋或擴大，這些全都讓做夢者有強烈的情
感，我們就需要找到這幾個要素的交集點。就像上文中提到的夢，
做夢者在關注夢意象時，他對於親密的恐懼，就會和抽菸的行為連
結起來。因此，這是身體上具體的聯想。抽菸這動作讓他進一步聯
想到「抑制憤怒」。對親密的恐懼和對抑制憤怒的需要是相互交叉 37
的。因此，他逃避親密是因為這會激起他的狂怒，他認為這會毀掉
關係。他因此嘗試透過儀式化的距離來控制親密。所以，他對正向
移情的害怕，就和對負向移情的害怕一樣，因此也都停留在「進進

出出」的關係裡。

對夢境意象進行的聯想一開始是「自由的」，但很快地，一旦任何情感被觸動，聯想就聚焦在相關的問題和情結上。因此，如果做夢者只將意象留在聯想是不夠的，例如，X 先生表示某個夢「使我想起高中時曾經一起出去的一位朋友。」在做夢者的心靈仍然沒有任何鮮活的身體或情感體驗。因此這一夢意象沒辦法透過它和當下情感現實的心理關聯，為做夢者在體驗層面扎根。我們必須進一步探詢這個夢意象，但得是開放式的問題，不能暗示任何特定的答案。但是它需要尋求特有的情感體驗：這位朋友的個性如何？你會將他與哪些特質相連？他帶給你怎樣的感覺？和這段關係相連結的是怎樣的情感體驗？他激起你怎樣的情感（吸引、欽佩、羞怯、厭惡、痛苦或其他等等），或有哪些與他相關的事件激起那樣的情感？雖然這些問題不一定是針對任何臨床情境的特定問題，但它們指出了必須如何逼近的本質。只有情感被觸動時，我們才可以認定心理現實的基本核心，包括任何剛好被觸及的情結，已然出現在體驗層面。只有理智上的理解是不夠的。

這樣的探索可以參考下面這個簡單夢境的討論：

> 我將一些老舊的提袋拿進兒子的臥室。

當戲劇結構指出一些舊議題又出現在做夢者和兒子的關係裡（客觀[3]層面，見下文）或者和內在兒子的關係裡（主觀層面）

3 譯註：Object 這個字既有客體也有對象的意思，在這裡大部分翻譯成客觀，主要是參考前後文來決定。

時，我們還需要大量的提問讓提袋的意象穩穩扎根在情緒裡。最初，做夢者只能辨識出這些提袋是藍色的。他不知道這些提袋是什麼。至於藍色呢？這顏色使他想起自己十七歲時使用的背包。他曾經背著它，與朋友們一起去了洛磯山旅行。然而洛磯山、這趟旅行或是他的朋友都沒引出任何情感。「你十七歲的時候怎麼了？」做夢者突然臉紅，並且生氣了，他記起當時從事性行為時被父母抓到了。然後，性的羞恥和不安全感暴露在超我之前，而被帶進或投射 38
入他和兒子的關係中。這是夢提出來讓做夢者思考的當下個人議題。

有時在夢工作的過程中，做夢者會出現障礙，無法進行任何聯想。這些夢材料對於做夢者來說可能在心理層面過於強烈而無法處理，或者可能可供聯想的自由想像太少了。有時，這阻礙需要進一步的詮釋。有時，也會透過要求解釋而成為另一種規避的方法。這些都讓做夢者與意象或與無意識基質的複雜情結關係得以維持更大的距離。在這樣的情況下，容許距離的問題通常可以提供需要的安全感，好讓夢的工作可以進一步進行。比方像這樣的例子：「如果客觀的情況是這樣，那你會有怎樣的反應？」或者「如果這件事發生在別人身上，你的感覺會是怎樣？」這類問題從聯想轉移到了解釋。

解釋

如果說聯想是主觀的反應，無論它們原有的理性為何，那麼解釋就是對共同接受和達成一致的事實的相關表達。這也就表示，解釋傳達合理的意義。解釋表達了意象對做夢者或／和集體而言典型代表的一切，也就是它客觀的功能或意義。這時治療師在決定某個意象的客觀解釋時，要注意自己個人的偏見，因為解釋不一定是有共識的。如同聯想，任何的解釋所指出的意義可能是寓言的，也許是象徵的，也或許二者皆有（見上文）。

解釋可以分為兩種：客觀—集體的和主觀—個人的。就客觀—集體的解釋來說，一枝鋼筆是寫作或繪畫的工具，無論做夢者的聯想是否喚起這樣的記憶：自己曾經將它當作武器，刺傷了兄弟；或者自己剛好認為它是陰莖的暗示。

對於鋼筆是書寫工具的主觀—個人的解釋，恐怕會因人而異。
對某些人來說，書寫或描繪可能是自我表達的方式：溝通、模仿，
和／或是創造。對於另外一些人來說，這樣的書寫工具是要完成自
己想逃避的任務，比如每日記賬。如此一來，書寫工具是對鋼筆的
解釋。但是治療師終究還是需要找到個人的聯想和主客觀的解釋究
竟是在哪裡交集的：書寫是做為溝通的自我表現或是對任務的逃
39 避，如果與刺傷兄弟交集，可以發現心理上自我表現或自我逃避與
競爭性的攻擊力有所關聯。最後的結果可能是：攻擊力透過挖苦的
言語或逃避的方式來傳遞，自我表現則是透過競爭中的奮鬥而激
發，或者這兩者之間還有其他一些有意義的連結。

另一個例子中，筆（解釋：書寫工具）可能讓做夢者想起有一次嬸嬸送給她這樣一枝鋼筆的情境。我們現在需要對這個嬸嬸進行聯想和／或解釋。她在這個家庭裡說話是很有分量的，總是在場（解釋）。做夢者認為她有很豐富的想像力（聯想）。我們可以因此推測，做夢者的想像力是透過對嬸嬸的聯想或是嬸嬸這個例子而

激發的。然而，到目前為止，還沒有感覺反應或情感激起。我們可能必須多問一些問題來引出那些反應。嬸嬸她本身究竟是怎麼樣的人呢？然後，同樣重要的是，做夢者對她的感覺又是什麼？

做夢者描述她時可能突然冒出這樣的句子：「她是一個刻薄挑剔的婊子！」或「她很溫暖，會給人支持。」於是從刻薄挑剔或溫暖支持（嬸嬸的特質），可以看到從中（嬸嬸給做夢者一枝鋼筆）生出溝通的表達或溝通的形式。

為了對每一個別的解釋確立適當的範圍，治療師必須避免將知道的意義視為理所當然，而是應該向做夢者詢問這樣的問題：「對你來說這代表著什麼？」「為什麼呢？」「如果這情形是真的，會怎麼樣？」等等。簡單來說，治療師需要採取好奇而無知的立場。唯有如此，他或她才能避免過早下結論。

夢情節的關鍵有時反而是忽略了明顯的集體解釋。一位做夢者講述著自己的一場夢：

> 我背著水流站立在空木筏上，使盡力氣想要轉個方向好能划它。

我們會發現，解釋對夢的訊息掌握著重要的線索。一個撐著桿的、空空的木筏，沒有船頭或船尾。夢中自我想要掌船往其他的方向前進，只需要讓自己轉個方向，而不是讓木筏轉向。他並不知道這樣的作為，在治療中是心理層面需要進一步探討的不尋常要點。

在一個類似的例子中，一位女姓夢到：

> 40 一個珠寶店的老闆拿了一些珠寶給我。我拿著它們時，變得很焦慮，擔心整個櫃檯上都是我的指紋，然後我逃出這家店，跑到街上以躲避警察。

當她說起這場「噩夢」時，她並沒意識到在收下好似免費禮物的珍貴寶石後，假定自己偷竊的罪惡感。因此，這將是夢所分析討論的最主要環節。這兩個夢，全靠治療師如何指出夢意象在私己的解釋和集體／客觀的解釋之間所存在的不一致。

對任何夢意象的工作都需要在一致同意的解釋和個人的聯想或解釋之間，找出這兩者的交集，而關於寓言性的或象徵性的意義相關的工作也是如此，這點我們後面會看到。一張桌子被解釋為一件家具，通常用來書寫或進行文書工作，以及／或者是用來儲存與溝通有關的文件，無論做夢者的聯想為何。如果對這張特定桌子的聯想剛好是「啤酒派對用的桌子」，可能表示原本是工作或寫作的情境或傾向，也許已經被狂歡、玩樂、醉酒或更多與啤酒派對有關係的聯想和解釋所取代。解釋和聯想總是需要透過尋找這二者有意義的心理交集而被結合在一起。

另一方面，個人解釋和集體解釋之間可能也存在著不一致性。因此，它們必須分開考慮同時又相互平衡或相互交織。一個物體在做夢者眼中是怎樣的目的或功能，可能和一般的集體觀點相當一致，但兩種觀點也可能不同。做夢者別具一格的觀點可能清晰地指出潛在的情結，或者／也可能如此極端而顯示出徹底的差異，證明做夢者是孤立在集體共享現實之外的，也為治療師對這樣孤立的瞭解提供了說明路徑。在一個夢意象裡，「一隻活著但在流血的羔羊，被串在門把上旋轉著」，而做夢者對這個的解釋是「旋轉木馬」，治療師發現他對極度難以忍受的痛苦加以否認（透過將這意象聯想比作主題樂園的旋轉木馬），同時也有著羔羊式的受虐情結，充滿撕毀了的本能表達，是用來避免對治療工作打開心門的。在這樣的情況下，治療師可以使用彼此瞭解的語言，主動說出做夢者內在有嚴重的問題。

不是只有做夢者個人的解釋可能與集體的解釋有種種不同，治
療師的解釋也可能跟做夢者或集體的解釋截然不同。雖然這可能會 41
與夢境材料相關，但需要先擱置，直到所有來自做夢者的材料都先探索過。而且，當做夢者的解釋和其他的解釋之間，或者在做夢者的聯想和現實的解釋之間，出現許多不一致性時，就需要臨床的技巧在不一致性之間搭起橋梁而加以理解。在一個對這樣的解釋性材料處理不當的例子裡，治療師認為做夢者的夢意象「不合現實」而摒棄了。而這個夢是這樣的：

> 我拿浴室用的清潔粉擦在自己的腳上，然後去上班。

治療師沒有加以詢問，因此不瞭解這種浴室用的清潔粉被稱作「BonAmi」（好愛人）[4]，而且再進一步聯想就知道是他妻子用來示愛的詞彙；治療師反而預設這是粗製的清潔劑名稱。因此，治療師錯誤地認定這夢暗示了對清潔的執著，對人腳或立場有危險。實際上，透過解釋，「BonAmi」原來是一種清潔粉，宣稱「不刮傷

4 譯註：法文中，Bon Ami 主要是好朋友的意思，也有好愛人的意涵。這裡翻譯成好愛人。

物品」，並且每一盒子上都描繪了一隻破殼而出的小雞。

無法引出聯想和解釋，以及無法思索孵化小雞的擴大象徵，錯過了這個夢的潛在意義。夢境指出了一個交集，是來自他妻子的鏡映支持和這乍看不現實的夢意象之間的。不一致性必須加以探索，而不是用來摒棄這特定夢意象的有效性。如果能夠這樣，將會發現更深的心理脈絡。[5] 在這個例子裡，我們可以認為這意象，既是揭顯出他覺得自己被愛是不現實的，除非他「足夠乾淨」，同時也揭顯做夢者在這個世界上的立足是依賴他妻子的情感保護和自己的無害性，就像一隻小雞。因此在他的腳上擦「BonAmi」這種清潔粉，指出了是在更新和自性化的脈絡中這類問題的重點意義。不需要多餘的補充，每一個案例自然會需要臨床的技法和經驗，將各自不同的向量適當地分類。然後，做夢者身上出現了「原來如此」的體驗，恰好確認了結果的意義。

舉例來說，閣樓是用作儲藏室的，也是房子最高的樓層。這是一般廣泛而有根據的解釋，這是事實。但是有人也許會把閣樓當作儲藏室，也有人用作額外的臥室，還有人將它空著留給將來其他用途。對於一個人來說，這房間儲存著過去使用過而目前摒棄的東西；對另一個人來說，解釋的重點可能強調其中某些東西在未來潛在的用途。總之，我們必須最先考慮個人的解釋。

42 如果解釋相當程度地偏離一般的解釋，比方說，一枝筆解釋成刺傷弟弟的工具，或者閣樓（attic）「是『抽搐』（tic）的雙關

5 席薇亞・佩雷拉（Sylvia Britnon Perera 1989），〈夢的設計：臨床夢的欣賞／夢的分析〉（'Dream Design: some operations underlying clinical dream appreciation'），收錄於《分析中的夢》（*Dreams in Analysis*, Chiron Clinical Series, Wilmette, IL），由內森・史瓦茲－薩拉特（Nathan Schwartz-Salat）和莫瑞・史丹（Murray Stein）編，頁 39-80。（譯註：本文作者即本書共同作者。）

語，也是用來自慰的地方」，那麼這類的解釋將當作聯想來處理。關於夢的討論，有時一般人接受的意義可能還是要修改，有時甚至全面反駁。關於自慰這例子的解釋，我們可能針對其強迫性（「抽搐」）性質加以詢問。我們也許會想，為什麼挑上閣樓。是有什麼色情的東西藏在那些舊物中？是居高臨下的視角充滿吸引力？或者它是唯一可選的隱私空間？第一種的主張也許指出透過退回到過去的自我興奮／激勵（手淫）。第二種的重點是放在「頭部」（身體的頂層），或者邁向自我提升的努力。第三種強調透過對隱私的搜尋和需要來和自體保持「接觸」。（參考下文對夢中性慾的進一步討論。）

上一章提到的圖謎之夢，阿司匹靈藥片是一種止痛藥；因此它指的是避開或減輕痛苦的動機（解釋），而聯想會將其聯繫到母親。母親又一次被描述成或聯想為過度的掛念，她認為任何童年的疾病都可用阿司匹靈治療。或者，她沒辦法忍受自己任何的痛苦不適。疼痛的解除在這裡也就和過度的掛念和對不舒服的無法忍受聯結起來。膽怯和退縮與鹿的連結，是介於聯想和解釋的中間，因為如同一般所知道的，鹿是隨時準備好要逃跑的。因此，退縮顯然是因為媽媽盡其所能地避免痛苦或困難的態度而產生的。或者，既然對孩子來說，媽媽是撫慰和情緒保護的源頭（主觀層面的解析），情緒保護或撫慰可見是和害羞和避免疼痛有關。心理的交集點也就因此找到了。

情緒和身體反應

當夢裡出現情感或身體反應，以及因為談到的夢而出現情感和身體反應時，都應該視為意象。這些情感和身體反應應該被視為可能是夢的一部分，是需要做夢者的聯想的。治療師身上這樣的反應也可能和案主的夢有關；但需要治療師在將之帶入夢場域之前，對這些反應加以聯想並私下加以修通（見下文，頁128）。這些情感反應，加上夢的背景設定（見第七章「戲劇結構」一節），經常是將夢和當下情感現實兩者之間搭起橋梁的最直接路徑。這些經常會引導出圍繞在做夢者夢中呈現的相關情結四周的許多活靈活現的記憶。在上述的例子中，因珠寶贈禮而產生的罪惡感恐懼，直接導致這樣的發現：做夢者對揭露自己傑出的專業工作（而這是她過度認同的）感到恐慌，還有記憶中有關父母的妒忌，以及其他種種對她童年時的能力和自我感所造成的傷害。

在夢中及在我們進行夢工作時出現的特殊身體姿態，儘管沒有挑起任何語言的或語言化的聯想，都是十分重要的。如果在會談中再度活現，這些通常會直接帶出夢訊息底下所隱藏的情緒。例如，一個女人夢到她的雙手被扭綁，當她被要求做出那樣的姿勢時，她開始掙扎，並且大量流汗。她發現自己處於恐慌中，而且很快就認出來，她在需要要求工作加薪時，就是這樣的情緒。這進一步讓她想起童年的時候對於酗酒父親回家的恐懼。她仍舊感覺到被恐懼所捆綁，因此不敢在權威面前堅持自己合理的價值。

另一個例子的強烈感情，是和身體意象相連結的：

> 我夢到自己的食指有些不對勁。我不能感覺到它的存在或者不能感覺它仍和其他手指一起。我害怕我可能失去我的手指。我感到非常恐懼。這時我看見了祖父的臉，忽然意識到自己的手指恢復感覺了，而且知道手指沒問題。

這裡做夢者的情感是害怕，這與失去食指有關。她對這夢中的恐懼進行的聯想，帶她進入了在即將出庭離婚法庭當時的情形，感覺到無助的恐懼。食指使她聯想到「指指點點，歸咎責罵」。她記得當時有人搖動食指斥罵她。這裡有個掌相學上的擴大（見下文），也就是食指象徵著管理的能力。[6] 做夢者感覺自己失去了畫分責任的能力；實際上她對自己在離婚官司上面臨失去孩子撫養權的危險，悲慘地充滿罪惡感，覺得自己很沒用。相比之下，她說，她的祖父則是「強壯的，堅守自己立場的勞工領袖，即便這個立場不受歡迎。」當她連結了祖父正義感和權力感的意象時，她自己畏縮且充滿恐懼的執行權威得以修復。夢境引導了一系列關於她祖父的積極想象，透過這個過程，她接觸到自己在離婚官司和生活其他方面要堅守立場時，所需要的權威力量。

在另外一個例子裡，被分析者說起飛行和翱翔的夢，這使他聯想到從束縛中獲得的自由，而分析師反而注意到自己的胸口有壓迫感。因為這是隨著夢的描述而產生的，不是平常的感覺，分析師於是問做夢者，哪裡可能有會讓她感受到自己需要解開的束縛。做夢者想不出當前環境中有這種感覺的情形。接著治療師請她將注意力

---

6 哈芙特—彭洛克（Yael Haft-Pomrock），〈數字與神話：我們手中的原型〉（'Number and myth: the archetypes in our hands'），刊登於《象限期刊》（Quadrant），1981 年秋季號，頁 63-84。

集中在胸口，努力察覺該處的束縛感。案主幾乎立刻就想起童年氣喘的情形，她將這經歷描述成「一隻大蜘蛛糾纏住〔她〕，壓迫著呼吸」。這感受先是在分析師身上引發出來，接著在做夢者辛酸的記憶中逐漸具體落實，從這感受開始，這只是接觸到自己感覺的一小步，察覺到母親的專橫控制以及她習慣性的逃避，也就是「飛行和翱翔」而進入幻想，以及改變的意識狀態[7]（這種情形在生理學上是可以透過缺氧來誘發的）。然後，對這一切的理解，進而引導出她迄今為止還是無意識的感覺，也就是對分析所需要的規律性和有限的控制的感覺，同樣都是因為受局限而壓迫和想逃跑的模式，這時又有了關連。當她開始可以表達出自己的反應，呼吸的壓迫也就減輕了。

在另一個例子中，一位商人講述了一個再三出現的夢境：自己因為走私而被判刑入獄。雖然找不到有關的聯想或解釋，但是在夢的討論過程中，分析師注意到做夢者輕微搖晃的身體。當做夢者的注意力被吸引到這個動作，治療師要求他加強這個動作，並且感受一下這動作傳遞出什麼樣的意象或記憶。他很快發現這種動作很像davening（意第緒語，伴隨著類似前後搖擺的動作而進行的祈禱方式），同時他想起父親對他在希伯來文學習上的成就是十分引以為傲的。他發現自己正在重溫自己的成人禮（Bar Mitzvah），那是父親因為兒子的成就而獲得許多讚譽的場景，然而卻幾乎沒有人注意

7　譯註：改變的意識狀態（altered state of consciousness）：意識的改變狀態或改變的意識狀態，在1892年發現與催眠有關，後來也在癲癇病症狀中發現，指的是心智狀態在誘發下出現變化，通常是暫時的。目前沒有意識改變狀態的一般定義，因為所有的定義都有賴於正常意識的定義。這情形的起因可能是因為自發的（例如：做白日夢和接近死亡的經歷）、身體和生理（禁食和性愛）、心理（音樂，冥想，催眠）、病理性（癲癇，腦損傷）和藥物（精神活性物質）。

到他這個兒子。他想起，為了要受父親看重，他努力在父親重視的領域表現突出，即便這些對他沒有什麼個人意義可言，甚至他對它 45
們還有些輕蔑，因為它們讓他遠離了同儕。同時他還覺得自己是個騙子，掩飾、佯裝一些明明不想要的東西，「像個運送違禁品的走私犯」。從這一點的察覺，他開始意識到自己現在還總是想要討好治療師和其他權威人物，經常猜想他們可能喜歡什麼而試圖贏得情感關注。他佯裝那些自己甚至不知是否擁有的感覺和信念，同時又痛恨自己的不足和假裝。他因為隱藏起來的假裝和對那些非法而不屑的獲得感到需要，因而「被鎖進了監獄」。

同樣重要的是去觀察做夢者在訴說夢境時的情緒與身體反應，其姿勢、張力及感官知覺都是相關的聯想。治療師也需要注意他／她自身的反應，同時仔細檢查當中的反移情成分（見下文）。

任何發生的事件如果和夢出現的時間，或是和談起夢的當下環境，在時機上是巧合的，這樣的情形也很重要。因為這些共時性（synchronicity）事件[8]是包含這一切「場域」的呈現，而夢是其中特殊的、局部的表現。它們可能指出夢所涉及且相關的基本原型動力。因此，夢到遭遇意外事故，而生活中幾乎也同時遭遇意外事故，這其實是強調做夢者心理－心靈情境內部有著崩潰的危險。

「瑣碎」的夢

所有的夢或片段的夢，即便看起來簡單或不相干的，都不應該

8 《榮格全集》，卷八，段 816-986。參見榮格對聖甲蟲的記述，詳《榮格全集》，卷十八，段 202-203。

因為不重要或「瑣碎」而忽略。夢有可能就是用這樣的方式呈現給做夢者，特別是只有某個片段可以記住時。但是，如果我們透過聯想、解釋、擴大，也許再加上完形的活現[9]和幻想即興，來進行調查，那麼每一個夢都可能照亮某些盲點。這可能在客觀的層面上點出一些重要的洞察，但更多則是在主觀的層面上。

特別是遇到只有兩三句且零碎的夢時，治療師會鼓勵運用想像，引出其他額外的訊息和聯想的材料，即便這樣的想像活動對做夢者來說，一開始可能是「純粹虛構的」。在幻想或「虛構」中，無意識的神話創造功能是活躍的，其程度並不亞於做夢時的情形。而且即便是最刻意「虛構」的故事，也會銘刻上發明者或作者無
45 意識心靈的印記。為了刺激這樣的活動，治療師經常針對各種出現的事件詢問為什麼和怎麼會這樣，以及／或者鼓勵額外的聯想和解釋。

這個例子是做夢者覺得「瑣碎」的夢：

> 我是某個青少年舞蹈團的隊長。我的工作就是將男孩子和女孩子混在一起，享受舞蹈時光。

9　譯註：Enactment 活現，臺灣精神分析學會則翻譯為「共演」。「活現／共演」這一詞和行動一詞很類似。行動的某種意義是演出戲劇性或誇張的角色，而活現／共演通常意指在治療情境或日常生活中，病人外化了內在世界的戲劇性。賈可布斯（Theodore Jacobs 1986）的開創性文章〈論反移情共演〉中，描述共演是分析師對自身明顯的不適當反移情行為，感到驚訝的情況。稍後，分析師可能察覺自身行為、病人的情緒誘發，和分析師個人因素之間的關聯。賈可布斯（1991, 2001）進一步澄清、強調且普及「共演」一詞。他把共演當作在分析裡一種特定現象的命名，一位參與者的心理透過與另一位參與者的相對關係而演出。他試圖要表達共演的概念，是病人、分析師或雙方被正在進行的治療工作，激起各自的衝突與幻想，而產生的行為反應。（以上參考國際精神分析學會的百科辭典，中文由臺灣精神分析學會翻譯。）

做夢者唯一的反應是，在自己的女兒們還是青少女的時候，她經常做這樣的事。除此之外，這夢除了感傷的記憶之外，似乎一點都沒觸及其他。對於做夢者來說，它出現得毫無相干，確實很瑣碎。在面對如此容易輕忽的情況下，治療師還是繼續詢問，想要找到行動和意象之間的心理關聯。在這個時候，「為什麼」和「有何目的」這一類的問題往往變得十分有用，可以試探更深的層次。當問到為什麼做夢者認為她必須將男女加以混合時，她的回應是「幫助他們並且鼓勵他們」。這時需要再次提出「為什麼」，將聯想推向與心理相關的核心。做夢者的回答是：「為了克服他們的羞澀。」這時，克服羞澀，是這夢的「瑣碎」意象指涉的動機。然而做夢者找不到有關真正害羞青少年的聯想，害羞這議題也就該從主觀的層面來探討了。做夢者自己青少年時的記憶於是被引出來。這些記憶清楚地揭顯，原來在做夢者心靈裡的「青少年」仍舊是害羞的，而且需要透過一些細膩的、有意識的試圖「混雜」，才能夠進入生命之舞。做夢者認為這個夢是不相干的感覺，在探討這個夢以後，可以發現這是她自己依然保有的風格：自我忽略和害羞。

幻想、想像和活現

> 在睡眠中，幻想以夢境的形式出現。但是在清醒的生活裡，我們在意識閾限下還是依然做夢，特別是在所潛抑的一切或其他無意識情結的影響下依然如此。（《榮格全集》，卷十六，段 125）

既然夢深層的情結也會共時地影響著外在事件和清醒的「改變意識」狀態，所有的夢也就可以加以擴大（amplified），也就是做
47 夢者將夢加以延伸，再透過想像的技術來加以放大。這些操作允許意象在內在之眼前慢慢浮現，或者只是透過「虛構」來填補夢故事裡所遺漏的片段。「積極想像」（active imagination）和「引導想像」（guided imagination）這兩種方法已有其他的作者[10]多次描述了，讀者不妨可以多參考這些作品。

夢的任何一部分都可以當作擴展夢境的起點，加上一些新增的意象：可以是讓行動進一步發展，好看看可以發展成什麼樣子；也可以從夢的起點往回延伸，好找出這個起始情境是如何開始存在的。只要做夢者對夢保持開放，並且從意識中回到夢的空間／時間，就不需要害怕夢的訊息可能因此遭到扭曲。任何以這種方式浮現的意象都是無意識和意志的產物，無論做夢者意識層面的想法如何，都設法偷偷地傳遞訊息。

有一種經常可以用而且十分好用的方法，就是請做夢者想像自己看著電視或電影的螢幕，自己要探索的夢情境在上面放映，然後注意看情節將會怎樣發展。做夢者也可以想像將影片倒轉，看看情節當初是怎麼開始的。在一個例子中，做夢者重複提到在夢中的飛行，以及他對自己能在夢中飛行堅定不移的喜悅。當分析師請他在飛行中往下瞧，看看他能否看到自己飛越過什麼，他看到了一群乞

10 有關積極想像，參見霍爾（1977）《夢的臨床應用：榮格學派的詮釋和活現》，頁 339-348；芭芭拉．漢娜（Barbara Hannah），〈有關積極想像的一些看法〉（'Some remarks on active imagination'），刊載於《春天》（Spring）季刊，頁 38-58。有關引導想像，請參考阿薩吉歐里（Assagioli 1965）；德索爾（Desoille 1966）；艾普斯坦（Epstein 1978）；哈琵希（Happich 1932）；羅納（Leuner 1955）。

丐和街頭無家可歸的人。這些是他內在心理的面向，他之所以要高飛其上，為的是保持讓他喜悅的錯覺。與他們的會面帶出了抑鬱下沉而進入現實。

當個案對夢行動或夢意涵所預期的推力開始產生懷疑時，對夢做這樣個人的放大是特別有用的。例如，夢到自己在火山口邊緣野餐（見下文），我們可以要求做夢者透過想像來「完成」夢境。出現的意象可能千奇百怪，也許是破壞力十足的火山噴發，也許是一場突如其來的暴風雨，打斷了派對，迫使他們在可怕的事情有機會發生之前就離開。在後者的情況，我們可以假想有一些相對輕微的困擾可能攪動了做夢者意識裡的否認和自滿，因而幫助做夢者避開災難。或者藉由幻想，做夢者可能意識到，這樣的自滿原來是怎麼樣的意涵。假如做夢者瞭解火山口的野餐剛好對應到真實生活中哪個特定心態或心理情境，可能就不需要進一步的詮釋。

另一種技巧是要求做夢者「將夢搬上舞台」，也許是由做夢 48
者演出，或是以默劇演出不同的部分，又或許是在團體治療的設置裡，指派角色給不同的成員，讓他們扮演部分人格。

做夢者也許能角色扮演某些人物或事物——或者在團體的設置裡分派角色、參與，並且／或是充當起舞台導演。一般而言，這個部分是傾向於先以非語言形式進行，就像默劇一樣，為的就是避免過度的理智化或過早的理性分析和解釋，同時也是為了讓無意識盡可能透過肌肉動作、節奏、姿勢和臉部表情而充分表達自己。一般的情況下，採用完形學派以第一人稱講話的技巧很有用，即便做夢者所代表的或所活現的是一個非人的角色，同時也讓不同的夢中人物或事物可以和彼此進行內心的對話，說出他們不同的立場，甚至找到融合的可能性。

最後，做夢者的注意力於是開始關注這些活現在身體裡的「感覺」，不論是在表演時，或是在個人的默劇時，又或是在觀看別人的演出時。這一切反應需要得到進一步的聯想和解釋，則視情況而定。

這裡有個例子，一個看起來無害的小小夢意象，透過這種想像和心理劇的工作而得到修通：

一顆番茄被扔掉了。

這位做夢者是位認真而包容的牧師，他扮演番茄這個角色，他是這麼描述：「我在寒冷的天氣中生長緩慢，但只要有一絲陽光，我就變得通紅、柔軟而多汁。於是，我變得美味。」這些說出來的描述，如果我們從隱喻的角度來看，就是自我的描述。做夢者表現出對寒冷的厭惡和對溫暖的需要，以及在他自身環境滋養中緩慢生長。然而，夢的狀況是「番茄被扔掉了」：他緩慢而感官愉悅的發展需求和能力在內心是被輕視和否定的；因此他需要外在的支持。當問及這是否和當前哪些情況相關，做夢者沒有回應。因此，為了找出為何有這樣的否定出現，要再進一步探索這個夢意象，於是分析師要求做夢者描述、感覺，或者活現出那個丟掉番茄的人。由於那個人在夢中不存在，做夢者就沒有立即回應，顯然他需要分析師提供一些溫暖的支持，因為這可以讓他在創新任務中承受風險。分析師建議，這個人的意象是可以被虛構或想像出來，因為無論夢工作最後創造出或想像出什麼樣的人，都是「歸屬」這個（雖然依

然在無意識層面）動力，而且可以表達出相關的動力。於是一位黝 49
黑、蓄鬍的男人的形貌開始從做夢者的想像中浮現。由於做夢者從個人的生活或記憶中都想不起這樣的一個人，分析師因此詢問他是否可以畫個素描。很快地，個案畫出了一張瘦臉，透過鬍鬚展現出輕蔑。之後，他代表這個人物發言，表述這人物的感受。「我是一個真正的男人，又聰明又酷。我不屑愚蠢和濫情。情緒是腐爛的番茄。它們只會帶來弱點和脆弱。真正重要的是獲得成功。」於是這樣就說出了做夢者迄今為止還完全在無意識層面的個性，一個聲稱「真正的」男性氣概是聰明的、冷酷無情的、充滿憤世嫉俗的實用主張和雄心壯志的人，這樣一個陰影人物蔑視，甚至「扔掉」內在的和關係的成熟過程，「扔掉」享受柔軟和溫暖的能力。從上述的資料中可以清楚地看出，這種冷酷和野心於是見諸行動並投射到伙伴身上，但並沒出現在做夢者自身的心理。在夢的活現裡也許這一切都沒說出來，但對目擊這一切的治療師來說卻是顯而易見的，也就是他覺得自己如果溫和、成熟、溫暖、像「愛的蘋果」[11]如此美味，那麼就會充滿脆弱感而容易被吞噬。的確也果真如此，這種嘲諷的、冷漠的、男性氣概的陰影是他防禦的能量模式，在分析持續幾個月後逐漸打開，揭顯出他原始的恐懼，擔心自己會被誘惑一奉獻的母親形象所吞噬。

這位個案本身對角色扮演裡正向的自我表現是享受的，他對自己進行表演中的人格面具感覺是相對安定的，這因此讓他可以承

11 譯註：「愛的蘋果」（'love apple'）指的其實是番茄。十六世紀初，番茄傳入歐洲，人們開始就把它種植起來觀賞，後來大家覺得這種果實色彩艷麗，能激發男女之間的愛情，於是稱為「愛情的蘋果」（an apple of love）。

受，甚至啟動這一切活現。在其他的個案裡，可能被早期所引起的羞恥更深地傷害，或是更嚴重地桎梏在碎片化和否定的防禦或分裂的防禦裡，這種將夢加以活現的方法就可能會產生不良後果與失去定向。如果要進行這樣的方法，個案必須先找到穩定認同的中心點。當他們被要求扮演某一些角色時（當然是夢中自我以外的角色），可能感覺到被威脅，以及／或者出現阻抗。這時候可以用別的方法，也許要求他們描述或是「感覺進入」某一個夢中角色，聯想這個角色，或者詢問這個角色一些問題。這些臨床上的考慮，同樣也是我們處理個別案例的一部分。

情感與感覺特質

感覺的基調出現在夢裡的範圍，可能從很強烈而主觀的情感
反應，也就是來自情結的，到表面看似客觀地評估夢情境的判斷行
為。一方面，做夢者對於夢或夢母題的判斷，以及聽著夢的人被夢
引發出來的反應，都可能會對所描繪的客觀環境揭露屬於情結基調
50 的、不適宜的或扭曲的反應。在另一方面，也許會表達情結基調的
價值判斷，是適切的，與夢的劇作家（也就是引導大我）所要表現
的「意圖」是相符的。在對一個夢開始進行評估時，所謂夢的情境
感覺起來究竟是「好」或是「壞」（做夢當下或是回想的時候），
指的也不過就是這樣：做夢者感覺到的是好的或是壞的。這一類主
觀的評估不一定意味著客觀上的好或壞。特別是見證這夢的傾聽者
所出現的反應恰巧與做夢者的反應不一樣時，必須特別留意這差
異。我們可能要將它當作警告，這個夢的情境如何被「搭建」起來

的方法，是需要小心而客觀地評估其中暗含的情節意圖。

以下面這個夢做為例子：

> 我們坐在像是大火山口的一塊窪地邊緣，快樂地野餐。坑口的正中央冒出煙和火，我們才發現自己是在火山的頂端。但是火山的噴發太好玩了。我們覺得色彩的樣式十分有意思。

這個夢描述了一個非常危險的情境，相對而言，做夢者的反應（娛樂和美學想像）是相當不適當也不切實際的。面臨生命危險時，適當程度的恐懼，至少是戒慎，才是需要的。這裡卻是描述愚勇的否認和輕佻的消遣。這夢的意圖很顯然是要引起震驚，引發恐懼，因而對做夢者不切實際的疏離和令人好奇的補償集體性（他將自己融入一群沒有區隔的「我們」）所做出的補償。

將這個例子做些改變，我們來做個假設，夢境的設定是一樣的，這個派對是出現在冒煙的窪地邊緣。假設情節的發展被改變了，夢的派對出現一位 X 先生，他堅稱這座山是維蘇威火山。在對 X 先生進行聯想時，做夢者說他是「一個喜歡喊狼來了的人」。雖然做夢者的反應可能是被嚇著的，夢的含意也就與前一個完全相反：在這裡，雖然他／她是在可能噴發的窪地邊緣，但他／她有過度警告的傾向。也許在這窪地上，煙比火還要多。

在活火山邊緣野餐，從日常生活標準而言是魯莽或瘋狂的行動。這也許表示沒有責任感，也許是高度的無意識以及／或者對情
緒爆發的否認。無論如何，火山的原型母題就是**象徵著**一種活躍的 51

裂口，讓人得以穿梭來回於另一個世界，連接上可怕的力量，也許是死亡，也許是地獄，也許是被改變的和常會是預言的意識。當知道這樣的象徵內容，可以增加我們對夢的理解：對超個人維度的潛在連結，以及透過情緒爆發而意識到另一世界的能力，可能被隨意的輕浮看待，也許是出自對超個人的恐懼而加以否認。對這樣的夢，在解釋之外，這種原型面向的理解可以提供更深層的視角來看這些夢和做夢者的心理。（參考下節「擴大法」，以及第八章〈神話母題〉）

另一個例子：

> 我的車在高聳的懸崖頂端，我就在車裡。前輪已經懸掛在崖緣之外了；然而我十分冷靜。

這裡描述的這個情境中，做夢者的夢中身分所感覺到的冷靜讓她在夢中反而有些吃驚，這可以從一個小小的字詞「然而」看出來。這種冷靜也許適當，也許不適當。在這個例子中，問題應該是：做夢者面對這種情況要怎麼辦？她會爬出去尋求幫助嗎？或者她會留在車裡，「不在乎地」任由車子向前滑動並墜落？我們也許得訴諸幻想（積極想像或引導想像）來獲取更多的訊息：我們在哪裡？距離助力是近還是遠？這輛車可以安全倒退而不滑落嗎？等等。

在某些案例中，只能透過填空，或者更確切地說，透過想像將夢擴展，我們才能確定這樣的感覺基調是適切的或是不現實的。瞭解夢所補償的是怎樣的意識狀態，也很重要（見下文）。

一個新手團體治療師有了以下的夢：

> 兩個陌生人出現在我的團體裡。我要他們離開，但是團體中的成員認為我太拘泥形式、太死板了。我不太確定他們是否不對，而我是否應該別那麼堅持。

做夢者是外傾情感型的，他發現自己很難堅持立場和設定界
限。他因為試圖抵消被拋棄的強烈恐懼，而需要討好別人和保特與
別人意見相同，而他很容易受這樣的需求動搖。如同在這個夢裡，
他的感覺經常是猶豫不決的，並且他的自我定位是不明確的。在探
索這個夢時，他被要求思考夢意象所喚起的實際問題：如果在他的
督導之下，對這位訓練中的治療師，他對這樣的情境會做出怎樣的
建議？什麼是處理這問題的合適方法？當他獲得同意去找出適切的 52
工作職權義務後，他的答案是很明確的：「顯然你勢必要請他們離
開；你不能讓陌生人強行加入團體歷程，這絕對會造成破壞。」

然後，透過這夢而直接指出，他自身的猶豫是他對內在權威的不確定。這顯現在他必須做出不受歡迎的決定時所出現的感受。這裡沒有用很多語言來告訴他有關情緒的反應是否恰當，只是舉起鏡子來顯示他意識層面的判斷。這個夢搭建的方法似乎是打算要提醒他，關於擁有客觀而堅定的自我立場是必要的。

上述的問題：「如果夢境中描述的場景是真的，你的感覺如何？」對於這種內含「戲劇化目的」的情境所出現的不確定性，這是最簡單的處理方式之一。夢到車子懸掛在懸崖邊的做夢者就回答：「嚇壞了。」

擴大法

擴大法（amplification）是以平行而相對應的母題放大夢的個人脈絡，這些主題來自於神話、童話、藝術、文學——來自原型意象的文化倉庫。這是神話方式的解釋。擴大法專注在諸如此類傳統和集體的母題上，闡明其中的原型意義，不管做夢者對神話的背景是否熟悉。神話所指向的是超越自身之外而屬於象徵的超個人（transpersonal）或超越個人（suprapersonal）的面向。我們無意識地「知道」，顯然可以從這一層次自由地抽取，無論個人的信仰或熟悉度為何。（參考第八章〈神話主題〉）

關於花中鑽石的夢就是這樣的例子。在東方傳說裡，蓮花中的珠寶（唵嘛呢叭咪吽 om mani padme hum）相對應的意象就是陽和陰的合一，超越世間對立的不可思議結合，而這也就是靈性發展的途徑和目標。因為做夢者既不知道那是與他的夢平行的母題，也不知道它的重要性，所以不論透過聯想還是解釋，都不能對它有所回應。在這種情況下，就要靠治療師提供集體神話的相關解釋或宗教意義，只要治療過程有此需要，就可透過治療師自身對相關主題的知識來引導。

53 無論如何，有個重點是一定要記住的：源自做夢者之外的這種擴大法，只能暫時使用，甚至有時根本無法使用。分析師不僅要小心避免強加個人見解，且隨時準備撤回或換不一樣的路徑，除非這貢獻剛好「吻合」；同時，在很多臨床的情況中，強加任何原型的擴大就是個錯誤。對被分析者而言，他會感覺像是治療師個人的關係所造成的偏離；可能混亂了個案正在工作的層面，或是導致只關注神話的元素和「獵象徵」，而不是透徹的分析工作。做夢者可能會對博學的分析師感到嫉妒或加以理想化，或是將原型的擴大拿來防禦個人的感覺或情感。

有些時候情況則是相反的，個案可能需要聽到一個神話體驗的故事，能與自己的疑惑和痛苦相符，才能承受這一切。這些問題是關乎臨床工作者的判斷。對治療師來說，知道原型意象在場，可以感覺到它的在場，以及它回響出的那些超個人深處，是一件十分重要的事情。

在各種不同的個案裡，分析師要試著發現這些普遍的神話母題，將會如何以特有而獨到的方式，運用到特定做夢者的生命問題和生命模式。為了做到這一點，分析師必須跟隨關於這母題的脈絡和觀點，而這些是做夢者透過個人的聯想和解釋所提供的。它們決定了，甚至有時反駁了治療師關於應該如何瞭解神話擴大的看法。

一位病人初始之夢的神話主題讓治療師得以從關注原先呈現的關於「缺席的父親，和與女朋友之間的一些困難」的問題，重新聚焦到底下更深層對母親情結中吞噬面向的恐懼。在夢中，做夢者發現：

> 有一隻頭是倒三角形的抽象的狼，我的右手被牠的上下顎咬住，沒辦法拿出來。

針對這個，做夢者找不到任何的個人聯想，也沒有相關的情感。但治療師對神話材料的知識得以進入這個意象，讓她默默做出假設，和患者一起探索。夢意象是挪威戰神提爾（Tyr）平行但扭

曲的版本，他將自己的手放在魔狼芬里爾（Fenris Wolf）的口中做
54 為質押，因為戰神想要使計哄騙這個怪物，讓他同意被綑綁。[12] 而在夢中，有著攻擊性和毀滅性潛能的魔狼，經由曲解而縮小成為抽象的倒三角形，是女性的標誌。做夢者就在提爾的位置上，被描繪為試圖束縛住狼的本能力量，這是他在童年時從精神失常的母親所帶來的體驗，藉由通過理智的防禦來削弱它們，使其無效化、抽象化。就在他試圖要束縛那些本能力量時，他透過投射，也擋住了自己身體具現的憤怒和依賴的能量。在夢中他透過犧牲右手的過程，即他外向的、「運用利劍」的決斷能力，如同英雄神祇一樣。但是夢中自我不同於自願被咬掉右手的提爾，夢中自我不能夠將「惡魔」一般的力量從連結的源頭釋放開來以讓自己的手放開，也不能忍受失去右手：所謂放棄也就是犧牲他防禦詭計的立場。他因為試圖綑綁自己的問題而被困住。當他對於那份抓住他生命的負面母親情結力量加以否認時，同樣地，他也因為一直困在無效的詭計中而有失去決斷能力的危險。因為這位女性分析師很快意識到他繼續與女性一起工作會使他陷入僵持局面，於是她將他轉介給一位男同事，可以更有效地支持他的自我發展，而不會挑起過去的恐懼和癱

12 譯註：在北歐神話中，提爾（Tyr）是奧丁之子，而母親可能是女神弗麗嘉，另外一說是薩迦女神所生。他是北歐主要神祇之一，但他沒有自己的宮殿，而是長住在英靈殿（Valhalla）中。提爾也可以差遣女武神（Valkyries）們。提爾只有一隻手，他的另一隻手是被魔狼芬里爾咬斷的。芬里爾是邪神洛基（Loki）的孩子，其弟妹是耶夢加得（Jormungand）和赫爾（Hel）。奧丁看出三兄妹會對眾神造成危害，就分別流放了他們。但對芬里爾，奧丁卻想不到安置的地方，所以就以測試力氣的理由，想要用鐵鍊將他綁住，但都被芬里爾輕鬆掙脫。後來，眾神請侏儒造了一條魔法的鎖鏈。雖然諸神向芬里爾保證如果掙脫不開，會幫他鬆綁，但芬里爾已知諸神們心懷不軌，因此不肯輕易就範。這時提爾以自己的右手做為保證，放入魔狼的口中，芬里爾因此相信諸神才甘願被縛。但當他發現自己上當後，就憤而咬斷了口中的手臂，提爾因此成了獨手的神。

瘓的防禦。

治療師的反應

治療師總是被要求將自己的聯想、解釋和擴大從屬於做夢者的反應，然而這事實並不意味著要忽略治療師的聯想、解釋和擴大，認為它們不相關。恰恰相反，兩個人之間如果沒有無意識裡相互的心靈參與，以及由相應且連鎖的情結加以激活，彼此的相遇是不可能出現的。當述說著夢或對夢進行工作時，分析師的反應應該被看作是由做夢者和夢所「引發」。他們提供材料，揭顯夢「場域」所群集的情感模式。因此，治療師的反移情材料以及聯想[13]可以真正地呈現出被隱藏的動力，有時甚至可以提供某些東西來替代做夢者恰好沒能出現的聯想。

然而，夢工作就像在所有的治療互動一樣，最重要的是治療師如何仔細地監視自己的反移情反應而找出屬於自己的個人情結，同時可能對做夢者進行的詮釋造成的毒害。因為治療師的反應可能只
「屬於」治療師自己的。因此這一點很重要，治療師要好好等待， 55
直到做夢者的脈絡能先建立起來。唯有透過聯想和情感反應仔細評估之後，才能安全地決定：治療師的聯想和擴大帶來的貢獻，也就是如今透過心靈引導（投射認同）而浮現出的反移情元素，是否真的是屬於做夢者的材料。否則這一切只能由治療師自己修通，將之

---

13 參見狄克曼（Hans Dieckmann 1980），〈釋夢的方法學〉（'On the methodology of dream interpretation'），收錄於《分析心理學的治療方法》（*Methods of Treatment in Analytical Psychology*），貝克（I. Baker, Bonz, Fellbach）等人編；霍爾（1977），《夢的臨床應用：榮格學派的詮釋和活現》，頁 331-348。

視為因為與做夢者一被分析者的情結產生共鳴而喚醒的自身問題。

因此，如果聽到我們前文提到藥片和鹿的夢時，治療師如果注意到在討論停止標誌時，心中產生氣憤的反應，自己就需要默問：這是誰的憤怒，我的還是做夢者的？只有治療師充分解決自己對停止標誌的問題，才能夠決定對做夢者採取哪種方法，做夢者可能維持完全冷靜，也許是因為沒有即將出現的情感，也或許是因為他還沒有觸及自己的憤怒反應。只有這樣小心翼翼地仔細歸類，我們才能避開對立的陷阱，也就是：要嘛錯過我們自己無意識反應的重要貢獻，要嘛就是這個一直存在的危險，即在所謂客觀的夢解析的幌子下，將自己的問題和偏見偷偷強加給個案。

補償和補充：客觀層面和主觀層面

56 補償和補充

夢工作了一段時間後，原來持續變化的心靈能量模式開始取得均衡（equilibrium），並且得以維持下去。這帶來了生態式的平衡，介於心靈之內以及個體努力覺察並體驗外在（客觀的或者投射出的）環境兩者之間。

這不是因為像古典佛洛伊德學派說的那樣，所謂夢釋放了緊張，並且讓願望得以滿足。而古典榮格學派所說的，所謂每個夢都是在補償意識中的自我立場，其實也不是那麼容易做到，因為我們愈來愈清楚自體感（sense of self）有很多層次，而認同也有很多面向。「自我」是不容易定義的，更不用說體驗了。並且通常我們嚴重受傷或退行的案主，往往只有一個誇大、渙散或破碎的認同感，沒辦法找到一致的自我立場（因為分裂作用或缺乏發展）。

榮格他自己就說過，夢不只可以對意識的情境帶來補償或補充，夢可以加上一個不同於意識立場的觀點，而讓兩者彼此衝突，夢可以挑戰意識的取向並且針對其改變而努力，而且夢還或多或少與意識立場無關。這些是展望的夢[1]，這些夢在無意識中預期未來的意識發展，而且因此能，比方說，以寓言的和象徵的模式為衝突提供解決的辦法。[2]這些有時像是神諭，被認為會帶來意識的啟蒙。在另一方面，它們的出現也可能是精神病的前兆症狀。榮格也提過平行的夢，「這樣的夢，它們的意義會和意識的態度吻合，或

1 《榮格全集》，卷八，段 493。

2 榮格，1938-39 年，《孩子的夢的心理學解釋》（*Psychologische Interpretation von Kinderträume und Älterer Literatur über Träume*, Zurich, Eidgerossische Technische Hochschule），演講筆記，頁 5-6。

是支持意識態度。」[3]

這些不同的可能性都可被視為呈現出「情境自身」。無論我 57
們怎麼假定夢的源頭，它都會持續運作著，彷彿我們的意識看法是不完整的，需要被補充。因此，夢可說是完整了情境。而補償和補充做為使之完整的方式，雖然絕不是唯一的，但的確是最經常使用的。

補償（compensation）和補充（complementation）是重疊的概念。它們是對意識立場和觀點偏向一邊的情況加以平衡的修正。補償作用經常以誇大的方式，產生與我們意識的觀點正好相反的看法。舉例來說，在我們的觀點過於樂觀的情境中，可能呈現出令人沮喪的看法。因此，夢也就會暗示這情境是令人沮喪的；或者直接呈現出「另一面」，意即這潛在的沮喪面向是被忽視或沒有充分考慮的。

補充則是加入一些缺少的碎片，但不必然是恰恰相反的部分。補充趨向於讓我們的觀點更完整或至少是拓寬。它說：也再看看這個這個，還有那個。補充和補償的功能都是用來糾正我們的盲點。這二者都是為了拓寬我們的覺察以及克服我們固著的立場，以便在個性上能有更多的改變和成長。

這就像是引導大我一次又一次地挑戰我們既有的立場，特別是挑戰我們的不自覺，關於自己存有的方式以及自己的行為意涵。當自我面臨意料之外的看法，威脅著要推翻原來錯誤的或反效果的穩定感時，挑戰也就出現了。或者有時，夢呈現出做夢者內心許多充

3 《榮格全集》，卷十二，1944 年，段 48。

滿威脅的情結，需要自我更多整合，保有更強大的自我立場，以進行對抗。（見下文）

當我們試著提高並擴充自己的覺察時，夢可能會逼我們去正視某些意象和面對它們的挑戰，這些意象是屬於當下情境、個人情感以及性格傾向的，剛好都是因為我們無法看清或不願意看而忽略的。帶出這些被潛抑的過去感覺經驗，可能擴大我們的觀點，許多發展將從我們當下的立場開始，在未來逐漸崛起。然而，這一切都要從它們此時此地的效果及意義加以考慮。

藉由帶出最近的或過去童年的痛苦，夢可以補充我們對自己的看法。這樣的經驗可能透過夢直接指明，或者是透過對夢的聯想或
58 解釋而引導出來。因此，夢讓我們和目前還是潛抑或否認的感覺特質，得以再次連結。

一位年輕男子，表面上自給自足，沒有太多個人關係，總是否認自己有此需求。他夢到：

> 隔壁的鄰居告訴我，他想送給小兒子一隻小狗當聖誕節禮物。

關於這個夢的聯想讓做夢者回想起自己小時候在鄰居小孩這年紀時的孤獨感，當時他想要有寵物可以一起玩，卻沒能實現，也想起他的害羞和對於交友的無能為力。這些感覺，包括孤獨、渴望關係、害羞、無法與他人連結，以及相應的抑鬱悲傷，現在都難以接近：透過自給自足的防衛而重重覆蓋著。但屬於過去的那些感覺，確實很容易就記起來了。於是夢透過和過去感覺的重新連結，在夢

的時刻補償或補充現在有關「情境自身」的看法，並且為做夢者提供一條康莊大道，來發現被這些防禦性的自給自足所掩蓋的感覺。

當自我是被厭惡或貶抑，而陰影成為主要的正向時，夢通常可以指出那些被忽略的面向所擁有的正向價值。這時出現的意象，顯現做夢者的心理目前可以應用的部分，得以被整合入意識的理解，而支持那些需要擁護的領域。這類感到飢餓或是被忽視的夢意象的例子並非不常見。夢或許會出現與意識截然不同的意象，但卻補全了做夢者的身分認同感。這裡是一個例子：

一位印第安女人獨自走在廣闊的牧場。

這夢意象的出現，在一個自我厭惡的女人身上補充了絕望以及「失落感」，她開始意識到有關自己智力的浮誇理想是行不通的。這個意象告訴她應該以「順其自然」的方式，這樣才能找出方向，帶她走出「〔她〕不知如何是好的路」，而這將會轉化她的孤獨，成為如她所稱的「自在相處」的狀態。這場景的呈現，做夢者是從遠方觀察，與夢中自我無關。與印第安女子的關係是出現在夢以後的幾個月，做夢者開始研究美洲原住民文化，她將自己傑出的思考能力應用到新的目標上，也找到在移情中如何連結關係的新方法。

有時，夢會透過「平行的夢」[4]，來支持做夢者沒有被安全對 59
待的處境，而意識的看法因此獲得支持。例如，當某一項行動計畫令人感到猶豫不決，做夢者夢到自己十分成功地完成這項任務。在

4　榮格的術語。這些在前伊底帕斯病理患者中很常見，這些患者主要有正面的陰影以及嚴重受傷的、碎片的或分裂的意識認同。

這個例子裡，夢支持了尚未整合好的自我立場或自我意圖。

夢中的客觀和主觀層面

在決定要以主觀層面或客觀層面來檢視一個夢時，將補充這類的功能謹記在心，會很有幫助。我們可以決定哪一個層面比較可以實現補償或補充的功能，哪一個層面比較可以提供迄今還無法利用且與意識外表不同或相反的任何訊息或見解。上文提到的夢（關於鄰居以及他的兒子），如果從客觀層面切入，會顯得十分瑣碎。這裡的聯想很顯然是指向做夢者自己的情感問題。

但這不總是如此簡單或明顯。看看下面這個例子：

> 朋友的攻擊憤怒嚇到我了。

這夢首先應該檢驗客觀的層面，也就是可能在警告朋友真實的感受和意圖。但這只有在做夢者始終完全相信這位朋友的情況下，才會產生關聯。如果意識裡早已懷疑這威脅的可能性或真實性，那麼這樣的解釋就不會為夢做出任何的補充功能，因為對原來意識的看法沒有任何新意。只有做夢者原本覺得這情境是安全的、無害的，或不相關的，客觀層面的警告才有提出的意義。然而，如果夢的訊息似乎重複，甚至是確認做夢者早已確信的內容，那麼只有在主觀層面進行的解析才能真正地補充或補償。只有這樣，才能找到之前不知道的訊息。在這案例中，做夢者會遇到自己沒有意識到的或大事化小的攻擊性，呈現出對他／她所有功能運作的威脅，而不是十分「朋友」的，也就是支持的功能，至少是在目前的無意識狀態下。這種威脅的攻擊性透過夢而投射在所懷疑的朋友身上。

投射是尚未被意識到的無意識傾向所做出的表達，用的是對
做夢者最適宜的代表，選擇外在的客體或人物來做為意象。因此，
舉例來說，憎恨也許在夢中會透過毒蛇而呈現，或者是滿懷惡意的
人。在清醒的生活裡，投射的特色是強烈的情感，以及對事物和人 60
的過度反應。投射在一定程度上，並沒有同化在它所依附的現實要
素上，因此無法得到做夢者正確或適當的評估。

在夢中看見自己或其他人魯莽地橫越馬路，並且被撞倒，這也許指出做夢者未察覺到的某一傾向，事實上他／她在車流中的行為就是這樣，或者是以隱喻的方式表示在生命的車流中是這樣的。在客觀層面上，做夢者應該會逐漸地意識到這樣的習慣也許會導致現實上的意外。但這夢也可能在主觀層面有效，如果她／他沒有意識到自己衝動「干預」的傾向。這夢可能指出自我對「心靈車流」的態度，也就是他或她心靈中有關自己的生命態度。做夢者也許會有著霸道的操縱或魯莽的控制力量來對待無意識。然而，就實用心理學來說，正如這個例子所示，這兩種層面的解釋往往是同義的。正是這種不計後果的自我態度，導致這樣的行為出現在實際的交通裡。這個做夢者也許是個容易發生意外的人，被警告意外可能發生，她或他也可能在人生的過程真的會發生事故。

通常十分明顯地，在客觀層面上的解釋不僅毫無新的訊息，而且確實極為瑣碎。如果夢是這樣的：

去世許久的祖父和我兒時糖果店的店主在交談。

這夢在客觀層面上似乎不會有什麼意義。像這樣的例子，夢可以直接假設可能涉及某個主觀層面的情結。在這夢裡，它可能將無意識中的部分觀點、部分人格、驅力、情感等等加以擬人化，而提供補充功能，以這夢表現中和這些事物及人物有關的意象呈現。

當夢境重複白天的事件，必然是要從主觀層面加以理解。[5]「客觀地」來說，這只是對已知、已記得的記憶做無意義的重複。當然，如果夢帶來被遺忘或極小化的日間殘留印象，或者聯想起某些感覺事物，這些本是被否認的，但在針對有疑慮的情境加以評估後會發現其重要性，那麼這樣就是例外的情況。夢也許會記起一個
61 手勢、標記或者情感，是自己的或是他人的，如果仔細思考，可能會改變做夢者對於某個情境的觀點。在強調這樣沒被注意到的細節時，夢對該情境有了補充的作用。這種帶出日間殘留印象，與透過喚醒過去相關的記憶來釐清當下的感覺，過程其實是一樣的，正如前面提到的送小狗的夢。（也請參考第九章〈技術要領〉）

戲劇化作用

當進行補償性的挑戰時，夢經常會變得誇大和過度戲劇化。為了描繪潛抑特定特質的傾向，夢的情境可能會出現做夢者謀殺了承載他或她的投射特質的那個人。或者，做夢者對某人恰好評價很低，在夢中對方卻可能以聖人或知識巨人的意象出現。[6]夢的補償

---

5 這情形很可能同樣適用於創傷後壓力症候群的夢境，重複著戰爭、亂倫、災難等可怕的事件。這也可能是對痛苦折磨有意識地去面對、忍受和處理；但也可能指向內心或主觀層面的情結動力。

6 榮格夢見他的患者出現在塔頂上，《榮格全集》，卷七，段 189-190。

程度，與做夢者自己對於該情境下與真相的誤差程度是大約相當的。我們的過少，往往會透過相同比例的過大而得到回應；反之亦然。這其實就好像是我把某個綠色物件看成藍色，而夢中出現的不是綠色，而是黃色。因為藍色和黃色在一起就成了綠色。同樣地，當夢是一系列地出現，同一個意象以數量、尺寸或原型脈絡的不斷增加而重複出現，這就是呼叫分析師和做夢者要注意那個元素，那元素可能被忽略了，或被錯誤評估為不重要的。因此，在某一系列夢中，被忽略的乞丐母題，這乞丐長得很像做夢者的兄弟，他倚靠著門口的這一意象，在下一個夢中再度出現，這次的意象則是通往「孤山」路上的道路收費員。當這個意象還沒有被適當地同化，一場噩夢中出現了星星撞擊的意象，讓做夢者感受到人類孤獨存在的恐懼。

當做夢者的意識偏頗地低估自己，夢會透過補償和補充來過度提升自己；反之亦然。如果沒有考慮到這一點，我們可能會錯過夢的意義和比例。尤其是我們也許會被過度戲劇化的作用不當地警示，像是針對災難、謀殺、混亂狀態或者其他等等的描述。通常情況下，這樣的夢境是在面對意識相對不夠敏感的時候，「故意戳痛處」的嘗試。如果我們沒有察覺這種補償的傾向，可能會錯誤認定一個戲劇性的結果，而這其實只是暫時對做夢者當下所持有的特定態度所做的補償。在這種情況下，好好回想引向當前夢境的那一系 62
列夢，必然是有幫助的。

有個這種補償傾向的例子，在這個夢裡，一名男子夢見自己的妻子是個暴力的潑婦。這夢糾正了他意識裡的想法，即妻子的（外在的）和他自己內在的感受態度，都是「冷靜且溫和的」。

如果不是補償，那就將夢看作「完整」和補充，這一點與精神分析傳統、古典的觀念是不同的，它們將夢當作被隱藏起來的願望或恐懼，是在審查後所呈現出來的版本。有時候，夢可能的確是以相當明顯、甚至是殘酷的方式，描繪出恐懼或希望，而且是「未經審查」的方式。但這情形最可能發生的情況，就是當帶出希望或恐懼這個事實，能夠補償做夢者的觀點，因為這樣的希望或恐懼並不存在於他或她的意識中。另一方面，有些看似願望或恐懼的夢想，在對所有實際的目的再次表達意識層次所堅持的立場時，如果能看作主觀層面的補償或補充，反而可以揭示更重要的意義。例如，夢到自己和夢寐以求的女人上床，在客觀層面上，當慾望被潛抑或者還沒被意識到的時候，可以讓此人察覺到這慾望。但如果這女人是蒙娜麗莎，或外表很像做夢者已故的祖母呢？或者，她也許是做夢者實際上想要的女人，而他剛好也察覺到這慾望。在所有這些情況裡，解釋為願望實現就幾乎沒什麼意義了。同樣地，這也沒提供多少新的訊息。

這樣的夢，如果能從主觀層面有關補償或補充的角度來探尋，就可以揭顯更深也更重要的意義。討論中的女人因此將從寓言或象徵的形式，被視為內心的人物或部分人格，代表著那些透過聯想、解釋和擴大而歸諸於她的特定特質或生命態度。因此，夢到和她同床共枕，意指無意識層面的親密狀態，或者是與這些特質的融合，無論是什麼特質，可能是高傲、溫和、果斷或任何歸諸於她或聯想到她的特質。無論這樣的無意識層面的連結是渴望的，還是已成事實，都可以透過整個行動的詳細情節，或透過拓展夢的想像工作，而加以揭顯。（參考第七章「情節結構」一節）如果能從主觀層面視為有心理意義般地好好檢視，即便是看似微不足道或平凡的夢境或片段，也能揭示出重要的洞察。

有一點是很有幫助的，任何的夢都要當作還沒經過適當地理 63
解，除非揭示的訊息為盲點帶來了光，並且／或者挑戰了做夢者（或分析師）的意識偏向某一方的固定立場。

同樣重要的是，補償觀點對鑑別診斷的貢獻。任何時刻只要有解釋上衝突／差異的可能性出現，可能最適合做為考慮對象的，往往就是和做夢者的立場和觀點有明顯分歧或相對立的。這就清楚地說明了為什麼對做夢者和他／她的問題和心理功能沒有足夠的瞭解，就不可能對夢做出適當的解釋。相反地，如果詢問夢可能補償了些什麼，做夢者迄今仍被忽略或未知的心理狀況可能就逐漸有了亮光。

讓我們再一次思考之前所提的有關圖謎夢境的例子，桌子上擺著停止標誌。如果做夢者被認為是一個衝動、沒有耐心的人，夢就是面質他在行事方式上所存在的內部或者外部局限。如果他沒有察覺到外部可能的障礙，我們首先會將這些找出來。如果他對外部的障礙是害怕的、是瞭解的，甚至習慣抱怨困難老是在外部的局限上，那麼他的注意力如今就被吸引到內在那些阻止或麻痺自身驅力的事物；也許他正強迫自己做些超出他能力範圍的事情，或者他其實根本不想做他在計畫的事。如果做夢者膽小或害羞且壓抑的，這夢的訊息也許應該這樣理解：「每次你將開始桌子所代表的那些活動，你就覺得被制止了，因此不妨停下來，看看周圍，並傾聽自己的聲音；也許這樣之後就可以繼續了。」

在這樣剛好完全相反的解釋選項中，只要能以補償功能的假設做為前提而繼續下去，重大的錯誤也就可以避免。不過，一如既往，做夢者「原來如此」的認可，可以確定我們採取的觀點是有效的。

運用補償或補充原則於帶著未發展或碎片化自我的做夢者

在臨床實務中，我們經常遇到一些做夢者的意識認同沒有得到充分發展或是碎片化的。他們早期成長的環境遭到嚴重的威脅，於是應該發展出來的那個聚焦的和主觀珍視的認同，卻被阻止或是
64 安全地藏了起來。他們常常受到無法處理的情感打擊，將他們的意識分裂成碎片。夢的補償和補充原則仍舊適用，但臨床上，在分析中對這些人進行夢的詮釋和夢的工作，必須避免挑戰他們不適當的自我位置，因為他們的自體意象已經是這麼負向了，沒辦法再整合負向投射。通常他們的夢是對治療師才有應用的價值：指出做夢者心理的情結與動力，和指出治療師自己的反移情元素，而治療師的反移情元素可能會對創造出前自我得以具體成形的環境造成干擾。（參考第十二章「移情反應」一節）

關於這些做夢者，要謹記在心的是，主觀層面的動力有兩個面向。由夢中自我的人物或處境所引發的情緒，和歸諸於或投射於那個人物上的情感，這兩者需要加以區隔及分開處理。當做夢者對心理工作並不熟悉，或者有著分裂或脆弱的自我位置，在這樣的情況下，通常對治療師較安全也較有效的工作應該是專心處理前者，直到對負面且陌生的自體意象和自我理想等心理內容開始有了最基本

的整合能力。

例如，在夢中自我被做夢者的母親斥責的夢境中，很重要的事要先處理無價值感和無助狂怒，這些可能是歸屬於夢中自我，並且在真實母親的情境裡由做夢者所牢牢記住的。投射是主觀的經驗，無關乎被投射這些特質的這個人本性是怎樣的。無論如何，那個人一定提供了某種或大或小的吸引上鉤之物，而投射可以因此而勾上。處理那些是他者而不屬於做夢者的自我異化特質，以及處理做夢者對這些特質的情緒反應，有助於整合適當的認同感，也有助於糾正做夢者對客觀現實的不當認知（如果這個媽媽的確不是愛罵人的）。這樣之後才能處理做夢者內心的母親情結中有關嚴苛和暴君的傾向，因而清楚意識到，這些特質是如何投射到真實的母親和其他做夢者關係中代表權威、養育和／或治療的角色。

這些自我未開發或碎片化的做夢者，他們的夢經常描述在移情和反移情之外完全沒有能力整合的能量；但這些夢向分析師顯示出需要工作的一切，因此可以補償或補充分析師在分析中的意識位
置。而夢也可以傳遞意象，來幫助做夢者的意識開始了解潛在的發 65
展和阻礙發展的力量。在上述的例子中，這麼做很重要：探索做夢者對於被治療師責罵會有何感覺；或者對於出自於母親情結所投射在治療師形象中的權力和理想性，是如何感到無助和無價值。

夢會以寓言或象徵的方式來描述破壞者，也就是那些對做夢者自身不同部分之間的連繫或者對做夢者和治療師之間的連繫加以攻擊的人。它們提供了虐待傾向的父母情結、充滿嫉妒的破壞者、無意識憤怒的擬人化等等的夢意象，進而透過在分析場域以及心靈內部動力的投射認同而作用。例如，一位邊緣型人格的男人夢到：

> 在治療師的辦公室外，我遇到了一個陰影一般的女人，她大笑著抓住我的一袋水果，並且劃傷了我的眼睛。

透過這個意象，做夢者開始能辨識她與母親的關係經驗中所感受到的恐懼，這使得他的分析工作充滿了驚恐，而且極其困難，因為每一次會談好不容易才有的小小果實都會被野蠻而嘲弄的竊賊搶奪。甚至夢裡所顯現的事實是，這樣的恐懼對做夢者來說迄今都還在無意識層面，因為這恐懼阻止了他，讓他看不到自己，甚至看不到自己的恐懼。

有時夢所表現出的是至今仍未知的種種分裂意識立場的碎片，而這指出了什麼才是最終將成為的相對一致和穩定的身分認同感。接下來這個例子來自一個女人的夢，她夢到自己是在樹下許多分離的部分。她不能以口語描述那個場景，但畫出了一幅畫，她的四肢、軀幹、器官和頭顱等等部位，雜亂地躺在一棵簡筆畫出的茂盛大樹下。即使夢中自我的認同已經被肢解，但是生命之樹這個強大而原型的意象庇護著它，暗示著整合的潛能，而這遠非做夢者的，而是由治療過程中的引導大我所播下的種子。肢解的意象多年以來一直是看（眼睛）、吸收（胃部和腸子）、思考（頭顱）、行動（雙手）、找到自己的立場（雙腳）、創造（子宮）等等能力的隱喻表現。所有的這一切，在歷盡了數年的治療後，逐漸連接在一起。

持續了幾個月或者幾年的一系列夢境，也可以提供類似的功
66 能。就像一組鏡子圍繞著這些碎片化的面向，顯示出接續輪流要處理的每一部分。而處理不同面向的工作時機是視夢本身的時機而定的。

夢的戲劇情節結構

67 有許多所謂「普通」的夢，可以感受到其中清楚的結構性，並不會不同於戲劇的結構。 ——《榮格全集》，卷八，段 561

夢是一座劇院，而做夢者自己是場景、是演員、是題詞人、是製作人、是編劇、是公眾，也是批評家。

——《榮格全集》，卷八，段 509

劇院的母題是心靈神話詩性（mythopoetic）[1] 活動的原型再現，將存在和戲劇表演畫上了等號。而將能量如戲劇一般地展開是我們生命活動生來就有的過程。因此，一點都不令人意外地，夢結構的方式就像戲劇情節 [2,3] 有著在特定設置下所活現的主題，伴隨的戲劇活動有開場，進入僵局，然後結果也許是化解，也許變成災難；然後接下來的夢在新的場景裡繼續這個過程。因此，夢工作這

1 譯註：神話詩性的（mythopoetic）是源自神話詩性（mythopoesis）一詞。神話詩性在早期的文獻裡是指古代神話的製作；《魔戒》作者托爾金則依此而定義為製造（或生產）神話的行為。這字詞也翻譯成「神話詩學的」或「詩性智慧的」等。

2 譯註：Drama 這個字應該是譯成戲劇，但為了避免被誤會成「戲劇化」這個強調誇張和情感高張的字眼，在這本書當中視前後文的狀況翻譯成戲劇、情節或戲劇情節。

3 《榮格全集》，卷八，段 565。

門藝術最關鍵的，是將夢理解成戲劇表達的能力，將之視為情節結構來加以理解。

夢戲劇的總體概述

為了要開始發現夢訊息中的心理意義，在一場夢或一系列的夢境當中找到總體的概述常會是有用的。對整體的觀點可以掌握到主題，或掌握到做夢者心理特有的情結，而這些正是夢想要闡明的。同樣地，整體觀也會以意象的形式，表現出能量被聚集以後如何以戲劇的方式相互作用。進一步則是在解讀者心中闡明夢演出的主線，特別是注意到夢人物或意象的「角色安排」，以及演出的質量和力道。

什麼**正在**發生，什麼又因為脈絡的需要而**沒**發生，以及什麼是 68
人物、布景、事件或演出的不尋常特點，這全都需要注意。這點很重要：注意改變的品質、情節發展的方向、配置的種類、像涵容和兩極化這樣的關係，等等一切。排列的順序也經常暗示等待被發現的因果關聯。根據相似或不同的性質，在心理上將意象加以分門別類也是很有幫助的。舉例來說，當有幾個不同的夢人物出現時，看看它們之間有什麼共同之處，或者看看它們如何表達、兩極化、分化、和／或變化共同的主題，都是重要的。

有個例子是關於一個主題上的諸多變化，出現在一個簡單的夢意象中，做夢者發現夢中自我躺在丈夫和她的狗之間。她對狗的聯想是「鍾愛」，對她的丈夫則是「疏遠」。因此這個夢很快地將她對親密關係的兩極化心理態度表現成戲劇。

夢意象的能量互動時，在戲劇裡經常有補充和補償。詮釋者需要透過這些關係來處理戲劇情節。一個陰影角色會對夢中自我進行補充或補償，添加迄今尚未意識到的元素、加以完成，或是支持它並使其更進一步。

夢境戲劇的主要內容經常包括呈現為支持者和反對者的意象：不同的傾向、情緒、風格、動機和觀點都可能並置。這些描繪出做夢者心理的對立元素，是需要被看到、需要帶著意識與之關連，而且或許需要將這一切加以平衡。這種兩極化經常是決定夢意義的基本因素。它們表現出來的可能是和夢中自我分離開來的，或者夢中自我也許認同其中一方，而需要意識到另一方。或者，這樣的對立可以當作需要適當面對的問題。這面對可能是戰鬥、屈服、成為朋友、迴避等等，不論這整個夢境故事的目的意味著夢中自我和那些因素或人物是建立關係還是結束關係。對立可能是公開的衝突，或者對立也可能是許多關係中的一種，包括合一或「婚姻」。

有個例子是在一場夢中出現補充的一般結構，兩極化成對立的關係：

> 在城鎮的大街上，我找到一個籠子。籠子裡有一隻黑山羊站在許多生肉片中間。我的老闆把這隻山羊關在那兒。

做夢者對於生肉的聯想是酒神戴奧尼索斯追隨者邁那得斯（Maenads）[4]的狂熱，她撕碎了活生生的動物。她對上司的聯想是

4　譯註：邁那得斯（Maenads，古希臘語：Μαινάδες）是希臘神話中酒神戴奧尼索斯（Dionysus）的

死板的、動不動就下評判的行為。這個夢將上司與山羊聯繫起來；一個是獄卒，另一個是囚犯。因此，這戲劇表現出，做夢者內心的狹隘態度將她的對立者（酒神風格的山羊、肢解的衝動）圈欄起來。但是，這個展示將這場戲劇擺到大街上，暗示這場夢境是有關做夢者心理功能的主要或中心問題。[5]

戲劇結構

夢的整體結構一般可以想成這夢基本戲劇元素的展開順序，也就是最簡潔的表達成古典希臘戲劇的形式：展現（exposition）、轉折（peripeteia）、危機和化解（lysis）。[6] 這些勉強可以轉譯成：設置、「漫步」或發展、危機，和結果。

然而，即使是使用這種建立結構的觀念模式，我們也要記住，有別於夢，戲劇是藝術形式的一種，在許多文化中是被有意識地製作和建構。而且，雖然戲劇和夢都呈現無意識的動力（至少有關心理寓言和象徵的部分），夢本身是個體無意識和非理性過程的產物。然而，當我們記住並與夢對話以求在清醒的意識中把握它，我們通常記得的是它的戲劇結構。當心智與前理性相會時，就會以戲劇性的方式描述之。[7]

女追隨者。也是狂喜隨從戴奧尼索斯的女神蒂亞斯（Thiasus）下面最重要的成員。

5 關於這個夢的進一步討論見佩雷拉（1986）《替罪羊情結：走向陰影和愧疚的神話》（*The Scapegoat Complex: toward a mythology of shadow and guilt*, Inner City Books, Toronto），頁 90。

6 榮格首先注意到這些分類的用處，《榮格全集》，卷八，段 561-565。

7 惠特蒙（E.C. Whitmont 1989），〈論夢與做夢〉（'On dreams and dreaming'），收錄於《治療中的夢》（*Dreams in Therapy*, Chiron Publications, Willmette），由史瓦茲 – 薩拉特和史丹編輯，頁 1-17。

如前文所述，我們習慣從夢的戲劇情節來記住這些夢，這是我們心靈中神話詩性層面的戲劇化功能表現。這可能意味著心智組織的原型或「深層結構」（也就是幫助清醒的意識記住並整理夢的狀態）與這種戲劇模式有著密切關係。另一方面，在嚴重病理出現的去代償狀態（decompensated）和藥物作用狀態中，這種在認知上進行結構的潛能似乎不存在，而做夢者在這種情況下所敘述的夢境，其中的戲劇結構通常不多，甚至沒有。在其他時候，夢浮現時或被記住的是僅僅一閃而過的（儘管很強烈）畫面或事件，這樣的夢好
70 像減化到僅僅是個展現或危機。這些結構性素材本身是可以幫忙診斷的，確實值得進一步研究。

即使只想起單一的意象或感官印象，還是可以透過相關的聯想、解釋及擴大而充實細節，並且將這碎片定住，做為戲劇情節的線索或訊息，而這些線索或訊息必須很貼切地接上做夢者的生活。[8] 這個過程本身就是充滿偵探氛圍的戲。

通常我們為了弄清楚並認真考慮戲中的衝擊，展現（主題的設置）、轉折（發展）、危機（僵局）以及化解（解決）或災難等過程是循序漸進安排的。然而，在某個夢裡，這個順序可能部分重疊或濃縮。在另外一個夢，有些元素可能會擴展：其他的元素則是縮緊，或是以殘餘的和／或碎片的形式表現出來。展現也許很短，或者僅僅以某個細節暗示。發展可能略過，或是併在危機裡。危機可能佔據主要的部分，或僅僅暗示一下。而解決也許不會出現，或者以災難或僵局取代。不管怎樣，為了理解夢這個目的，將這四個結

8 例如，參見佩雷拉（1989）〈夢的設計：臨床夢境分析基礎〉，出處同前，頁 39-80。

構元素分開並加以區隔是非常有用的。

每一場戲都是以有問題的情境來開場，透過問題的開展來引起觀眾的關注，特定的時間和空間有著特定人物的**設置**（setting）於是出現。設置說明了這場戲的主題，引導觀眾走向作者對這個主題的觀點。問題情境往往涉及一些僵持或固著的議題，而這些將成為接下來發展的起點。在每一場夢裡，我們只要檢視夢境最初的布景，就可以找到問題議題。這表示需要探索這些充滿情感的聯想和解釋，而這些聯想和解釋既是與夢在時間和空間上的特定位置有關聯，也是與夢裡呈現的特定人物的特質，以及他們和做夢者的關係有關聯。這一切傳遞了夢有關心理／象徵的情境或焦點。而陳述這夢所處理的主題或問題，就是夢的展現所負責的任務。**展現陳述了主題**。如果我們將此與商業公告和一般通函的標題做對比，「Re:」的意思為「關於」，而所陳述的是溝通的主旨——也就是約定、人事、行程，或其他種種。

我們如果以莎士比亞的《李爾王》做為例子，我們發現一開始
的展現就讓觀眾知曉國王的問題：如何判斷三個女兒哪個最愛他，
而依此分配他的王國。用最簡單的話來說，他想在保持掌控權的同 71
時，又能減輕自己的責任負擔。

要先重述一個過於容易被忽視的事實，夢裡的心理設置主要是透過夢開場時地理位置設定的方式來傳遞，或是／以及透過開幕場景中登場人物一開始的情境來傳遞。理解了設置的心理意義將可以讓我們知道這個夢究竟是關於什麼。

設置會將隨後的事物放入特有的脈絡。例如：

我穿著運動裝去參加一個正式的招待會。

夢將這出現的心理情境描述為「正式的招待會」，是一場有著重要的個人要素的風格化聚會。做夢者對這個設置的處理、回應和／或適應看起來是有問題的，因為這穿著對這樣的情況是不恰當也不適合的。同樣的情形在軍隊的設置下，如果夢中自我午餐時要求某種特別的甜點，那就暗示著做夢者在以集體責任和紀律為取向的環境中，想要尋求或期待特別的甜蜜。在這種情況下，個性化的喜好並不是隨時可得的

我與一群人在一起。大家讀著一首詩，而我留意著名詞、動詞和形容詞出現的頻率。

如果這個設置是這夢發生在一群語言學家之中，那麼它描繪的是適當的行為。如果做夢者的聯想或解釋是指在一群藝術家之中朗讀一首詩，這樣可能暗示著面對想像世界，甚或是意識的魔法面向，所持的理智態度實在是太枯燥了。

如果對展現所帶出的脈絡不理解，我們可以解讀些許零零碎碎的東西，卻會漏失它們提及的整個議題。因此，這點十分重要，要投入足夠的時間和努力，盡可能釐清這開場的細節及這些細節的相關聯想，無論這有時看起來有多麼瑣碎。舉個例子，有個夢雖然是在一位特定朋友的臥室裡開始，治療師只詢問了這個臥室，發現做夢者將臥室聯想為性親密。接下來的夢境並沒有太多意義，直到分析師想到開始詢問有關這個朋友的事。然後，從她輕蔑的冷漠所產

生的強烈感覺聯想，能清楚知道做夢者因為自己的陰影，這種輕蔑
的冷漠特質，讓她在親密關係中有困難。在設置裡這許許多多的特 71
點，對於澄清夢的主題以及其發展的其他部分，都是必要的。

因此，聯想、解釋、情感反應以及擴大（如果剛好是神話的設置）等，應該總是從開場布景導出。

一個夢境是這樣開始的：

> 我在中國的一家雜貨店。然後我走出去，但卻只是來到母親的臥室。一個陌生的男人正在嘗試打開衣櫃。

治療師要求做夢者講述她對雜貨店和／或這間特定的店的聯想、記憶以及情感反應。她說：「父親從不在家待著。當他不工作的時候，就會去雜貨店閒逛。」至於中國，她的聯想是「我以前曾經想去那裡。我猜那時我感到孤獨和絕望。在中國，家庭總是緊密相連。」關於母親的臥室，一切發展的設置，她聯想到：「裡面總有一些我不應該知道的事情在進行；他們總是在吵架。」

除了聯想，還有解釋。她關於雜貨店的解釋是，在這裡可以得到任何需要的食物，也就是現代生活中潛力十足的聚寶盆。

夢的設置立刻讓我們知道了，與這個夢相關的主題是尋找遠方的（心理上的）食物，以及尋找可能過於理想化的家庭脈絡。隨後，我們可以從聯想中看到做夢者的需求是源自於缺席的父親、母親的祕密、拒絕和衝突，所有這一切讓她勉為其難地承認孤獨和絕望的感受。

以下的夢境解釋了，如果沒有考慮設置的地點方面的問題，夢

常常會很容易被誤解。

一位對寫作有雄心壯志的年輕人，卻感覺無法繼續下去。他夢到：

> 我與一個金髮女孩交談，並且告訴她我的打字機不好。

透過聯想和解釋，我們知道他的打字機代表著他的寫作工具，因而也是他的寫作能力。對於「金髮」，他聯想到膚淺的、輕快的以及愉悅的。他對這些特質模稜兩可的說法，本身就透露出這樣的訊息：愉悅的，實際上就是膚淺。在這一點上，我們可以假設，他把自己的寫作工具不合用這件事，告知自己輕快而愉悅的這面（他的阿尼瑪），他認為這面是膚淺的或是事實上也是膚淺的。但是，
73 既然這是他意識上已經知道的看法，如此理解他的夢似乎不適切，也沒帶給我們任何幫助。更何況，他把這件事告訴他快樂或膚淺的一面，究竟意味著什麼？

在這一點，治療師認為，或許更仔細地研究夢的設置，可能會有幫助，因此詢問他這場景在哪裡發生，在什麼場所？他回答，是在球場上，這讓他聯想起高中時的棒球場。有什麼記憶或聯想與這個棒球場有所聯結？做夢者說，他非常好勝，總是要贏過別人，讓自己顯得特別。

這樣，夢就有道理了。在這個永遠都要是頂尖和非凡的定位或架構裡，做夢者覺得他的寫作工具是不理想的，他把這情況告訴自己潛在快樂的那一面：也就是說，他沒辦法樂在工作，因為除非

他從一開始就能感覺自己即將產出的作品是巨作（顯然那是不可能的），否則他沒辦法從他在做的事情裡獲得快樂和滿足。所以結果是，他覺得整個工作狀態太不理想了。

展現的細節能夠為整個夢境提供被忽略的關鍵，這細節經常是做夢者連提都沒有提到的，而且沒辦法從夢中回憶起（因此需要重新想像）。

情節的**轉折**或發展描繪出脫離固著而開始運行：天生的趨勢、動力和可能性，讓他們注意到展現／設置所指出的議題。像在《李爾王》中，這個轉折就是國王出人意料且十分不理性地剝奪心愛小女兒的繼承權，只因為她沒有用言語表達她的感情；接下來國王發現，其他受惠的女兒將他驅逐。在有關母親臥室的那個夢裡，有些行為現在可能會發展出來，有些事物可能可以辨識出來，而做夢者將會有所反應。這一階段和所有其他的階段一樣，對於發展中的行動的意義，是藉由「轉譯」，透過聯想、解釋和擴大來加以理解的。

危機是戲劇的高潮，在這裡對立或威嚇動力達到最後的高潮。李爾王處於絕望的巔峰，在荒野上狂亂發怒。危機指出最大的可能性，無論是積極的、消極的，甚至是噩夢般可怖的，這是從一開始就注定的發展，是夢恰好指向的發展。

最後，事件是**化解**了，或相反地成為**災難**，都指出這危機是要如何解決。有些時候並不是解除危機，而是顯現出將會有一場災難。在這種情況下，夢所顯現出來的，從做夢者當下的位置（如展
現中所描述的）來說，不像是會出現有利的解決方法。問題的化解 74
指出了可能的出路；災難則是要透過緊急的警告，或較少見的，使

他／她了解那不可改變的情境，而讓做夢者的意識開始調整。問題的化解，在正向的意義裡，顯示出創造／發現新的可能性來做為方向或目的。

以下是一個更詳細的例子，可以應用到所有的類別：

我在小木屋裡，玩一些舊玩具。這裡看起來滿是灰塵，破敗不堪，但是我似乎不怎麼在意。我只是在消磨時間。我觀察著地上爬的螞蟻，還有窗戶上爬行的蒼蠅。然後我翻找一個老舊的皮箱，看看裡面有沒有東西可以讀。我想要喝水，卻找不到杯子，也不知道水龍頭在哪裡。我的妹妹也在那裡。我問她打算如何度過這段時間。我不確定我們是否感到無聊，我們開始聊東聊西的；似乎因為一些事情而吵起來。她說了一些我不同意的話，本來無關痛癢，但我還是反駁她，她必須表現出她有自己的觀點，所以我們大吵了一架。之後，我們聽到外面有聲音。她問：「注意，你聽見了嗎？」我什麼都沒聽見。但是有人正在試著開門。我們不知道那可能會是什麼人。我從搖晃的門板上的裂縫看去，看到一個像是流浪漢的人。我們叫他離開，但他還是試著要進來。我們將一張桌子和一把椅子放在門後，但是沒有用。不知怎地，那扇門莫名其妙就慢慢被推開了。於是我們告訴他，這裡不是他的地方，但是他不聽。那時我害怕極了，跑向電話撥號給警察，沒有應答。我又撥了一次，這次有人接起來了。我問：「是警局嗎？」那一頭的聲音說：「你要找誰？」我大喊：「是警局嗎？」但從電話線那頭傳來的是我妹妹的聲音。我掛斷電話，又試了一次。這時我變成是在辦公室裡，所有的桌子和電話線都纏在一起了。我要他們來處理，但他們似乎沒在聽。他們說：「警察有其他事情要做，不會分神理睬你和你那堆麻煩。」我大喊著說我是納稅人，但沒有奏效。然後我看到我的妹妹和在家裡的媽媽通話；她是用分機打電話。我叫她掛斷電話，因為我急著要報警。但是她告訴我她一樣有權利使用電話，她是不會掛斷的。看起來
她好像是故意要妨礙我。然後我看到她和那個想要進來的 75
人交換了眼神。很明顯地，他們是一伙的，想要捉弄我。她告訴我，我從不和她說話，雖然我們剛才明明才吵了一架。顯然她是要我用不同的方式和她講話。我意識到我可能必須這樣做，才能獲得她的幫助，然後我就醒來了。

像這種冗長且混亂的夢，對夢做個總結通常是很有幫助的，可以因此看見這個故事的概要。治療師可以自己在心裡這樣做，如果要求做夢者也這樣做就更好了。因為主要的元素一旦清晰了，相關的細節就能在整個情節模式裡找到它們適合的位置和分量。這麼做，不只能為夢工作的過程提供連貫的系列夢意象，同時也能訓練做夢者學會聚焦。如果時間允許，後續還可以處理特殊的細節。如果將這個夢簡化成簡單架構，會是這樣的：「我與妹妹在小木屋裡，玩耍後吵了架。我們被入侵者嚇到了。我想要報警，但是妹妹佔著電話往家裡打。我意識到她與那位入侵者共謀，我不得不以她滿意的方式和她講話。」

在這裡，夢設置所給出的場所和出現的人是：「我與妹妹在小木屋裡。」

和妹妹在小木屋裡的這種狀態，點出夢試著要處理的問題或議題。那是什麼樣的問題？我們需要聯想和解釋。

做夢者對小木屋的描述是：搖晃、破舊、被忽視的以及凌亂的附屬建築物。在這個地方，「她退縮成小孩，好讓自己可以一個人待著」，尤其當她覺得自己是被家人，特別是母親，所「誤解、不欣賞或不需要，並且不接納」的時候。在那裡，她會感到「安全」，卻也孤獨，而且有點無聊，不知道「一個人如何自處」。

而妹妹讓她想起那些快樂的相處，以及瑣碎的吵架。這些都是她的聯想。透過進一步的解釋，她形容妹妹是一位陰鬱且叛逆的人，和自己完全不一樣，她總是能在生活中為自己找到獨立的空間。

這些展現帶我們回到過去她童年所在的「地點」。然而，既然夢經常將過去的情境描述成現在的場景，也就好像發生在當下一樣，我們必須假設從心理上來說，做夢者仍然身處在那座小木屋裡，也就是（應用我們所得知的解釋）感覺退縮、被誤會、不被感
76 激、不被需要和不被接納。我們可以進一步假設這些感覺給了她安全感，但也使她對生活和自身感到無聊。所有這一切都可以透過她在小木屋裡最初的行為獲得確認。她現在正處於一個被忽視、衝突的和混亂的存在「空間」。

但她並不是孤單一人：在這個孤立的位置，妹妹陪著她。從客觀層面嘗試探索這一點，並沒有什麼收穫。她的妹妹住在很遠的地方，況且兩人也沒有特別的感情聯繫。妹妹必須被看做是內在的角

色，是部分的人格或無意識裡「陰影」的態度，也就是她自己沒有察覺到的、陰鬱的、充滿怨懟的，而且叛逆的一面。（後來我們發現，是這個陰鬱而叛逆的妹妹陰影與母親溝通：換句話說，這是和她與母親身上相似的種種態度的關係，或是她對於母親的態度的認同。

簡要地講，關於這夢的展現可以解讀成：孤單、被遺棄感，以及叛逆的怨恨。做夢者後續敘述中的語調和詞彙（「好像」、「消磨時間」、「不確定」、「沒用」、「莫名其妙」、「不會分神理睬」「都纏在一起」等等）都強化了夢中自我暫時的含糊不清和她那夾雜著無效情緒爆發的無助感。

這夢的展現所陳述的，和事實相當吻合。做夢者來自一個破碎的家庭，她與母親和妹妹同住。她的媽媽與很多男人關係複雜，嚴重疏忽孩子。做夢者將自己看做環境的受害者，被自己沒辦法掌控的沮喪和失敗所困住。當試著要指出她「被固著」在哪個位置時，這展現既是確定，也是挑戰她這樣的觀點：她的人生在童年自我的避難所虛度。長大以後如果繼續這樣便是一種時空錯置，將光陰和生命耗費在無聊的孤立上，自憐自艾地覺得自己是不被接受且無助的，是總被誤解的受害者，這樣是不再適宜的。此外，夢裡指出她不熟悉卻可能有幫助的部分：她那叛逆但也有獨立潛能的一面。

夢境的設置，提供了診斷情境的看法，也提供後續發展該有的方向。

夢的發展則是試圖侵入。做夢者對於這一位可能的侵入者，聯想到自己過去在中途之家擔任社工時，所遇到的一位精神病人。她描述這個男人是「一位社會病態的、酗酒的不良人士」。他做過

77 許多小小的偷竊行為，有一次還想偷她的錢包。這些聯想顯示出她受到社會病態行為和成癮傾向的威脅侵入，也許是表面上物質的濫用，也許從寓言的層面來理解，是白日夢和逃避現實。這一切都可能從她身上剝奪她的「錢包」，用來存放身分證件和金錢的容器，在隱喻的層面上也就是她的認同和能量。

我們還沒探討侵入者這角色的情感動機。在做夢者的判斷或聯想裡，為什麼這個角色那樣行動？他這社會病態的行為動機是什麼？正如她在他身上看到的，那是一股深刻感受到的剝奪感和情感匱乏。這股匱乏試著要讓做夢者能感覺到：從負面來說，是社會病態行為；從正面來說，對自身不滿的覺察是作為刺激她自己應該要有的意志行動。

後者這種積極的含義，是來自於對侵入者這一角色的擴大。侵入者是原型的意象。這是在夢裡經常出現的神話母題。例如，格林童話中的《小精靈和老鞋匠》[9]。如果能面對、接受帶來威脅的入侵者，甚至適當地建立關係，他可能會變成有用的朋友和恩人。

當夢的設置指出當下問題在過去的根源，夢的發展也就會從這些問題指出當下的移動和趨勢，同時也導向堅持不下的對立或者充滿威脅的僵局。危機是衝突雙方最激烈對峙的高潮，而且這種情況下，事情總是必須出現某種決定或轉折。危機可以說是關於現在或未來的展現。它展現出這些發展的目的究竟是什麼，或者已經在過程中建立了什麼。

---

9 譯註：《小精靈和老鞋匠》（*The Elves and the Shoemaker*）是格林童話之一。故事主要講述善良、貧窮的老鞋匠夫婦在瀕臨破產的情況下，從天而降的兩個小精靈在夜晚飛到他們家幫他們做鞋，讓老鞋匠夫婦過著幸福、富裕的生活，而老鞋匠夫婦也同樣用愛心回報了小精靈。

在這場夢境中，危機發生在當她不能從警察（法律和秩序的集體守護原則）那裡得到幫助的時候。警察的功能是執行普遍狀況的有效秩序原則，而不是針對個人的個別情況。這些不是她心理上可以獲得的，這樣的態度也無法解決入侵者的問題。試圖要做大家公認「正確」的事情，在此顯示出她對自己沒被滿足的匱乏和被動攻擊性所採取的逃避態度是不恰當的。如果這個威脅要能獲得中和，就要找到另一種比較個人的方式，來處理入侵者的問題。

在這夢裡，可能帶來危機化解的暗示，就是做夢者意識到她必須和她的妹妹說話，才能得到她的幫助，於是隨即「醒來了」。妹妹所代表的是做夢者人格中的叛逆性，不只是與入侵者結盟，還包括和「家」產生聯繫，和自我的核心產生連繫。她和母親也是有聯繫的，這聯繫是做夢者對母親的濫交行為，以及慣性的反抗立
場，「以免自己會跟媽媽一樣」。如果做夢者有意識地接受她叛逆 78
的一面，將帶來心理上的「覺醒」。（在夢的最後，她的確是醒來了。）因此我們會認為這是好的發展，於是會帶來問題的化解。再經由與自己的陰影問題連結之後，同時對自身的叛逆、可能發展成偏差行為、匱乏的面向，甚至是冒著變成跟母親一樣的風險等等這一切，都有了足夠回應的表達，她也就能夠和「家」聯繫在一起。她會發現自己真實的身分（她一直是依賴於「虛假的自我」）是被否認的，而且只能以消極或破壞性的方式來表現。相對於原來的白日夢，她開始學習如何更果決，並且為她自己需要和想要的東西實際工作並奮鬥。這將是社會病態能量的積極價值。

在夢的情節結構上，做夢者心理上強大的對立展現出來了：警察和社會病態傾向，惰性和性雜交或叛逆。因為這些對立迄今都還

沒有任何的調和，雙方也就開始往負面兩極化了。夢將注意力集中在這個事實上，開始建立起做夢者在她生活的戲劇裡對這一切存在應該有的覺察。

化解問題（或者災難產生）總會指出未來；而未來，雖然還沒真正地存在，但已經在徵兆中，是可能的，甚至很快就會出現。危機和化解（或是災難）因此也可以是預兆，這不只是在主觀層面，也是在客觀層面。然而，往往只有後見之明，才能確認究竟是哪一個訊息預告了外在的、客觀層面的事件。有些暗示可被解讀為對忽略的客觀因素可能的警告，除此之外，最好在主觀的層面上處理表面明顯的預言，也就是心理上的機率。這也許可以顯示出什麼是最可行的答案，可以面對挑戰或是成為走出困境的方式；然而即便如此，還是需要在現實生活中付諸行動。認真地看待這些夢的訊息，並且帶進生活裡，就有可能將預言功能最有利的看法變成可以意識到的現實，同樣也可以幫助我們避開那些夢所警告的一切。

只在夢裡解決問題是不足的。在清醒的生活裡，同樣的行動也應該跟進。如果只以抽象的理解或情感的洞察力來與夢建立關係，這樣是不夠的。我們必須和意象及訊息一起生活，在平常的日子裡，有責任地、合乎現實地對它們進行工作。夢境會告訴我們：現在我們是在哪裡，我們又是如何不對勁，以及有什麼可能性和方法擺在我們眼前；但除非我們順應夢境，和所有的困難一起搏鬥，企圖藉此測試那些方法，否則夢的訊息終究是白費。

神話母題

79 常見的是集體想法……當出現在夢中時好像只是次要的部分，就像是神只透過祂的獸型出現……〔或是〕以黑貓形態出現的「女神」，或是以青金石（廉價的石頭）[1]形態存在的神。因此，釋夢倒不是需要瞭解動物學和礦物學，而是在思索這個事物時，了解歷史共識（*consensus omnium*）的存在。這些「神話面向」永遠都是在場的，儘管在某些狀況下，它們的在場是無意識層面的。

——《榮格全集》，卷九 ii，段 55、57

原型藉由調節、修改和激發的方式介入意識內容的形塑。

——《榮格全集》，卷八，段 404

夢境可能呈現人類神話庫貯室的特定母題，甚至是由這母題所構造的。所有這樣的意象都是原型的：表達出基本的形式和有秩序的模式；也是象徵的，描述了「以最可能的方式描述依稀可辨的精神本質……〔正〕指出超過〔它們自身〕被黑暗預言的意義，然而

1 譯註：青金石（lapis exilis），一顆神話般的石頭，被認為會導致鳳凰更新她的青春。一般人會覺得是廉價的時刻，但是識貨的智者知道如何使用。根據德國騎士浪漫史作家、詩人兼煉金術士沃爾夫拉姆·馮·埃申巴赫（Wolfram Von Eschenbach, 約 1170-1230 年）的說法，青金石是聖杯的代名詞。在榮格心理學裡，程序煉金術的概念，則是視為哲人之石。

仍然遠遠不是我們所能理解的。」[2] 它們傳遞核心而集體的能量模式，而四周吸聚了個別做夢者的情結[3]。

夢裡這樣的神話母題所呈現給人類意識的，是形式和意義的
基本原則，是超個人和甚至非個人（suprapersonal）的秩序模式，
也是過去許多時代的儀式、藝術、傳說、故事或歷史表現中所發
現、表達和慶祝的創造力。這一切呈現出人類的集體無意識在不同
文化的表達方法，在精神、哲學、社會、倫理以及美學各個層面上
回應有關存在的這些宏大主題。神話意象在夢的意識中湧現，往往 80
是由這些就是這樣、不可說的基本形式原則，亦即我們稱為原型的
一切，塑出它們的模式。透過呈現出來的方法，這些模式讓我們感
知，成為我們的宗教儀式、情感和行為的基礎。透過這一切在夢中
的出現，這些神話意象能直接面對一切神靈的（numinous）、超個
人的和最終無法被再現的一般元素；這些元素建構人類的活動和意
識，包括生、死、重生、童年、發展、犧牲、衝突、受苦、成就、
秩序、關係、分離、聯結等等的模式，而這裡提到的只是一小部
分。

這樣的神話結構是主題場域的組態（thematic field configurations）。它們描述和提供方向、意義和引導，既在主觀心靈領域裡，也在人際關係和事件方面。如同所有的夢象徵，這些神話結構可以是最有用的，然而只有在與做夢者特定心理和生活情境

---

2 《榮格全集》，卷八，段 644。

3 情結是以充滿情感的，十分個人但也偏頗的方式感知、思考、感覺、行為和活出這些潛在模式。參見惠特蒙（1969），《象徵性的探究》（*The Symbolic Quest*, Barrie and Rockliff, London and Princeton University Press）第四章；和雅柯比（J. Jacobi 1959），《榮格心理學中的情結／原型／象徵》（*Complex/Archetype/Symbol in the Psychology of C. G. Jung*, Princeton University Press），頁 6-30。

的關聯中同化時，才最有幫助。它們需要在個人的和心理的動力被體驗。原型的意象和個人的情結和適應，都需要當作與個別做夢者生活情境交織共享的整體來看待，一起工作。

這樣的母題，當它們從集體無意識巨大的庫貯室自發進入夢裡時，往往不是做夢者能知道的。

然而，儘管它們常常與現存的（古老的或現代的）神話或民間故事有部分相似，但也可能是個別創造／發現的新產物，與做夢者心理出現的潛在生活主題共鳴。恰如榮格所寫的，我們都「一直繼續夢著神話，而且為它穿上現代的衣飾。」[4]

事實上，心靈的神話製造或故事敘述的能力，看似是強大的組織和療癒要素。透過將事件、傷痛和體驗編織成有意義的戲劇故事或劇本，這一切將整合成有機生物一般的整體，能全方面運作。

原型的意象是在個人意識和理智功能之外的某一心靈層面所出現的。它們確實是超個人的，甚至經常是非個人的，它們是權力模式的代表性表達，超乎個人的意志、控制，甚至理解，一切的運作就像是在場域意識（field awareness）的維度上一樣，就我們所知，似乎不受時間和空間的限制。在此，它們所呈現出的，和我們一般
81 泛稱為動物的本能功能運作是十分相近的類比。[5] 另一方面，它們也將我們與精神維度和精神體驗維度聯結在一起。原型的主題因而指向那些尚未領悟的，但充滿潛能的發展。治療師即使面對最明顯不過的錯誤或可怕的想像，也要牢牢記住所謂的原型能量，目前可

4　《榮格全集》，卷九 i，段 271。

5　《榮格全集》，卷八，段 404；參見史蒂文生（A. Stevens 1982），《原型：自我的自然史》（*Archetypes: a natural history of the self*, New York, Wm. Morrow and Co／中文譯本：北京，北京大學出版社），頁 48-61。

能形成了那些充滿破壞力的情結核心，最後還是注定會成為療癒的因素。不是以強迫或執著的方式變成不斷的受苦或行動化，而是一旦當可意識的和個人的適應過程轉變成可謹慎接受和負責的原型「意向性」，就能以有建設性的方式取得它們的能量。

找出神話母題

我們可能相對容易從夢裡找出魔法—神話母題，只要當夢出現的元素就我們日常現實來說是不合理的。有些時候夢中角色出現的方式或行動的方式十分怪異。有些時候，就像以下的例子，有個人心臟被射中了但還活著，或者一隻貓忽然變成狂怒的母獅，撥浪鼓的聲音就可以讓牠安靜下來。這類行為只有在神話或童話中才會神奇地發生。如果潛在的心靈能量透過形態的改變而顯現出來，花朵開始會說話，表現出人的行為特徵，動物可以變成公主和王子，神和女神以動物的外形出現，而貓變成母獅時，我們就會知道自己身處在夢的神話和魔法領域。

雖然這些不合理元素的出現告知釋夢者該去夢裡尋求神話母題，然而同樣重要的是，要注意尋找潛在的心靈材料，這些材料因為如此的脫離自我意識以至於它代表著要將意象的材料連結到做夢者的日常生活，會有巨大的心理距離和／或很大的難度。

這類怪異的不合理和混亂千萬不要跟神話主題和童話搞混了。神話和童話的母題看上去**也許**不合理，但它們顯示出整體的、內在的、形式的一致性，有著美學和動機上的一貫性，甚至有它們自己的邏輯。通常它們和混亂失序之間的區別，就像是音樂上的作曲

（即便是無調性音樂）和瘋狂的鋼琴敲擊之間的差別；或像是畢卡索或克利的作品，和四處飛濺的形式各異或七彩碎片之間的區別。
82 要感知這些區別，治療師需要具備受過訓練的敏感性和經驗。

如果這些夢意象本身缺乏一致性，或者說呈現的是看起來不相關且混亂的元素，很可能是做夢者的內在有邊緣型或精神病層次的活動。如果夢裡出現的是直白赤裸的、完全不帶個人情感的，和／或怪異或破壞的原型意象，這往往預示著做夢者或治療師其中一方，與探索中的能量是距離遙遠的，甚至是解離的。在這種情境下，不太可能和潛在的療癒因素建立關係，因為只要有這樣的解離存在，能量就不能有建設性地流動。

如果神話和童話的母題碰巧是真實的，就不能簡化成純粹的精神病理學問題[6]，某些毀滅性神話主題的出現（比如地獄的場景，腐爛或肢解，或是最後一戰的混亂）可能指涉著分析過程將進入不確定結果的關鍵過渡階段。[7]

除了和童話一樣的行動，神話母題也可以透過它們的特質，包括宿命的、戲劇的、無所不包的力量，而辨識出來。這些是結構的意象，它們的基本模式構成做夢者生命整體面向的基礎。如果它們在夢中出現，經常有種奇特的、有點不屬於這世界的調調，一種「神聖降臨感」（numinosity），讓做夢者產生了一股敬畏，也許分析師也感受到了。

---

6 榮格給喬伊斯的信。

7 這些在煉金術中表現為腐爛（mortification）、淨化（putrefaction）、肢解（dismemberment）或黑化（nigredo）的過程。見《榮格全集》，卷十二，段 433；《榮格全集》，卷十四，段 168，順號 164；參考艾丁格（E. Edinger 1985）《心靈解剖學：心理治療中的煉金術象徵》（*Anatomy of Psyche: alchemical symbolism in psychotherapy*, Open Court, La Salle, Illinois），頁 146-180。

雖然不是必然的，但有些時候，神話的夢情節除了發生在當下的環境，或是相當夢幻的時間／空間裡，還會發生在歷史的或文化的環境中。這些設置讓我們知道當中存在著情結，與做夢者意識覺察的距離，是和他或她目前現實所距離的時間和空間一樣遠。這表示現在有某些動力仍表現出過去文化或歷史階段的參考架構，甚至是固著其中的。對與那個時期相關的部分進行聯想、解釋或擴大，是需要的。

例如，一個場景設置在早期羅馬時期的夢，可能與堅韌、自我控制、責任和對城邦和社區的服務等等的動機問題和價值取向有關，也有可能是負面的，與無情的征服渴望被提升為高尚美德有關。而洛可可式（rococo）[8] 的氛圍可能是指風格的輕盈和優雅或是膚淺的嬉戲，但也可能開啟啓蒙和理性秩序，全視做夢者提出什麼類型的聯想和解釋。

在面對神話／原型的動力時，我們對正確或錯誤、這行為有用
或沒有用的判斷，是必須以童話和神話的模式來引導，而不是以普 83
通日常的理性模式。如此想像出來的這些材料，是來自於做夢者日
常意識不可能接觸到的深層源頭，在那裡的一切都是由意識魔法層
面的法則所掌控。[9] 坐在活火山口邊緣，以普通日常的標準評斷，

8 譯註：洛可可（Rococo）風格起源於十八世紀的法國，最初是為了反對宮廷的繁文縟節藝術而興起的，最先出現於裝飾藝術和室內設計中。路易十五登基，給宮廷藝術家和一般藝術時尚帶來變化。這個階段宮廷生活不再局限於凡爾賽宮，藝術風格從皇宮延伸到整個法國上層社會。相較於前期的巴洛克與後期的新古典，洛可可反映出當時的社會享樂、奢華以及愛慾交織的風氣。1730年代，在法國高度發展的洛可可，開始受到中國風的影響。這種藝術形式在法國迅速蔓延至德國和西班牙等地區，並與當地的風格融合。甚至英國亦受此一風尚影響，表現在銀器、陶瓷等器物造型上。直到拿破崙在法國崛起，洛可可才被拿破崙從法國剔除。

9 蓋柏瑟（J. Gebser 1985），《永恆的起源》（*The Ever-Present Origin*），頁 36-73。烏傑利（G.

顯示的是沒有責任感，而心理上所顯露的則是高度的無意識和／或否認任何情緒爆發的可能。另一方面，正如上文所提到的[10]，以原型的說法，火山裂隙這一母題象徵著人們將觸及到陰（Yin）／大母神的超個人面向及其中內涵的死亡和重生。這可能也指向來自火山一般的爆發情緒，將成為喚起另一個世界的能力。

如果夢中出現有關「超自然」神話或童話元素的直接暗示，比如說在隕石坑口附近玩耍的一隻半人半羊的生物，暗示著酒神的同伴[11]；或者是一個三腳凳，暗示著接收神喻的西柏[12]；或者是煙霧中傳來的神祕聲響，或者甚至是神靈降臨而敬畏的感覺，解夢者的注意力同樣會被直接引導至夢訊息的原型層次。這訊息會強調性的方面（半人半羊）或者是深層來源的潛在預言智慧（西柏）。有關這個在不恰當地區（火山）停留的意象，是警告著解夢者，表示做夢者是漫不經心地在與象徵維度的力量玩耍，也許是「精神興奮」或者「象徵收集」這類的心智遊戲。

每一個夢都包含了需要注意及理解的寓言和象徵；同樣地，夢中的原型元素也需要治療師從人類龐大的神話庫貯室裡，敏銳理解

Ujhely 1980)，畢業論文〈前戀母情結精神病理學內在認知模式的終極原因思考〉（'Thoughts concerning the causa finalis of the cognitive mode inherent in pre-oedipal psychopathology,' C. G. Jung Institute in New York）。惠特蒙（1969），《象徵性的探究》，頁 271-276。

10 見第五章〈聯想、解釋、擴大：夢的場域〉，頁 123。

11 譯註：福恩（Faun）或薩堤爾（Satyrus），即羊男，半人半山羊，一般被視為是希臘神話裡的潘（Pan）與戴奧尼索斯（Dionysus）的複合體的精靈。他們擁有人類的身體，同時亦有部分山羊的特徵，例如山羊的尾巴、耳朵和勃起的陰莖。一般來說他們是酒神戴奧尼索斯的隨從。他們主要以懶惰、貪婪、淫蕩、狂歡飲酒而聞名。

12 譯註：西柏（Sibyl）意為「女先知」，指古希臘的神諭者。據傳說，最早的女先知在各聖地進行預言。這些預言受到神祇的神聖啟示的影響；最初出現是在德爾斐和佩西諾斯，到了古典晚期，西柏女先知在希臘、義大利、黎凡特和小亞細亞地區都普遍存在。三腳凳是用於產品或其他儀式程序的宗教家具，做為座椅、腳墊或架子。德爾斐的女祭司是坐在三腳凳上。

這一切的母題。因此，對於任何心理治療師來說，提高自己對這種夢材料的熟悉程度是非常重要的，而不是只依賴某一支神話就滿足了，而依賴的幾乎都是最接近分析師自己所屬的神話。如此廣泛的學習，才能提供足夠的材料來擴大個案的各式夢境。

原型材料和個人材料的相互作用

擴大，就像前面所解釋的，這種了解夢的方法是將夢的母題與現存神話材料進行比較，藉此將夢的母題與一般神話的意義聯繫起來。相對於一般心理學派只是將夢簡化到**最初原因**（*ad primam causam*），也就是童年事件或當前問題，擴大則是利用做夢者或治 84
療師對傳統神話和故事內容的熟悉和聯想，用來建立這個故事可能的主旨。這用來將個人聚合的情結與它的原型核心加以整合。

如果對神話沒有這種敏感且廣泛的洞察力，夢中的關鍵元素可能會在詮釋中丟失或減少，和／或被誤解或被視為理性或個人的扭曲部分。同樣地，夢中背離神話既定模式的面向，也不會被注意到。這一切都是特別重要的，因為這些變化必然會引導我們注意到做夢者個別心理當中需要加以探索的關鍵因素。

一名有著邊緣型特質的三十八歲婦女前來接受治療，她帶來過去二十年不斷變化而重複的一場夢魘。她的談話要麼含糊而不確定，要麼就是叛逆消極，經常是恐慌的狀態，很容易就出現自我傷害的行為。她夢到：

我走下樓梯到地下室。那裡黑暗而可怕。一個男人躲在那裡。他走出來，站在我面前。我嚇得一步也動不了。他微笑著，平靜地朝我的心臟直直開了一槍。我沒有死，我醒過來了。

從對這夢進行聯想開始工作。那個黑影讓做夢者想起「清潔人員類型的」。她只描述這人「嚇人地沉默，很有威脅性」。關於清潔人員的解釋，是「負責清掃大樓和處理垃圾，住在地下室。」而被射中心臟「肯定會死，但在這夢裡我根本沒死。」

夢通常一直重複著它們的訊息，直到在生活中獲得理解及處理。這個夢在之前的治療中已經被處理過了，當時認為這夢揭示了做夢者隱藏的受虐欲想獲得滿足的願望，以及被治療師—父親插入的伊底帕斯恐懼。這兩種解釋都有部分和間接的真實，但沒有觸及她問題的根本核心，而且更重要地，在治療上完全不起作用。這裡的原型主題不是伊底帕斯，而是地獄之神黑帝斯—戴奧尼索斯[13]，這位地下世界（地獄、黑牢）和狂喜之神，以及愛神愛洛斯，這位射傷心臟但不殺害的傷人者。這個噩夢不斷地重複，顯然是希望能被準確地關照。這個重複的原型夢，指向了一個基本的生活問題。

治療師根據「個人因素首先需要處理」的基本原則，就是先靜靜地進行擴大。[14] 但這些擴大後的內容滿足了對這個案背後的一些

13 譯註：黑帝斯（Hades）是希臘神話中統治冥界的神，也就是冥王，相對應於羅馬神話的普魯托（Plūtō）。他是克羅諾斯和瑞亞的兒子，宙斯的哥哥。他趁著地母神或農神狄蜜特（Demeter）不注意的時候，強姦並劫走她與宙斯一起生的女兒波瑟芬妮（Persephone，也稱為柯兒 Kore，夫人的意思）到幽冥世界裡當他的妻子。而戴奧尼索斯是希臘神話裡的酒神，散布著歡樂和慈愛，形象瘋癲迷狂，是生命力的象徵。愛洛斯（Eros）是希臘神話裡的愛欲之神，相對應於羅馬神話裡的愛神邱比特。

14 見下文。

原型動力提供方向的目的。

黑帝斯這位神祇管理著死者和富饒的地下世界，那裡貯藏著種 85
子和垃圾。他誘拐狄蜜特（Demeter）的女兒柯兒（Kore），有時也被等同於戴奧尼索斯這位沉默的狂喜之王。[15] 然而，在這夢中，主題是不同的。做夢者並非被綁架，她是自己走到地下室的地下世界，並在那裡遇見她心理上充滿威脅感的男性元素。這種「下降」母題，讓人想起伊絲塔（Ishtar）在陰間尋找她的至愛[16]，這個主題與愛洛斯—丘比特（Eros-Cupid）的主題混合在一起，後者的箭帶來愛情的甜蜜痛苦。兩個主題相互交織在一起，意味著夢中自我有一股驅力衝動，或許與追求激情的愛有關，這將她帶離日常生活，要她直視對於強姦和死亡的恐懼，直視與宿命的狂喜激情之連結。

治療師在這個療程結束後寫下這個夢，並且對夢進行反思：

> 有個黑暗而可怕的「地下世界」空間，是一個充滿與「垃圾」層面相關事物的空間。這個領域是由黑帝斯—愛洛斯—戴奧尼索斯所掌管，一種稱為「主人」的力量，擁有狂喜、愛和創造力，這個人一心要穿透她的心臟。她害

---

15 克尼（C. Kerenyi 1976），《酒神：不朽生命的原型意象》（*Dionysos: archetypal image of indestructible life*, Princeton University Press），原德文本由曼海姆（R. Manheim）譯成英文，頁 239-40。

16 譯註：伊絲塔（Ishtar）是美索不達米亞宗教所崇奉的女神，是一個雙面神，既是豐饒與愛之神，同時也是戰爭女神，一般認為與金星日夜不同的雙面性有關，而希臘羅馬神話中則以雅典娜和阿芙蘿黛蒂分別代表戰爭與愛這兩個面向。伊絲塔為了奪取她姐姐埃列什基伽勒（Ereshkigal）的權力而下冥界，姐姐關上冥界的七道門，所以伊絲塔如果打開一扇門就會被脫下一件帶有神性的衣物，於是當伊絲塔走到姐姐的王座時已渾身赤裸，最後在冥界七判官的注視下死去。但巴比倫版中，伊絲塔下冥界是為了要追隨死亡的丈夫塔姆茲（Dumuzid），不過最後沒有辦法將他完全帶回陽間，每年塔姆茲還是要在陰間待一段時間。

怕這股力量，遭遇的時候只能感受著死亡的威脅。然而，根據神話主題的內容和這夢的化解（「我沒有死，我醒過來了」），可以假定她所處的這種情況，將會出現回到「上面世界」的有利結果，也就是將無意識的材料整合進入個人生活是有可能的。

治療師也提出一些試探性的解釋性問題，但當然是還沒跟做夢者分享的。治療師在個案紀錄上這樣寫著：

她在夢裡走下去了。為什麼？在無意識中，她面對心
理上分裂出去且感到害怕的那一部分，這是沉默的死亡威
脅，但也是對於她所愛事物的覺醒。摯愛的媽媽是什麼？
是舊愛？某種無意識的激情？……這位居住在下面的照顧
者兼主宰，像黑帝斯和戴奧尼索斯一樣，射向她的心，
穿透她的情感中心（而不是某人告訴她的「被取代的陰
道」），而且是用他陽具的愛／權力，但她並未死去，反
而醒過來了。這裡出現愛洛斯的母題，所以夢的訊息更清
楚了……她是否被告知主張自己所愛的一切是無情而自私
86 的？這個夢告訴她要醒過來好好察覺愛的潛力、快樂的自
我肯定、自我表達，甚至是愛情關係，如果她面對恐懼，
宣稱自己內心的慾望，那些都是能獲得的。但她也害怕那
個「垃圾」。怎樣的狂喜被丟棄了？還有很多很多，等著
我們好好瞧瞧。

這夢的設置是未知的情境，但既然涉及下降到另一個層次（無意識或前意識層次的覺醒），分析師要求做夢者聯想她生命中先前出現夢中這樣的恐懼是在什麼情況。做夢者記起自己曾因違抗母親的命令而受到「冷漠以對」，還記得自己那些獨自啜泣的晚上，直到慢慢恢復心情。治療師默默寫下這個冷漠以對和那個沉默且具威脅性的管理員之間的相似之處，同時發現被拋棄的恐懼和母親情結中懲罰姿態的阿尼姆斯，已經侵入個案早年體驗裡被愛所接納的自我表達。然而，目前這一切都沒有說出口，因為做夢者深陷在情感記憶中。在這次會談剩下的時間以及日後幾個月的會談裡，我們開始處理她和那需索無度而高度控制的母親之間關係的痛苦回憶，而這其中有些部分是在後來出現的夢裡慢慢引導出來的。

這樣進行好幾個月之後，做夢者開始感覺到自己十八歲時承受的那股無法彌補的失落，當時她放棄自己有潛力成為職業小提琴演奏家的可能，將此決定合理化，駁斥當小提琴演奏家是「自私和不切實際」的；而討論到這點時，治療師也想到做夢者第一次出現噩夢就是在她十八歲時。因此這夢再次有了關聯，所以治療師又把夢帶回來，引起做夢者注意。於是做夢者和分析師展開另一種層次的理解。這一次，做夢者看到，她為了抵禦大聲說出自己的所愛，因此向自己的心臟開槍，抗拒斥責自己對音樂的激情，以避免感覺到是由自戀的母親偷走她的音樂。她開始為這一切失去而悲傷。治療師默默記錄下自己從這夢和記起的歷史材料有關的討論中所獲得的更進一步見解：

她有充分的理由害怕接受黑暗神祇的狂喜能量，因

> 為她是從母性的抱持裡被切斷開來的，然後又將自己從藝
> 術的容器裡被切斷開來；而這個藝術容器原來可以讓她容
> 納這一切，並將這一切以獨具創意的方式調解進她的生命
> 中。因為她既沒有母性基礎，也沒有創造力的基礎，無法
> 面對超個人的能量，因此這能量威脅要吞噬她的自我容
> 器。透過對藝術表現的潛抑來怨恨母親和剝奪與母親的感
> 情（或者當做與母親維持聯結的愛的禮物，如同射向心臟
> 87 所暗示的），她只能在超自我之前體驗死亡的恐懼。同樣
> 地，她也沒辦法在母性或身體的容器所提供的安全裡接受
> 性愛的激情，這容器將可以支持／涵容狂喜的快樂。

經過數週的絕望和憤怒之後，做夢者間接提到這個夢，她真的希望自己死了，而不是自己的天賦被謀殺了。透過在分析中對夢的再次工作，她意識到惟有重拾自己以前對音樂的激情，才能重新引領她的生命。過去在潛抑這些的同時，她也放棄了處理情感張力的能力，那些現在看來既讓人驚恐又令人嚮往的情緒強度。她意識到自己甚至害怕拉小提琴帶給她的快樂回憶。她開始明白，害怕這些沒有中介調解的敬畏和狂喜，就是她不得不放棄自己的音樂天賦而保持平淡關係的最根本原因。於是在接下來的幾年，她開始嘗試承擔，將自己的心打開，接受愛洛斯—戴奧尼索斯的痛苦和歡樂，也就是透過個人的慾望和激情將原型的能量展現出來。如此一來，她可以實現這些重複夢境的訊息，讓自己的生命開始豐富起來。（黑帝斯—普魯托同時也是豐饒之神。）

上文提到的例子，告訴我們夢工作有時是緩慢的。這個原型

夢工作了好幾年，每一次慢慢地往深處走，也愈來愈接近可被這情結觸及的、原型而療癒的核心。[17] 然而，在臨床實踐中，屬於個人的和屬於原型的兩者往往同時出現，在同一晚上的諸多夢境併排出現，而且一如既往，無論「大」或「小」的主題和夢，都需要認真對待。

有一位非常成功的商人，時而有間歇陣發的抑鬱，感覺疏離而且充滿空洞感，時而充滿亢奮憤怒和毀滅敵意的躁狂。他帶來同一個晚上所做的夢：

> 我過去的生意夥伴離開了他的妻子和孩子，所以現在他不得不宣告破產。
>
> 家中的貓暴跳如雷，對任何擋她道的東西都又咬又抓。我覺得這是因為我沒有多關心這隻小動物。當我試圖限制這隻貓時，她變得愈來愈大，變成了獅子的模樣和大小。我擔心這可能會危及生命和四肢，除非我將撥浪鼓還給她好讓她息怒。

第一個夢的情節是在相對普通的範圍內，至少就夢的發展而言 88
是這樣的。當然，雖然「放棄」和「破產」是原型事件，但也可以將之理解為個人生活的日常事件。然而，由於這個夢的情節沒有任何部分是實際事件，也沒發生在他真實生活中的生意合夥人身上，

---

17 惠特蒙（1987），〈臨床歷程裡原型的和個人的互動〉（'Archetypal and personal interaction in clinical process'），收錄於《心理治療中的原型歷程》（*Archetypal Processes in Psychotherapy*, Chiron Publications, Wilmette, IL），頁 1-25。

因此很顯然地，這個夢是主觀層面動力的寓言性描述。這麼一來就有必要發掘生意夥伴這個人的特質了——因為這些特質涉及做夢者的心靈——以了解是什麼樣的特質將他切離陰性關係（妻子），還有未來發展的豐碩成果（孩子），並且讓他在心理層面破產，失去可以讓做夢者生命事業走得更遠的能量。

第二個夢比較複雜。在這夢裡，我們遭逢的事情在理性上是不可能的，不會發生在我們日常現實生活中，但卻符合神話和童話的動力。我們因此就會意識到這是神話—魔法的母題，因此我們的日常理性判斷標準就要改變。

可以變成母獅的貓絕對不是普通的貓。在這個夢情節裡，這樣的改變是夢中自我試圖限制這隻貓以後才出現的。因此從個人的層面來說，這樣的限制，企圖施加的紀律或壓抑，可以視為變身的心理成因：這隻暴跳如雷的貓，遭到限制，變得更強大。但如許改變的出現，完全就是指向了擁有魔法秩序的童話或神話領域，因此我們不只需要隱喻／寓言的方法，也需要象徵的方法。

在平常的現實中顯得荒謬的，可能在某個特定的神話或童話中，變成是可能的，有意義的，甚至是有幫助或必要的行為；儘管在另一個神話或童話中可能就不是這樣。因此，在每一個夢境中，依據我們面對的神話情境，我們必須辨別出可能要召喚哪些特有的反應和行為方式。這也就意味著，對於夢的結構和事件所指涉的特定故事，我們首先必須辨識出這故事的行動、推力或目標。我們可以透過兩種方式實現這點：神話的擴大和幻想，包括積極想像或引導想像。[18]

---

18 關於積極想像和／或引導想像的細節，讀者可以參考現存的文獻。

無論什麼樣的夢，每個意象的意義都取決於，這意象究竟「是」什麼，以及做夢者對這意象產生了什麼聯想。

從隱喻或寓言的角度來說，透過聯想的方法，夢中貓這個意象可以是與任何貓有關的個人經驗，是引起做夢者投射的某隻特定的
寵物，或者是與貓有關的某個特殊情況的記憶。它可以是爪子鋒利 89
的，可以是好玩的，也可以是情色的。這可能讓做夢者想起祖母的客廳，或《湯姆歷險記》裡治療疣的方法。[19]

從解釋的角度來說，「貓」是一種馴化的動物，因此它代表一種本能的能量和一種與身體完全合一的感覺；但這能量相對來說是「馴化」的，而且和意識層面密切相關。如果更進一步拿貓來和狗或馬相比，貓的行徑獨立、移動是迂迴的、能夠在夜間視物、玩弄牠的獵物等等特徵。

從象徵的角度來說，貓的意象是一種獸形的「神聖」力量，是可以隨興自發的，包括吞噬和嬉戲，先天就生生不息且反應敏捷，是這種化為軀體的、本能的和超個人的能量特質或面向。

在這夢裡，寵物貓變成咆哮母獅的這個意象，可以用古埃及有關芭絲特（Bast）和塞克美特（Sekhmet）的神話加以擴大。[20] 這

---

19 譯註：在馬克吐溫《湯姆歷險記》第六章，湯姆的好友哈克說：「壞人死後埋葬的午夜，鬼會到墓園帶走死人，死人帶走死貓，死貓帶走疣，所以疣就不見了！」湯姆和哈克為了治好手上的疣，相約半夜帶著死貓前往墓園，卻陰錯陽差地撞見印地安喬殺人，據此展開後續的探險故事。

20 譯註：芭絲特（Bastet，亦拼為 Bast）是埃及神話中貓首人身的女神，但後來慢慢變化成現在的貓女神，在希臘統治的時期，更進一步被轉化成代表月亮的神明。芭絲特的神殿和許多被稱為拉之眼的神明的神殿相似，外面呈三面環河的結構。她做為下埃及的保護者，因此被視為國王的捍衛者，同時也是太陽神拉（Ra）的捍衛者，因此與拉的眼睛有關。塞克美特（Sekhmet）最初是戰爭女神及上埃及的醫療女神。她被描繪成一頭母獅，埃及人公認的最凶猛的獵手，是創造神卜塔的妻子。她的名字意為「強大有力」。早期塞克美特也是一位太陽神，有時也被認為是太陽神的女兒，常與哈托爾和芭絲特二位女神混同。拉是古埃及的太陽神，在公元前 25 和 24 世紀的第

兩者都被視為同一個原型女性力量的不同面向。貓女神芭絲特是關於歡樂、舞蹈、音樂和玩耍的女神；她代表太陽的孕育力量。獅子女神塞克美特，被稱為「全能大神」（Mighty One），象徵著太陽灼熱和毀滅的力量。在神話中，她因假祭司的傲慢而狂怒，進而演變成無法控制的嗜血慾望。如果不是因為拉（Ra），至高無上的太陽力量，給了她一杯醉人的酒，讓她「製造愛，而不是製造戰爭」，她的狂怒將導致全人類的毀滅。

做夢者對他還給貓的那個撥浪鼓的聯想，也支持了對於芭絲特和塞克美特可能的暗示。他將這描述成「一種帶有把手的倒置馬蹄鐵」。他也想起小時候自己常玩的撥浪鼓。他記得，這個撥浪鼓的噪音讓母親十分困擾，於是她告訴他必須將它拿走。在古老的雕像上，芭絲特的手中可以看到有這樣的「撥浪鼓」。這叫作「叉鈴」（sistrum），用在紀念女神而進行載歌載舞的節日遊行中。

在這情況裡，做夢者的聯想和治療師的擴大是一致的；它們似乎符合同一神話元，因此可以用來釋夢。如果情況不是這樣，治療師就必須再繼續尋找。然而治療師如果僅僅運用這些她／他認為符合的神話元，而不管做夢者的聯想是否與之一致，將是十分不恰當的。這樣的進行方式等於是將一種外來的元素強加於做夢者的材料之上。

如果透過與現存故事或母題的聯結而擴大的方式，沒辦法確
90 立故事的主旨，那麼也可以透過「積極的」或引導的想像，來尋找夢情節的脈絡。無論是哪種技巧，都是鼓勵做夢者透過幻想或直接

五王朝，他已經成為埃及最重要的神靈之一。人們認為拉統治著所有創造的世界：天空、地球和地下世界。他是太陽、秩序、國王和天空的神。

的創作來完成夢的故事。任何形式的故事創作都有賴於無意識的活動，不管說故事的人其意識的目的為何；這樣才能有助於夢故事的完成和情節意圖的確定。

在這例子裡，做夢者的幻想是，一旦潑浪鼓還給了這動物，母獅就會變回貓，頑皮地依偎在他的腿上，發出咕嚕咕嚕的聲音。

到這裡，我們可以嘗試提出初步的解析，關於這個材料所呈現給我們的神話母題：貓和母獅是「神聖」的，也就是說，是超個人的力量。（這和埃及宗教的母題是符合的。）諸神以獸形的、動物的形態來表現，因為每一種動物物種都被認為是代表著某種典型的、超個人的本質。而這個代表在那個特定的物種中是相對「純粹」的，因此，就像神一樣。我們認定這種本質在人類身上只有部分存在，因為被其他因素稀釋了。貓的力量或貓的本性在這裡所呈現出來的是被忽視或不理會的狀態（做夢者沒多關心貓）。就做夢者的聯想而言，這與和他人的玩樂及肉體親密接觸，以及從自己身體獲得愉悅有關。就歷史上芭絲特的形象而言，指的也是歡樂和享受。在被忽視的狀態下，這些本能的需求成為復仇的破壞力量，（在神話裡）威脅著要摧毀人類，也就是做夢者自己的人性和他與其他人的關係。壓抑和否認，以及自我「膨脹」，一定會導致內在的精神病理，以及外在潛在的災難。反過來，如果建立起足夠尊重的關係和給予應有的重視（在這個夢裡潑浪鼓／叉鈴是女神的財產），這些威脅的力量是可以平息的，甚至轉化成生命的支持能量。

這個夢提供我們一個象徵性的綜觀，關於做夢者當下情況（也許不是他整個生命）的主旋律（leitmotif）。但只在原型的層面上處理，這個解釋還是不夠具體。頂多留下一個問題：要如何及從何找到自我傲慢（ego hybris）。（透過神話的擴大而得到希臘神話希布莉絲〔Hybris〕[21]：塞克美特的目的是要處罰那些假祭司對諸神的傲慢。）最糟的情況，做夢者會覺得像在對他講一些抽象的哲學或宗教的大道理。為了讓這象徵層面的綜觀好好「落實」，我們必須將這個綜觀和個人的材料連接起來，這樣才能夠讓我們看到究竟是怎樣的具體行為或態度，才發生了「對貓的忽視」。

91 要完成這樣個人的落實，我們可以透過那些「平凡的」、個人的、非原型的、寓言的夢，而這些夢恰好與原型的夢相吻合，正如第一個例子，是從個人的聯想而達到原型的聯想。一般而言，這樣「平凡的」夢並不難獲得。每一個原型「大的」夢，通常都有好幾個「小的」個人的夢。如果治療師因為原型材料的誘惑而忽視和不在意這些小的夢，治療師可能會有個人立場無法穩定的風險。事實上這情形是經常出現的，如果沒有同時或之前就好好理解個人材料，會連這樣原型情節的相關事物都無法理解（下文將給出一個例子）。

在這裡，我們將個人的夢和原型的夢放在一起，可以**找出結構上和主題上的相似性**。生意夥伴的破產可以視為等同於母獅所造成的破壞。透過對生意夥伴的聯想和解釋，這個人看起來是一心想要在商業界和金融業界出人頭地，一心想要獲得聲望和權力，但他被描述為情感退縮、難以接近，並且認為愉悅是件輕佻的事。做夢者透過這個鏡映意象而看到自己，因此想起童年的記憶，當時為了避

21 譯註：hybris 這個字是指過度的自信或驕傲，但這個字是來自希臘神話女神的名字希布莉絲（Hybris），這位女神在希臘神話裡代表著傲慢、暴力和殘忍行為。

免被母親的抑鬱情緒和歇斯底里式的暴力所淹沒，他不得不在情感上封閉自己。就像夢裡的生意夥伴那樣，他已經「離開了他的妻子和孩子」，不是字面上的意思，而是隱喻層面上的離開，因為他在情緒上繼續遠離任何感情上的連結。他感到孤獨和疏離。從情感和自我真實性而言，他「破產」了：他的情感被否定，他像憤怒的母獅般，被狂躁的情緒衝昏了頭。以這些具體的個人用語表達出來，他可以看到，甚至真實地體驗母獅的威脅以及需要安撫這母獅，透過讓自己愈來愈能開放自己的情感，同時透過歸還他昔日自行剝奪的叉鈴（生命之舞的愉悅音樂），亦即歸還他童年時被剝奪的潑浪鼓，才能夠藉由「旱象」（隱喻破產）改變他習慣性的意識狀態。

從下面的例子中可以看出，透過同一個夢裡分離出原型元素和個人元素再加以相互關聯，個人的落實才能得以實現。

一個年輕女人帶來一個夢：

> 在街上散步的時候，我被一個流氓襲擊，他搶了我的 92
> 包包。我追著他跑，現在越過田野、山丘和山谷；然而，
> 儘管這個人走得非常慢，我跑得愈快卻愈追不上他。

儘管十分努力還是無法有效地移動，無論是想要追上或是想要逃離，這樣的母題在噩夢裡經常會出現。這個意象是一種令人害怕的無效能或無助感。

上述夢境的語言，透過「越過山丘和山谷」這樣的措詞來搬演情節，立刻帶出童話般的氛圍。但即使沒有這些細節，夢中跑得比他快卻無法抓住一個慢慢走路的人，這種矛盾差異的魔法性質，指

出了一個象徵的母題。這是許多神話裡都眾所周知的母題。有個恰恰對應這個夢，因此也將這夢擴大的故事，是威爾斯傳說《迪韋德王子普伊爾》（*Pwyll, Prince of Dyved*）[22]。在故事裡，王子看到一位不知名的女子騎著一匹純白的馬經過，「披著一件閃亮金色的衣裳。」他派人去追，然後自己也開始追，「但他的速度愈快，她離他就愈遠。」直到一再無法抓到她以後，他對她喊話，要求她為他留下來，她回應說：「我很樂意留下，這樣對你的馬比較好，如果你早些就要求這麼做的話。」[23]

這個還沒說出口的假設，即強盜可能是一個潛在有用的和超個人的人物，是治療師進行擴大的結果。治療師讀過《馬比諾吉昂》（*The Mabinogion*），但做夢者沒有。這一事實並不能因此而排除擴大的有效性。夢，就像它超越時空和個人意識維度的運作一樣，經常運用超出做夢者（有時是治療師）當前意識之外的事實和母題。然而，治療師的假設、聯想，甚至是他選擇的擴大，也可以應用到治療師的心理。千萬不要理所當然地認為它們必然是適合做夢者的，除非這夢在修通時獲得了確認。

在這個夢中，就像前面的例子一樣，非個人的力量被提出，不受自我執意的努力「抓住」或強迫，而是需要十分尊重地說話和建立關係。這可以說是這夢裡原型母題普遍的意義。但我們如何理解

22 譯註：《迪韋德王子普伊爾》（*Pwyll, Prince of Dyfed*），威爾斯文是 Pwyll Pendefig Dyfed。這是一個中世紀威爾斯文學的傳奇故事，也是《馬比諾吉昂》四分支（Four Branches of the Mabinogi，來自中世紀威爾斯手稿的散文集）的第一個。它講述了迪韋德王子普伊爾和威爾斯神話裡另一世界艾努恩（Annwn）的國王阿勞恩（Arawn）之間的友誼，以及普伊爾和黎安農（Rhiannon）之間的求愛與婚姻，以及普里德利（Pryderi）的出生與失踪。

23 《馬比諾吉昂》（*Mabinogion*, Everyman's Library, Dent, London, 1906），由瓊斯（G. Jones）和瓊斯（T. Jones）從德文譯成英文，並撰寫書序，頁 11。

「神性」或超個人的力量恰好是一個偷包包流氓的事實？這一切與做夢者的心理又有什麼關係？

要回答這些關鍵問題，聯想、解釋和進一步擴大是需要的。首 93
先，被搶的包包這意象代表什麼？做夢者描述那是她的錢包。透過解釋，錢包是個人必要物品的容器，以這位做夢者的個人情況（這一點永遠需要加以確定），包括個人身分證、錢和信用卡。如果翻譯成心理學的語言，我們可以把這個錢包看作容器的寓言性呈現，是用來容納她的個人認同感、可用的能量、或力比多（金錢）和心理潛在的價值和／或在這世界上的信譽（信用卡）。在夢裡被偷走的東西，描繪出的就是她的自我感和認同感，還有她對自己和自身能力的信任。

在她的心理，這小偷又是什麼？為了找到答案，這個角色及其行動需要「落實」，也就是用個人的、心理的方式去理解和感受。這個角色是做夢者不認識的。

做夢者立刻想到應用她在完形訓練小組所學會的方法，將這個場景重新活現。她堅持而急促的風格（過去幾次會談裡經常重複出現的行為）是治療師認為與夢的訊息相關的。在稍後的分析裡，可以將這些訊息帶入做夢者的覺察。另一方面，由於分析者知道活現和幻想在確定擴大甚至解釋是否相關和有效時具有潛在價值，意象／想像的方法必然是有幫助的。在這例子裡，夢也是相對未完成的，沒有出現最後的化解。（見第七章「戲劇結構」一節）正如我們知道的，清醒時的想像是可以用來繼續未完成的夢。

不過治療師建議，做夢者應該試著與逃跑的強盜說話，而不是追捕他。[24] 於是婦人向強盜喊著說：「不要跑！不要跑！」她覺得什麼也沒發生。正如夢中經歷的那樣，因為十分挫折，她開始不耐煩而嗓門也愈來愈大。然後她沉默下來，尋求治療師的介入。在討論這個只是在重複夢中動作的僵局時，治療師指出她專橫和不耐煩的語調。做夢者很難找到另一種可能的方式。她終於設法說道：「你能停下來嗎？我真的需要那個錢包。這不是你的，讓我拿回去吧。求求你。」聽到這話，在她的積極想像中，小偷轉過身來。現在他看著她，就像是她大學時的一位教授，而她想像他會說：「放輕鬆吧，妳還有很多要學的呢。」當她問他是否願意歸還她的包包時，他只是含糊地說：「跟我走，妳會得到妳必須擁有的東西。」

94 如果想要了解更多關於她跟著走的人物，就需要聯想。做夢者說，這位大學的文學教授（當她對這個流氓說話時透露了這一點）「真的很能鼓舞人心」。變成正向人物的轉化符合神話的擴大，但還需要更多個人層面的落實。治療師問，他有什麼鼓舞人心的地方。做夢者想起了他詩意的想像力和緩慢的力量感，以及平靜而堅定的自信。他似乎知道自己想要什麼，知道如何讓學生發揮最好的水準；因此她認定他也能激發生命的最佳狀態。他是強大的；然而，這力量伴隨著一種對人和環境的適應，那是安靜、謙遜、高度敏感且熱情洋溢的。

她對那個男人的看法可能是高度理想化的，甚至是不切實際的，但這並不重要。她對這個人物的聯想，描述出她對這位來自無意識潛在教授的投射，也向我們指出那位流氓所代表的部分人格的

24 在引導想像中，只要引導出舞台設置或一般的方法就足夠了，而只有活現的進行卡住或失控時，才以暗示進行干預。這樣才能確保是由被分析者主動構建出幻想中的人物自發的反應。

矛盾特質，只要她主動而拚命地「追求」，就會繼續將她的自我和自我潛力扣住。儘管做夢者覺得被起初感覺負面的流氓所搶劫，但這個人原來是位老師。夢的訊息促使做夢者重新珍惜和學習老師敏感、強大和反思的風格，而非感覺她慣性的防衛和堅定的迅速控制被搶走了，她將會拿回自己的錢包，以及這一切所象徵的：潛在可能的轉化。

為了進一步澄清這一點，現在做這件事很重要：在進行夢工作最初例行應該做的事情，也就是考慮夢的展現。（見第七章，「戲劇結構」一節）做夢者被要求描述夢開始的地方：這條街是什麼？她和那條街有什麼關連？結果那是她現在工作的那一條街：隱喻上來說是她面對自己畢生工作的方式。她的聯想立刻讓她想到自己那種奮發向上、野心勃勃的態度，以及她的擔憂，擔心自己需要利用意志力、施壓力和政治手段來進一步鞏固工作和人際關係中長期不安的地位。這種焦慮、強迫和狂躁的風格也許需要從這些方面更進一步探討，包括來自童年的前因，以及它對做夢者當前與治療師和她自己的治療有關的行為所產生的效應。

在整個夢的工作過程中，治療師一直在默默思考這意象所傳達出的隱含意義。前一次的會談有出現偷竊經驗的感覺嗎？是否有什麼東西投射到治療師或治療過程，而這投射偷走了做夢者習慣性的認同感和精力來源？即便擴大的結果認為這可能是正向的，可能會 95
遇見一個超個人或大我的人物；然而這些議題，將治療師理想化為投射載體和對這治療過程的挫敗感，還是需要好好面對，並且讓一切浮現在意識層面。治療師記得在前一次的會談裡，個案曾經急切地談論她目前的關係，尋求立即可行的建議。對於她那種強迫和極其焦慮地急於在實際層面上解決問題的風格，當分析師進行反思性的詮釋時，個案陷入有些沮喪的沉默。後來的這個夢，是出現在互動以後；也就是超個人生命歷程中的引導大我（在《馬比諾吉昂》中的馬女神）隨著這個歷程也在治療中愈來愈明顯時，給予這互動的評論。這個夢鼓勵進一步探索做夢者在上一次會談相遇後的感覺，從神話的脈絡想像這一切，把它當作遠比治療關係更大的生命問題，但也在治療關係中顯現。

這些從個人和原型層面的移情含義進行探討而得到的結論，最後還是要用其他方法交叉檢驗，例如活現、引導想像或積極想像等等，然後小心翼翼地工作，以引出聯想、解釋和擴大，將夢裡象徵的和寓言的意象落實。最理想的情況是，就像在這個例子當中，所有這些都將互相交會而提供做夢者和治療師在當下的場域中所匯聚形成的基本訊息，這是和個案治療歷程相關的。

由於夢的設置把問題放在她工作的方式上，也就是她的工作風格，以及她執著於將充滿意志力的積極工作當作她的生活風格。這點需要先加以探索。這個問題後續可能會和移情有關。如果這個設置是描述治療過程的隱喻（參見第十二章〈關於治療和治療師人物的夢〉），那麼就需要以相反的順序進行探索。因為不可避免地，以夢境定位的方式來處理問題會是最有幫助的。在這個案例裡，做夢者對人際關係的強迫性防禦，讓最初的移情詮釋不太容易被接受，儘管治療師很容易就反思出來。

現在，我們可以把所有這些片段的訊息拼湊成有連貫的詮釋。夢的訊息——將個人的聯想和活現、解釋及神話的擴大加以整合而產生——治療師可能的解讀如下：

> 隨著你充滿計謀並努力向前推進的生活和工作態度，96
> 你真實的認同和自我的潛能與生命能量也就慢慢離開了
> 你。因此，你堅信的能力反而對你不利，你不能利用你自
> 己的東西。你需要的不是急急忙忙地催促自己，而是建立
> 起一種有意識的「交談」關係，並且瞭解自己的內在。如
> 果你不是急急忙忙地催促自己去找回失去的東西，而是以
> 人性化的方式與小偷建立關係，你會發現他是一位老師。
> 透過與老師這人物同行，而非追趕他，你發現他能教給你
> 的事物。他擁有讓你印象深刻的那位教授的特質：敏感，
> 接納，詩意的啓發，以及一份不同的力量。如果你願意相
> 信自己而與這個新的風格同行並一同試驗，這將會透過讓
> 自己對那些內在的潛力開放而讓你有所學習。

當然，類似的訊息也可以出現在普通的、個人的夢境中。此處我們可能會認定它是以原型的、神話—象徵的方式出現，因為這是一個存在的、整體的生命議題，是「業力」的問題，不是做夢者當前的心理和精神脈絡可以充分理解的，也許分析師也無法理解。這個單一的夢揭示了做夢者這種生活模式相關議題的重要性，是遠遠超出當前的工作問題。這模式構建了她與伴侶的關係（上一次會談的主題）和分析歷程的關係（這一點是從她的相關行為，在活現的過程中，以及對分析師的反思風格仍有著無意識的負面反應等，所揭顯出來的）。更進一步，夢中的原型元素也點出自我和引導大我之間、個人和超個人之間關係中的療癒模式，將可以用來對抗做夢者情結中需要被看見的錯誤聚合元素。夢背後的神話，揭示了一

個完整的、一切問題以前的或目前狀態之前的結構，它可以為做夢者的生活戲劇提供基礎和化解。

訊息中究竟是哪一部分傳遞給了做夢者，又是用什麼方式傳遞的，這一切確實是由治療師以自己的風格和臨床判斷來決定的。

有時候，在歷史的設置裡（當與現今的僵局或童年的創傷工作，以及透過幻想或引導想像來進行擴大時）出現的夢，所顯露出
97 的或相互交織的那些元素，感覺起來是前世的記憶。這樣的體驗往往會釋放出強大的情感能量。在這種情況下，做夢者有關前世記憶的感覺應該加以尊重。但同樣重要的是，這些材料應該還是要與做夢者當前心理的／存在的狀況保持關係連結，並從寓言的和／或象徵的層次理解。

有一位精神科醫生患有嚴重、有時甚至近乎偏執的恐懼權威問題，她夢見：

> 我在西班牙一個類似地牢的地方。黑色衣著的男人們就在那裡。我簡直嚇壞了。

在之前的心理治療工作裡，已經處理過她的權威問題，關於她對父親專橫行徑的記憶和後來在醫學院裡教授對待她的經驗，那是一種優越感和女性貶抑的混合。在這個夢之後，她透過引導，聚焦在這些意象和強烈的恐懼。這裡湧現了一個恐怖十足的幻想「記憶」，在西班牙宗教裁判所的監獄中遭到嚴刑逼供及殺害。恐懼和絕望的感覺像洪水一般，在處理這些夢材料時釋放出來，形成強大的發洩作用。她意識到如今自己對任何權威人物的反應，就好像是

面對審訊官脅迫的反應，讓她更理解自己的恐懼症，因此也讓她有些能力，得以不再認同箝制住她當前生活關係的恐懼。

處理夢境中的神話主題

為了處理原型材料中的神話面向，以下幾個步驟是必須的。

首先，神話元必須先辨識出來。這並不總是簡單的，因為神話故事中的**演出角色**（dramatis personae）[25] 並不一定以歷史上的裝扮出現，也不一定與我們上課所學或書中讀到的是完全相同的故事。通常呈現出來的，只是主題的某一些片段或變奏，而且可能是在當代的參考架構裡。因此，做夢者在夢中可能是被一位電工警告說，如果不停止胡鬧，可能會被高壓電線意外殺死。這是他與雷電之神和能量之王宙斯的一次象徵性會面。在夢裡，是一位「令人印象深刻的電工」對他說話，而不是普拉西特利斯（Praxiteles）雕刻出來的蓄鬚希臘神祇。塞克美特（Sekhmet）現身為一頭憤怒的母獅。丘比特可以用槍進行射術。[26] 魔鬼的誘惑在夢舞台上可能是與狡猾欺詐的超級銷售員或職業仲介員的相遇經歷。而勝利的太陽英雄，受到邪惡黑暗勢力的威脅，可能會以超人或甘乃迪的形 98

25　譯註：dramatis personae 是拉丁語「戲劇的面具」，即戲中人物的意思，往往指劇場表演節目單上所列出的主要角色，包括各種形式的劇院和屏幕。而我們知道，personae 在榮格的理論中有著重要的位置，是人們面對外在現實世界的自我呈現，中文一般翻譯為人格面具。

26　譯註：普拉西特利斯（Praxiteles，希臘語：Πραξιτέλης），公元前四世紀古希臘著名的雕刻家，和留西波斯、斯科帕斯共同被譽為古希臘最傑出的三大雕刻家。埃及神話中賽克美特（Sekhmet）最初是戰爭女神及上埃及的醫療女神。她被描繪成一頭母獅，埃及人公認最凶猛的獵手，是創造神卜塔的妻子，她的呼吸形成了沙漠，是法老們的保護神，並在戰爭中引導他們。愛神丘比特（Cupid）在神話中是射箭。

象出現。《薄伽梵歌》（*Bhagavad Gita*）中的馬戰車駕駛克里希納（Krishna）（他載著主人公進入一場必須與自己的良心鬥爭，才能接受命運安排的戰鬥）或許是一位機智的司機。[27] 而建造一幢新的公寓可能指的是創造一個新世界。千辛萬苦搜索難以尋得的寶藏，可能會讓這位做夢者陷入搖搖晃晃的福特 T 型車中，拖著蓋革計數器 [28] 穿越亞利桑那的沙漠。

這些神話主題必須和它們過去的社會、政治、歷史和文化等各面向的累贅分離，並且不時從縮減的，甚至扭曲於現代事物的類比中，辨識出來。關於這點，我們需要熟悉不同文化時代和時期的神話傳統中的主要主題，還有比較宗教學和人類學的知識。

其次，對夢中神話材料的處理，個案需要對這些傳統象徵意義有著心理學上的理解。因為在擴大的模式下，傳統意義的範疇等同於個人層面的解釋。因此，太陽英雄的形象也涉及意識奮鬥的部分面向，和／或促進發展的父性原則。死亡通常是指某些現存模式的解散，也／或是通過與先前未意識到的原型能量相遇而出現轉化。月亮的象徵意義一般是陰（Yin），屬於感覺和接受，無論是發生在男人或女人的夢境中；但乾燥、無重力的地球衛星，陰曆的潮夕節奏，瘋狂，古老的月神辛和水手聖人挪亞（Noah-Sin）[29] 等等，

---

27 譯註：《薄伽梵歌》（梵語：भगवद् गीता，轉寫：Bhagavad Gītā，字面意思是「至尊神的頌譚、頌讚、贊歌」），又稱為薄伽梵頌、薄伽梵卡、薄伽梵譚、博伽梵歌，是印度教的重要經典，也簡稱為神之歌（Gītā）。內容是戰士王子阿周那與至尊克里希納（中文譯為黑天）之間的著名對話，學術界認為它成書於公元前五世紀到公元前二世紀，或主張是庫魯克謝特拉戰役爆發之前（約公元前 3200 年）。克里希納／黑天解釋了所有基本的精神真理：靈魂與身體之間的差異，靈魂與至尊靈魂（上帝）之間的差異，輪迴的科學，時間的本質，瑜伽的最終目標，為什麼會有不同的宗教對不同類型的人具有吸引力，並且是人類生活的最終目的。

28 譯註：蓋革計數器（Geiger counter），探測電離輻射的粒子探測器。

29 譯註：這段話「the old moon-sailor god, Noah-Sin」，應該指兩個不同的神：《聖經》裡的挪亞

也應該考慮在內。每一個象徵都可能具有許許多多的集體意義，這就需要我們對這一切的熟悉和進行反思的心理學研究的幫助，將相關的傳統意義，貼近這些象徵在現代的夢中所呈現的當前的、特有的表達。

第三，需要有一定的想像技巧，將神話主題的一般意義，透過做夢者個人的聯想和解釋，針對他自己的特有情境調整。魔鬼可能是指被壓抑的「邪惡」玩意兒，是可以加以挽救的；但也可能是一個誘惑者、一個帶來光明的人（路西法）[30]、或是一個掠奪者。像是個別個案對於歌德的《浮士德》（*Faust*）劇的聯想，可能是為了生命的更新而需要冒的誘惑風險。如前文所見，象徵的意義和個人的背景兩者之間的交織是心理治療的一部分。治療師需要對原型維度和個人維度以及它們交織的方式和交錯點有一定的敏感度。

舉個例子，一個女人做了如下的夢：

> 一些男人殺了一頭鹿。我的父親很不高興，他需要我 99
> 的幫助。然後那些人追捕我。我變成了一個男孩。

（Noah），帶領他的族人建立方舟，是大洪水唯一的倖存者，因此成為西方船員們所敬重的聖人；而辛（Sin）則是美索不達米亞宗教中的月亮神，遍布在蘇美、阿卡德、亞述和巴比倫。同名的月亮神在阿拉伯也被崇拜。

30 譯註：路西法（Lucifer），基督教與猶太教名詞，通常指被逐出天堂前的魔鬼或者撒旦，也是七原罪的傲慢之罪，出現於《以賽亞書》第十四章 12 節：「明亮之星、黎明之子啊，你怎麼竟從天上隕落？你這擊潰列國的，怎麼竟被砍倒在地上？你心裡曾 ：『我要升到天上去，高舉我的寶座，凌駕上帝手下的星。我要坐在北方的極處，坐在盛會之山上。我要升到雲霄之上，使自己與至高者同等。』可是，你必被摔到死人之地，掉進深坑的極處。」上述經文中的「明亮之星」即是「Lucifer」的中譯。而現存的《聖經》英語譯本中，只有 1611 年的英王欽定本（King James Version, KJV）使用「Lucifer」，其他版本多使用「morning star」或類似的譯名。

這是有關伊菲革涅亞（Iphigenia）的母題[31]，她是阿伽門農國王（King Agamemnon）的女兒。[32] 當他的手下殺了阿提米絲（Artemis）的一頭聖鹿而冒犯了這位女神時，女神讓風停了下來，希臘艦隊因此無法繼續英勇地出航征服特洛伊（Troy）。為了安撫女神，恢復征途中的風，阿伽門農下令殺死伊菲革涅亞。獻祭的時候，阿提米絲將這女孩帶至陶利斯（Tauris），成為她的女祭司。

夢呈現了希臘神話的元素，但結果不同。在夢裡並沒有對女神的任何祭獻；相反地，夢中自我認同了侵略者，進而否定自己的女性身分，以便逃避那控制而強勢的父親所帶來的威脅。雖然這種男性認同起初對做夢者的心理倖存是有幫助的，但會變成她成年生活中的問題，由這個夢在治療中帶出這個問題來討論。

一些特殊的主題

有一些基本的主題，是關係著生命中特定階段或經歷（passages）的歷程。當做夢者整體的生活方向得以呈現或要重新呈現時，這樣的內容就會經常出現在夢裡。在這些內容裡，有遊戲

---

31 索福克勒斯（Sophocles）作品：《伊菲革涅亞在奧利斯》（*Iphigenia at Aulis*）。

32 譯註：本書的作者在註解中提到索福克勒斯所著作的《伊菲革涅亞在奧利斯》，但一般認為這個劇作的作者應該是歐里庇得斯（Euripides，西元前 480 年一前 406 年），他與埃斯庫羅斯和索福克勒斯並稱為希臘三大悲劇大師。他的作品《伊菲革涅亞在奧利斯》是現存的最後一部劇作品。該劇描述了巨人眼之城的國王阿伽門農帶領聯軍出征特洛伊。阿伽門農的人殺死阿提米絲的一隻聖鹿，冒犯這位女神。阿提米絲，在希臘神話中相當於羅馬神話中的戴安娜（Diana），是月亮女神與狩獵的象徵，奧林匹斯山上十二主神之一。她採取報復行動，阻止希臘軍隊到達特洛伊，除非阿伽門農殺死女兒伊菲革涅亞做為獻祭犧牲。在某些神話版本中，伊菲革涅亞死於陶利斯；而在另一些版本中，阿提米絲救了她，使她成為她的女祭司。

的母題、人生如戲、旅程或道路、河流、經由橋或淺河床或船而穿越水體、煉金術的或生物學的轉化、舞蹈或儀式，以及職業或工作分配或家務等等的內容。當我們因命運註定要掙扎的議題出現，面臨著切合需求的準備、投入的承諾，和下決定或以十足的自我意向而參與的能力等等問題，這些母題似乎就會在夢中隨之出現。

我們創造／發現自己個人神話的其他宏大主題，往往是與原型節奏和我們身體實存的發展有關。兒童的發展和生命的各個階段，出生、呼吸、觸摸、被抱持、餵養、長牙和掉牙、成熟、分離、結合、親職、死亡和再生等等，全都標誌著推動改變和轉化的脈動。這一切製定著我們生命情節的戲劇節奏。在這些原型的體驗中，以及這些體驗的夢、幻想或靈視中，象徵和超越的維度帶向個人的一傳記的維度，並且加以融合。

由於篇幅的緣故，在這裡只能針對一些基本母題討論和舉例說 100
明。讀者不妨參考現存關於神話象徵和原型象徵的大量文獻。

生命戲劇

戲劇，最佳地描繪出生命或生活中儀式化的「就是如此」。因此，它的宣洩效果，以及它的吸引力，是橫跨各個時代的：從古代，表現在諸神或命運的行動；到現代，則在世俗化的戲劇、電影和電視節目裡。它們全都揭示出生命的原型狀態，像是一場表演、戲劇或神靈夢，一部莊嚴指派的戲劇登上了舞台。

生命劇場（life theater）的母題（希臘語詞根 *theatron* 的意思是見證的群眾所在的舞台，他們觀看著諸神和諸女神的種種奇觀，祂們是生命的創造性和破壞力）是一種原型的儀式。夢顯示給夢中自我的，可能是在戲劇或舞蹈或音樂會上表演，或是夢中自我正在觀看這樣的表演，包括劇院或電影，或是在看電視、聽廣播等等。夢中自我可能是距離漸遠的觀察者，在命定的行動中從直接參與慢慢拉開，或是／也是這行動中集體觀眾或私人觀眾的一部分，或也許是一位熱情介入的見證者，做為演員之一參與戲劇，意味著在生命戲劇中扮演更自覺也更積極的角色。然而，如果這個主題的角色安排是相當負面的，也就是一直重複著做夢者意識上對某一角色的認同，這可能是表示做夢者將有成見的部分付諸行動或演出來。

當夢中出現「觀賞（見證）演出」這樣的劇場母題時，無論是怎樣的形式，包括觀賞電影、戲劇、電視秀、還是夢中做夢（夢中夢），整體生命的宏偉計畫就呈現出來了。做夢者面對的是自己整個生命模式的主導部分。其中的訊息是：這就是所有的「表演」，你全部的人生都在裡頭。記憶深刻且重複出現的童年夢境，也有同樣的意義。

在這些表演裡，無論演出的、看到的或聽到的是什麼，都是指向我們生命的主旋律，或至少是我們自做這個夢之際自己所面對的生命狀態。同樣地，在夢中做的夢，指的是一個隱藏起來但十分重要的議題，有著原型存在意義的議題。

以下例子是一個中年婦女的夢：

我正在看一部一直演不停的電影，一次又一次地結束
101 了又重新開始。當任何人走入都會一再地重新觀看。電影

是關於理李察·波頓[33]，他毀了很多女人。而現在，在電影裡，我跟著他走進糧倉。我們即將被埋入穀堆，但我跳出來，拉著他的手走出來，而這一切行動一遍又一遍地重演。

在這裡，夢揭顯的這些基本存在意義的特徵，就是強調這樣的重複性。夢裡的行動好像暗示著自己這樣的拒絕，也就是不讓自己和夢中李察·波頓這個人被埋在穀堆下，反而導致了永無止盡的重複僵局。

關於李察·波頓，這位做夢者聯想到的是自己看過的他在某部電影的角色，印象中他是「一個冷酷的人，將自己所有的感覺都切斷。」治療師要求她想像自己若在這角色的狀態或情緒中會是怎樣；她表示這時的自己多少是這樣的：「每個人都反對我。他們全都是混蛋。我除了自己，誰也不相信。所以，我會做任何適合自己或對自己有用的事情。」

這種態度，依夢的內容而言，毀了許多女人。我們可以認為，這表示這種態度在許多時候和許多情境，一次又一次毀了身為女人的她。的確，她有自認為是受害者的傾向，而她冷峻而充滿怨氣和偏執的憤世嫉俗，使得自己失去了許多機會。

關於糧倉，做夢者並沒有個人的聯想。治療師不動聲色地加以擴大，穀倉經常是該年的王者代表部落的神祇接受祭獻的地方。他

33 譯註：李察·波頓（Richard Burton, 1925-1984），英國演員，曾經是好萊塢身價最高的演員，與女演員伊麗莎白·泰勒齊名，兩人二度結婚又二度仳離。作品無數，《聖袍千秋》（1953）、《埃及豔后》（1963）、《雄霸天下》（1964）、《靈慾春宵》（1966）、《柏林諜影》（1966）、《千日女王》（1969）、《戀馬狂》（1977）等。

會被殺／被埋在穀物下面，以保證新的莊稼生長順利。老邁、過時無用之人的死亡被視為在精神／神奇力量上必要的犧牲，為的是帶來新生命。

除非做夢者可以放棄過時的「李察・波頓」態度，否則就會陷入重複而刻板的循環，無法接受和發現生活的新意義。而對這樣態度的放棄，就像是一種犧牲。對原本認同李察・波頓態度的做夢者來說，這感覺就好像她自己和李察・波頓態度一起死去了。她的認同感是根植於早期和早熟的防禦，這防禦使她在受虐童年的苦難中得以倖存。因此，她不容易讓自己放棄那種感覺，因為這就像是放棄了自己、自己的童年，同時放棄了原有的防禦和無盡的修補希望。因為無法做此犧牲，很多機會也就錯過了，而僵局持續著：這樣的演出永無止盡地重複，除非她願意面對自己人生命運的基本挑戰。

102 出生

出生表現出我們生命主題中的首次化為肉身（incarnation）。這情形就像 LSD 的實驗[34]所顯示的那樣，經常出現的體驗包括：瀕死或死亡威脅感受，和過去的許多前世對生與死所記憶的體驗。從子宮內存在到分娩開始，常會被經驗為從相對不受干擾的宇宙統一體，到吞沒在一個封閉系統中的轉變，帶著「無路可出」或地獄的

---

34 斯坦尼斯拉斯・葛洛夫（Stanisla Grof 1975）《人類無意識的領域》（*Realms of the Human Unconscious*, Viking, New York）和（1985）《在大腦之外》（*Beyond the Brain*, State University of NY）。

體驗。推擠通過產道，類似著死亡—重生的掙扎，帶著攻擊、戰鬥、狂亂爆發、浴血狂歡、死亡和性興奮等等的狂喜，還有施虐受虐的想像畫面。而終於從產道出來了，就好比同時是死亡和獲得解救。

而出生歷程這個特別方式，在治療的退行、幻想或夢裡又一次體驗和／或回憶起來，這點不足為奇，它對我們體驗生命和身分認同的方式帶來根本的意義。同樣地，面對著死亡，無論是終極形式的死亡，還是生命基本的改變和轉化這類「小死亡」，都會引發深處有關存在意義的反應。類似的情形，也就是嬰兒時期所經歷的其他生物—原型的過程（包括餵養、呼吸、被抱持等等），都會有同樣深遠而終其一生的影響。

夢出現這種神話傳記性的材料，所需要的不是只有抽象的解釋。它們需要更直接的，甚至是身體體現的體驗。而這樣的夢經常是相當奧祕的。雖然有時這些材料可能提供混合了當前個人材料的一些傳記性片段，因而有助於故事開始的鋪陳；但有些時候，這些材料甚至連引發聯想的反應都沒辦法。在主觀層次或當前的客觀層次做直接的詮釋，通常是不可能的，也無法探究這些材料的深度。因此，特別是在這裡，通常需要一種體驗的方式，有賴於對身體和／或幻想活動的體驗。

一位中年人困在某種生活情境裡十分不舒服，他無法做出自己需要的明確選擇。逃避做決定已經成為他的一種生活模式。這情形也出現在他的治療過程中，許多的會談時間他都反覆猶豫著繼續下去的價值，而忽略了治療師的詮釋和在場。幾個月後，他帶來了一個夢：

> 你〔治療師〕提供我一種治療，讓我蜷曲成一團，以最不舒服的姿勢躺在地板上。在這之後，我感覺放鬆了。

103 做夢者完全不知道如何理解這個夢，一開始也沒有提出任何意見或聯想。當受到質疑時，他抗議說這治療並沒有不舒服。當被問及有關提供的治療時，他從聯想中提到以前一份出自治療師的有益處方，而那個治療師本身也是精神科醫師。

治療師原先一直在思考這夢的移情訊息：這夢是因為太少進行面質而沒有太多不舒服，因此所產生的補償；還是做夢者感覺自己被迫採取了可能有破壞性的「姿態」，因而出現的警告。然而，上述的聯想告訴治療師，那個夢是指某種「潛在助益」的東西，因此，這個有幫助的東西是指治療歷程或代表引導大我的治療師（內在治療師；參考第十二章〈出現治療和治療師人物的夢〉），而不是指治療師這個人及移情和反移情。

如果把這個情境當作移情／反移情的議題，這可能是相當嚴重的情境，意味著這治療師是十分施虐地強迫他退行，而對做夢者來說這是一種受虐的滿足。然而這個夢的母題其實相反，很可能是指向一種由大我所建議或要求的「治療」。

引導大我是由夢中這位治療師角色所代表，提供給做夢者的情境類似於他目前的狀態，也就是前面描述過的，他自身存在的僵局。於是，整個夢可以看作是一個化解的夢，是治療歷程的療癒結果。可以引導這夢中姿勢成為完形的活現（Gestalt enactment）來進行治療。他的姿勢可能揭顯出他對生活參與所採取的防禦性拒絕下的真正本質。

因此就像這個例子一樣，當身體的姿態被直接提及時，直接體驗這個姿勢可能會有幫助。在這個案例中，治療師要求做夢者實際親身體驗夢中的姿態，以找出這是怎麼樣的感覺。做夢者來回晃動，不停地說：「我不能，我不能。」治療師注意到他同時握緊拳頭，呼吸變得吃力和急促。

如前所述，當開始對一個夢進行工作時，就跟對夢進行聯想
一樣，所有發生的事情都屬於這個夢。這位做夢者因此被要求注意
這些緊張狀態，甚至加以強化，不斷地重複喊：「我不能，我不
能。」當他這麼做時，他的不舒服加劇了。他的肌肉開始劇烈痙
攣，幾乎要抽搐，最後他在地板上打滾，重新體驗他的身體出生時
的臀位生產。他的身分認同轉換在媽媽和自己之間：一方面是媽媽
的，她被要求用力一點以促使生產排出，一直大喊「我不能」；然 104
後又回到自己，感覺無能為力，沒辦法移動或逃脫這個卡住的位
置，而且害怕如果他嘗試「強迫」完成這個議題，可能會導致自己
的死亡或傷害媽媽。因此，這個夢提供一個鏡映給他，相似於他目
前的生命位置，引導他再次體驗當年自己出生過程的僵局。他體驗
到自己長久以來沒辦法做決定的狀態，就像被卡在產道裡，覺得自
己無法前進，也害怕前進。

最終，在治療師的建議和鼓勵下，他終於能夠在想像中經歷整個分娩過程，完成誕生的歷程。這帶給他一股解脫感和性格上的改變，漸漸幫助他能冒險自己做決定。經歷了一場生產過程停滯的分娩，對他來說是他生命中的宏偉計畫，他生命的神話。

孩童

就孩童可能沒有適合的客觀層次重要性而言，也就是說做夢者就算真的有小孩，所夢到的孩童並不適用於任何真實的孩童或問題，因此，夢中出現的孩童和嬰兒指的是「內在的小孩」，是做夢者內在的孩童層次，包括他或她所有一切未完成的，也是／或是還在成長過程或還需要成長的，也包括與其他人的人際關係成果，也包括具有生產力的技巧。從正向的角度來看，根據做夢者的聯想和解釋，這可以指出潛力和可能性、做夢者生命中所有尚未成熟或完成的、成長和更新的能力、驚奇的感覺、與超個人領域的連結、自由而隨興的情感表達、正向的表現欲等等。

從負面的角度來看，這指出了不成熟、幼稚的全能感，和嬰兒期症狀（infantilism）。[35] 同樣地，這往往也指出做夢者內心的受傷小孩，以及他或她目前還留在心理層面的童年創傷記憶，只是常會為了支持所謂「成人」的自我理想而忘記和潛抑。

在決定夢中孩童的意義時，引出這孩童的年齡是很有幫助的。如果這點在夢裡不明顯，那麼當被問及孩子的年齡時，做夢者腦海中最先出現的幻想或聯想很可能就是相關的；因為無意識的心靈有著可靠而準確的時間感。以這年齡為指標，一個夢中三歲的孩童可能就是和做夢者大約三歲時的一些經歷有關；或者這可能指的是差不多在做這夢的三年以前，某件開始出現或形成（也就是誕生）的事情。

---

35 榮格，1940 年，〈兒童原型的心理學〉，收錄於《榮格全集》卷九之一（*CW*, 9/1, Princeton University Press [1977]），段 259-305。

如果我們考慮到壓抑和創傷的記憶經常是透過夢中這樣的孩童角色與我們連結，如何讓做夢者「感覺融入」，試著在幻想中體現或嘗試探索孩童在這夢中的體驗或感受，以夢中孩童的眼光和心智觀看這個世界或其他夢中人物並與之溝通，將是十分重要的。大多時候，這個過程會帶出以其他方式不易取得的記憶。 105

有個嬰兒躺在嬰兒床裡。

這簡單的夢並沒有更多的細節。但是，在做夢的人說這個夢時，他注意到有股焦慮、壓抑、噩夢般的感覺，這種感覺一直糾纏著他，卻從來沒能搞清楚為什麼。治療師於是要求他試著想像或感覺自己就是那個嬰兒，感受那股噩夢般的焦慮，然後說出他就是那個嬰兒時體驗到什麼。當終於成功地融入那個嬰兒的「感覺」時，他變得緊張，感覺要窒息了。再進一步強化這個幻想，他感覺到有個枕頭壓在臉上，幾乎要將他悶死了。治療師要求他繼續停留在幻想裡，看他是否能發現是誰對他這麼做。做夢者懷著驚恐和難以置信，意識到原來那是他自己的母親，似乎要讓他窒息。

這太重要也太可怕了，不能離開這層面就不管了；所以治療師進而建議做夢者想像自己從夢中孩童的身體移出，鳥瞰整個場景，然後描述他看到了什麼，特別是什麼使得媽媽這麼做。現在，這位做夢者「看到」並回憶起整個氛圍瀰漫著焦慮恐懼的記憶，當時父母逃離納粹，躲在已經被佔領的法國某個地方。很顯然當時附近的公寓正在進行搜查，母親為了不讓孩子的哭聲洩露他們的存在，於是將枕頭壓在孩子的臉上。對嬰兒來說，顯然是不明白這些合理的行為解釋。嬰兒所感受到的只是窒息帶來的可怕創傷性威脅，這些無意識的記憶對他的整個人生態度產生了深刻的影響。無須多言，這段記憶是寓言／隱喻的和象徵的，但也可能是真實的。隱喻上來說，這讓做夢者意識到自己和母親之間的關係是讓他感到窒息的。象徵上來說，這個意象，這無助的孩童感受到有一股即將擊碎一切的超人般力量要將它吞噬的意象，成為做夢者和整個生命的存在關係以及對這一切感覺的意象。對夢的工作也幫助做夢者開啟在個人
106 母親情結和他自己對生命的恐懼背後，有個大屠殺事件的事實，因而帶來一股客觀與展望的氣息。

另一種關於夢中孩童角色的觀點，可以從以下的夢表現出來：

一個孩童將我的首飾盒弄壞了，還將裡面的東西散落一地。我對著孩子大吼大叫。現在這孩童生病住院了，我的治療師說必須由我來負責扁桃腺切除手術。

經由進一步詢問，做夢者覺得孩童的年齡約略一歲。一年前，她的分析開始了。因此，可以假設這孩童代表這個發展，也就是分析的「孩子」。做夢者的孩童面向已經誕生了，但還沒有被這個治療歷程好好地對待。夢指向治療歷程的可能性，透過夢中出現治療師的事實而更加確定了。

那些珠寶，某些十分有價值的東西（解釋），從受損的盒子裡散落出來。某些有價值的心理內容已經從「受損」的分析容器散落出來。這個夢表示，在目前的治療過程或移情中，有某些東西不對勁或是「生病」了。

當被問到這孩童打破盒子的動機是什麼時，做夢者回答：「想要和需要。」這種想要和需要可以追溯到做夢者最初童年記憶中感覺不被父母接受和需要。扁桃腺切除手術喚起她在醫院裡感覺被拋棄、受到驚嚇和傷害、受陌生人擺布、沒有可信任的人保護她等等記憶。因此當時她只能堅忍撐下去。

她對於自己依賴卻被拒絕的反應，表現在夢裡是對代表自己的孩童大吼大叫。對於父母態度的認同以及感覺沒有人可以依靠的反應，她殘忍地壓抑掉自己任何需要的表達。因此，她控制自己避免對治療師表現出日益增長的依賴。她將對父母的情結投射到治療師身上，覺得自己是被期待要由自己來「負責任」，要由自己照顧好自己認為「有病」的這些感覺，而不是讓這一切呈現出來。因此她的內在治療師這個夢中角色希望她像外科醫師一樣負責扁桃腺切除手術：用隱喻的方式來說，要為治療負責任，藉由切除自己依賴的情感來完成這項任務。夢中治療師不合現實的要求於是投射到真實的治療師身上，也引導出某一面向的反移情。

做夢者的需要，在被潛抑而受到負向父母情結掌控，透過容許 107
分析容器的內容「溢出」了容器，而破壞這個容器。這樣的溢出結果形成了做夢者無意識的、強迫性的行動化，一再要求丈夫提供過量而不切實際的關懷支持，包括期待丈夫傾聽她在分析中的抱怨和揭露。丈夫因此必須照顧這個「孩童」的情感表達，也因此這些情感表達不會出現在治療歷程裡。

而反移情的面向為投射作用提供了釣鉤，透過夢引起治療師的注意。這一切就安放在治療師耐心等待的立場中：慢慢等著夢提出問題，而不是質問被分析者為何情感退縮，或是自己主動進行介入。當面對著做夢者小心翼翼的情感疏離時，暫時的共謀於是出現了。這時如果沒有透過對這個夢的理解，將一切公開，適切的治療就會受到阻礙。

有關夢中兒童的母題，有另一個更嚴重的預示案例，是一位住院患者的夢：

> 潮浪吞沒了我的房子。我和大部分的居民都設法逃出去了；但孩子卻已經死了。

這個夢可能預示著即將發生的急性精神病發作，而只可能從病中恢復普通程度的現實適應（夢中自我逃開了）。夢境最終的基調宣告了孩子的死亡，這表示任何發展的可能性已經都被摧毀了。進一步的人格成長幾乎是不可能的。

動物

動物形象指的是理性發展以前的情感和驅力的水平。驅力品質的特有本質，可以透過做夢者對夢中動物的角色特質聯想而得，也可以從原型和神話的層面透過民間傳說和集體宗教傳統表現出來。正如前面所提到的，在前猶太教和前基督教時期，動物崇拜的行為是假設存在著類似神的、超個人的和相對純粹的本質，建構及填充每一種特定的動物。舉例來說，在古埃及神話裡，隼或鷹從原型來說「是」敏銳的洞察力，因此就是太陽意識。對羅馬人來說，公狼絕對「是」全然侵略性的力量；狐狸在許多童話故事中「是」狡猾

的騙子或嚮導。在許多文化中，蛇「是」療癒智慧的源頭、轉化和
永生的能力，但在《舊約》中，蛇「是」危險、邪惡的誘惑者。在 108
許多文化中，豬「是」土性、繁殖力、口腔性，也和神后（Great Goddess）有關。

因此，在處理動物議題時，除了做夢者個人的聯想和解釋以外，還必須考慮神話上的擴大。為了促進做夢者進行解釋，建議他或她想像動物劇場或是故事劇有時是很有幫助的，在裡頭每個部分都是由不同的動物扮演：假設獅子是國王，狐狸是狡猾的委員，狗是忠實的追隨者等等。在這樣的情況下，夢中的動物會被指派為哪個角色？

如同其他的情況，個人對這一切的解釋和聯想，必須透過以下兩者的交織混合：生物學上和行為上可解釋的事實，以及有關動物的神話擴大中與個人反應似乎最相關的部分。有時這些和個人材料是相似的，但有時則是不同部分的補充和完成，是透過夢點出做夢者沒認出的重要母題。如果夢到「一隻危險的母鱷魚，在泥池裡游著」的情況下，讓做夢者瞭解母鱷魚對小鱷魚有著非比尋常細心的母性照顧是很重要的。這種「危險的」口腔「攻擊和強有力的鞭笞尾巴」，就能被視為是用來保衛新生命的。關於這意象所提出的觀點，深深觸動做夢者。

單純只認為動物是本能的表現，這樣是不夠的。不論怎樣的情況，如果不想錯過任何重要訊息，就要好好思考，以夢中動物的形式傳送到意識的，究竟是怎樣的情感或本能驅力，而這些又是怎樣的特有品質。

在神話故事和民間傳說中，如果也從神話的觀點來看，動物

需要或要求關係的方式也有很大的不同。有時牠們是要讓人們恐懼的。有時牠們是要讓人們信任、迴避、尋找、殺戮或保護的。在所有的傳統或版本中永遠一致的只有一點——絕對不可以有罪不罰而忽略牠們。對於牠們的訊息或意圖保持關注是很重要的，因為不管怎樣他們總會提供重要的貢獻。

在一位小男孩反覆出現的噩夢中，一隻狐狸不停地盯著他。做夢的男孩沒有任何個人的聯想，但記得有個童話故事，一隻狡猾的狐狸幫助英雄脫離困境。治療師讓他想像這隻狐狸就在童話或動
109 物劇場裡（如上所述），然後傾聽狐狸對牠要幫助的人究竟講了什麼。他想像／發現狐狸說：「聰明一點！好好用你的大腦！」那麼，這些可以視為是要給小男孩的夢中訊息，他一直很被動、很天真，不知道他所擁有的「聰明心智」。

怪物和恐龍在夢中並不算少見。它們指的是人類之前就存在的能量，感覺上，或也果真如此，是「怪獸似的」或古老原始的。這種形象通常對做夢者而言，是可怕、驚奇、虛幻、不尋常等許多特質的不自然組合。這些特質因此需要好好檢視，看看有何關聯。

神話材料的解釋

對於進行分析的個案，在當下的情境裡，究竟要不要解釋這些神話的材料，是需要臨床判斷的。在一般情況下，除非是特別有說服力的理由，並不建議用說故事的方式點出或闡明這些擴大的材料，直到處理好個人的、還原的和移情的議題才行。不然擴大會偏離當下情境此時此刻的動力，甚至被用來遠離問題，或是將問題

合理化。而且這還會被用來激起對了解一切的治療師的理想化或妒羨，或者藉此將重點移開治療關係，以避開困難的移情／反移情議題。這樣一來，這可能會變成一個很糟糕的替代品，沒辦法做到自我建立和無意識情結探索所需要的個人材料修通。

在另一方面，神話擴大往往指向超越性的意義模式。這是價值非凡的，特別當生命出現無法解決的難題時，因為這提供了方向，並且將自我的不適和自我的集體與靈性母體（spiritual matrix）連結起來。此外，雖然擴大的應用因為鼓勵人們認同宏大的神話模式，很容易變得過度「膨脹」，然而如果可以透過他或她對存在主題有所感覺，將做夢者的自我慢慢引向大我，也許在部分的狀況下是可取的。

擴大可以支撐起自我非常脆弱時的狀態。當移情還沒形成，或移情因為嚴重的負面投射而瀕危，指出一個舉世皆然的主題，不只可以「抱持住」患者的心靈，也可能有治療效果。在這種情況下，有時單純只是講述夢母題的故事，就可以帶給做夢者意義感，而跨越個人分析的痛苦工作，讓做夢者感受到分析師的理解。這故事是直接說給被分析者的無意識，展現了療癒的模式。這也可以用來創
造有時必要的氛圍，彷彿父母／講故事的智者／治療師安全地抱著 110
這個困惑和受傷的「孩子」／病人。以下是一個例子，一位瀕臨精神病的抑鬱婦女在第一次治療中說了一個夢。她夢見：

一杯酒灑了出來，不論我怎麼擦，還是不停地往外流。

她害怕洩露（灑出來）任何有關她自己的罪行，而不讓自己說話，於是講完這夢以後，她就痛苦地默默坐在那兒。當分析師向她解釋在這夢裡她似乎非常害怕事情弄得一團糟，害怕洩露任何事物，分析師發覺做夢者的恐懼急劇增加，如今她感覺原來連害怕都會受到責罵。治療師聽說患者治療後在回家途中容易發生意外，而且在與前兩個治療師的工作時，最初和最後的會談後都出現了手或腳骨折的狀況，於是這次治療師決定告訴她一個溢出了鍋的童話。這個童話是一直流出東西的超級容器，也就是生命的聚寶盆這一主題的許多變化版本之一，和夢的母題類似。治療師希望這個故事本身可以在下次會談之前抱持住病人的心靈。在這個案例裡，告訴病人這個神話擴大為基礎的故事有其目的，就是希望做夢者的注意力得以轉移，從她總覺得在施虐超我面前應該自我譴責的心境，轉移到汁液源源不絕的「好乳房」這樣的生命泉源原型，並與其聯繫。讓病人對這一持續回報的源頭變得愈來愈認同，這樣理想化移情內容的意涵，即便是透過說故事的方法，經由分析師好好琢磨輕重後說出來，也果然被病人接受了。

分析師永遠需要好好琢磨這些意涵的輕重，也琢磨對原型層面的個人素材是否產生化解或支持的心理潛在效應。擴大是一種強而有力的治療方法。治療師要能夠加以應用，使其成為治療方法的一部分，因為這對於治療師想要進展的方向是相當有價值的。但是這裡有個提醒：當治療師對向被分析者揭露這些擴大的材料有疑慮時，也需要好好考慮可能的嚴重後果，包括好的和壞的部分，這是任何強效藥方都不可避免的情況。

技術要領

111 時序

在夢所操作的維度中，時間和空間是相對化或暫時懸置的。在我們清醒時的意識裡，時間或空間上分開出現的一切，在夢中可能出現在同樣的時空裡。一般而言，可能有因果關係的事件是一個接著一個出現的；然而在夢中，這些事件是同時呈現的。另一方面，清醒時的意識中明顯的因果關係，呈現在夢的心理活動裡可能只是順序性的。

因此，順序性（sequentiality），甚至有時包括同時性（simultaneity），常常被認為呈現出因果關係。如果X和Y同時發生，或以直接接連的順序發生，不論是以群聚或鏈接的形式，都意味著兩者是相互聯結的：只要有X，就會有Y。如果X是同時安置的，也就是就時間而言和Y一起發生的，這也就意味著X與Y之間存在某種巧合或因果關係，而確切的性質或方向則有待確定：如果X後面是Y，可能意味著X是Y的原因。

下面是一個例子：

> 我正試著穿過一段難走的路。有個人主動提出要幫助我，我拒絕了，我害怕變得太過依賴任何人。於是我一人走在這片孤寂的土地上。我發覺自己跛腳了。

做夢者對這男人的聯想是她的愛人，她和他相處總是有困難，而夢恰恰反映給她其中的原因：她如此焦慮地抗拒自己的依賴性，以至於她不能，或不願意，接受任何情感上的支持和親近。然而，

除了這個具體的屬於個人的客觀層面，夢也以寓言的方式說出她存
在的取向。緊接在（以我們理性的語言來說，就是指依照順序）總 112
是拒絕別人的幫助之後，她變得孤立、孤獨，而且能力上是「跛腳」的。如果更進一步，也就是在主觀的層面，這夢也可以解讀為她穿越人生道路的能力已經「跛腳」了，因為拒絕來自自己無意識心靈（「內在」的男性或阿尼姆斯）元素的幫忙，因此和自己的深度與潛力隔離了。

另一個例子也顯示了對夢展現的含義仔細考慮的重要性，才能避免被夢的意象誤導：

> 我和丈夫在一起，我們生活在貧困和飢餓的環境中。我們意識到已經沒有出路了：我們勢必一死，而且我們慢慢地接受這個事實。如今，我們很滿足，彼此相處得很好。

就外部具體的現實來說，這個夢和現實完全不相干，這對夫婦在物質上很富裕。對夢中丈夫的聯想，做夢者想到的是她的「關係問題」。她覺得他是極端的完美主義，又過度挑剔。那麼如果從主觀的層面來看，夢的展現反映了做夢者關係問題的貧困狀況，而這結果是來自，也就是說**因為**，她愛批評的完美主義。

做夢者形容死亡為「一切事物不可避免的局限性」，是「難以面對和接受的」。從象徵上來說，死亡就是邁向徹底的轉化。

在夢裡，她正準備接受不可避免的局限性這一轉化事實。於是，剎那之間，夢中自我和內在的丈夫「很滿足」，能夠「相處得

很好」。因為接受了這種限制就是存在的現實，也就是意味著她能夠接受不那麼百分之百完美的標準，關係的問題也就可以改善。從表面上來看，這個夢和她與現實中的丈夫之間的關係問題有關。從主觀層面來說，她「內在」的完美主義批評者可以有這樣的改變，讓她更能接受自我，也更少地批判自我。

夢進行重新評價的功能

夢往往會對錯誤的觀點重新評估或加以糾正。這是一種特殊的補償情況；然而，它並不是給出「對立面」的一般觀點，而是直接
113 指出錯誤。例如，夢可能表明，視若珍寶的東西沒有價值，甚至是有害的。或者，一些可能抗拒和／或害怕的東西，其實是很有價值的。一個以為是提供保護或支持的人，反而被夢安排為罪犯或強盜的角色，而一個可怕的入侵者或嫌疑犯，夢中反而顯示是無辜的，甚至是有幫助的；人們渴望的藥物被認為是毒藥，甚至是致病的原因。有時，夢境還可以成熟地描繪出「兇手是誰」的故事。

這些材料需要進一步仔細評估，包括從做夢者和一般參照的價值標準，也包括從夢情節的脈絡和可能的（與意識位置有關的）補償功能。只有這樣進一步的解釋，才能確定什麼注定是「正確的」、是「錯誤的」。毋庸置疑，如果能成功做到這一點，這樣的夢母題針對夢明白指出哪條路是應該多加注意和發展的，或是不該如此的，因此也就有了診斷上和方向上的意義。

以下是個頗具啟發性的例子，關於這種「理清」（disentanglement）的需要是如何加以提供的：

> 《時代》雜誌接管《美國世界報導》（*US World Report*）變得必要，因為《美國世界報導》的勞資關係是由工會主導的，因此絕對不適切，同時也頗具破壞性。

這夢的基調和隱喻是非個人的和集體的，已經清楚地告訴我們一些關於做夢者對他的問題所保持的心理距離和態度。做夢者是相當傳統和保守的商人。他固定閱讀夢中提到的兩種期刊，但與他們的經營管理無關，也不支持自由派政策。在客觀的層面，這個相當簡潔和強調管理的夢是沒意義的。做夢者對工會的聯想是「自私、逃避工作、自我放縱和懶惰」。《時代》雜誌是「墮落、自由和破壞性的當權派」代表。而在另一方面，他稱讚《美國世界報導》是「美國傳統價值觀中的精華」，也就是「樸實自律的競爭力」和「人人為己」。

從這些聯想，這個夢很明顯是和做夢者意識的價值體系對立，而且是直接抵觸。夢裡顯示的保守陣營反而和他認為「懶惰」和「自私、自我放縱」的陣營結盟；因此這是不適當，且很可能具破壞性的。然而，做夢者視為「墮落」的這種更自由的態度，實際上卻是被需要的。由於他對實際的雜誌和它們的政策沒有興趣，因此 114
我們要從隱喻來理解這些意象的心理意義。我們必須尋找主觀層面的解釋。

在這裡，補償作用變得相當明顯。做夢者對嚴峻的自我否定已經到了僵化的程度，情感是貧瘠的。努力工作是他的最高價值。夢向他發出的信號是：這種態度過於保守，是自我耽溺，甚至會讓自我挫敗。它干擾了「勞資關係」，也就是在目標與手段之間的工作效率與生產關係。不採用這樣的節制態度，也為了不危害他的生活能力和工作能力，這個夢要求他改變價值觀。他原來所謂墮落的這一切，也就是對個人的需求和情感的需求有更大也更「自由」的關心，必須接管他的生活事務。

對於這個抽象的夢，必須先處理它抽象而哲學的表象和執信，因為做夢者剛好就是這樣。唯有如此，才能夠將夢帶向更接近內心和情感的層次。

另一個相當尖銳的重新評估的例子，可以在以下的夢裡看見：

> 一個恐怖分子，全身裝滿酒和迷幻藥，用槍指著我尖叫：「你必須要自我覺察！」

在這裡，對於覺察的呼喚，是來自一位狂熱、偏執和危險的人物以令人無法接受的荒謬方式所發出。一個人不可能在槍口下變得更清醒，更不可能透過「全身裝滿」改變心智的藥物和酒精以覺察。

做夢者狂熱追求覺醒的方式，在此顯示出是「錯誤」而無效的方法。夢境情節本身就是做為主觀層面的訊息。夢召喚著做夢者，要他覺察自己內在的那位狂熱謀殺犯，並重新評估自己為了面對心理的痛苦和精神的現實而使用「改變心智」替代品是否真的恰當。在主觀的層面上，這與透過理性思考和尋找「導師」等等而迫使自己更「個人化」有關。這夢也需要來自治療師的思慮，因為召喚覺醒的這個人暗示著內在的治療師形象。由於在移情／反移情的相互關係之中，這些特質可能被投射，可能被誘發或防禦，治療師需要

思考和探索這些特質在治療中和在他自己身上的存在或可能的存在。（見第十二章〈關於治療和治療師人物的夢〉）

有一種再評估之夢的特殊變體，是架構在「不是這個，而是那 115
個」的主題上。這裡有個例子：

> 我外甥從我以為是我姐姐的房子裡走出來。但結果那不是我姐姐的房子，而是露絲的。從那裡他前去的才是我姐姐的房子。

關於外甥，相關的聯想是「自卑感」。針對這一點，夢明確安排的位置顯然不同於做夢者所認為的位置。至於對姐姐的聯想，是出自恐懼的「被動」；而對露絲的聯想，是「極高要求、激烈競爭」的。

這個夢以隱喻的方式，糾正了診斷。自卑感的冒出，並不是做夢者認定的來自被動和焦慮，而是來自對立面。這夢指出了，他感覺不適切，是因為他對自己的期望和要求都過高了。只有在其後才導致焦慮和被動（進入姐姐的房子）的結果。他所需要的，不是更努力的競爭，而是放鬆一點。

另一個特殊變體是「兇手是誰」這類型的夢，往往讀起來像真實的偵探小說。

有一位成長於傳統保守背景的年輕人有同性戀的情感，只能以自我憎恨來拒絕這種感覺。他極力抑制住自己「娘氣的」敏感，並且認同最傳統的男性態度，為的就是讓自己變得更有「男子氣概」。這使他感到愈來愈自我疏離。他做了一個夢：

> 朋友警告我要提防那些仇恨同性戀的人，因為他們想殺害我，同時也將這些人指出來給我看。但我沒聽他的話，現在他們埋伏起來抓住我們了。他們拿走我們全部的身分證件和所有物，然後開始折磨我們。我問他們是怎麼知道我們的。他們告訴我，G，我早年一位學校的朋友把他們引到我們要經過的路上。我報上自己的假名，希望他們能放我走。但我知道這行不通，因為他們持有我們的證件。

針對這位試圖保護他的朋友，他說是一位溫暖、直覺和敏感的人。而同學 G 則是做夢者討厭的人，他形容這人是「身陷陳規的泥坑裡」，「缺乏想像力、拘泥於傳統、粗暴的傢伙」。

這個夢向做夢者指出，如果他願意接受並傾聽，他感覺羞恥而試圖壓制的敏感的那一面，其實是會保護他不再自我憎恨。相反地，努力變成他不是的那種人，反而會折磨自己，讓他面臨失去
115 自我身分的威脅。但這整個禍源，也就是這個「將〔威脅〕引到〔他〕經過的路」的力量，其實就是他這樣的態度，試圖要喚起心中的理想漢子，但如今卻是以最令人難堪的重新評價呈現在眼前。這情形被描述成無感地「身陷陳規的泥坑裡」。他試圖透過虛假的身分認同走出僵局，所聲稱的自己卻不是自己，假裝可以寬容和自我接納，這一切恐怕都無濟於事。那些仇恨同性戀的人已經有了他的身分證號碼。夢所表達的是，他的身分認同因為拒絕自我而被扣押，而且他逃不開面對這問題時必須經歷的折磨。

一位年輕女子經歷了幾年無子女的乏味婚姻後，第一次被另一

個男人深深攪動情感。不過，她覺得自己不應該「挑起麻煩」。她夢到：

> 我是軍隊裡的一員士兵。我不想參加戰爭，也不想和戰爭有任何關係。我向我的朋友尋求幫助，結果最後他也沒幫上忙。然後我被敵人俘虜，敵人穿著藍色的袍子，全都是女人。她們判我挨餓到死。我被告知，唯一能讓我獲得自由的途徑，就是接受緋紅色的衣服。

在這裡，夢的展現描述了「和平主義」的態度使做夢者陷入困境。因此，無論這態度在心理層面指的是什麼，恐怕是需要重新評估的。

對於士兵和軍隊，做夢者的聯想是，她「不喜歡打架和陷入爭辯，因為她相信博愛」。這個聯想只是重複了夢裡的設置。她在夢裡向朋友求助，而對方對夢中自我卻「沒幫上忙」，關於這位朋友，她的聯想是「逃避主義者」。至於藍色（敵人制服），她聯想到「靈性」。而對女人，她覺得女人「是絕不會打架的」。而讓她獲得自由的緋紅色，她則聯想到激情、火焰、鮮血，以及霍桑的《紅字》裡的通姦者標誌[1]。

---

1 譯註：納撒尼爾·霍桑（Nathaniel Hawthorne, 1804-1864）是十九世紀美國小說家，1850 年出版代表作品《紅字》（*The Scarlet Letter: A Romance*）可以說是世界文學的經典之一。故事背景在 1642 年到 1649 年期間美國麻薩諸塞州波士頓的清教徒區。女孩海斯特·白蘭（Hester Prynne）因通姦罪而受到處罰，眾人齊聚圍觀她在胸前被迫配戴象徵「通姦」的紅字「A」，但無論如何她都堅決不說出誰是讓她懷孕的男子。「Scarlet」字面意思是緋紅色，這本小說的讀者幾乎都可以聯想到這顏色和故事的關係。

有個神話擴大跟這個夢主題有關，就是《薄伽梵歌》
（Bhagavad Gītā）[2] 開場的那一幕。史詩中的角色阿周那
（Arjuna），領導著一支在戰時組成的軍隊，他覺得自己不能參
戰，因為他的朋友和親戚都在敵軍陣營。加入對抗他們的戰鬥
是弒親行為。當他因為這些想法而停止行動時，奎師那神（Lord
Krishna）[3] 透過他的馬戰車夫這個角色訓斥他，因為他逃避了生活
中指定的角色和他的法（dharma）。[4] 他因此理解到自己在這一次
117 人世的任務，是遵循他身為戰士的命運來行動。「行動的成果」
不是由他來掌握的，那是諸神或神性大我（Divine Self）要掛心的
事。

這種透過聯想和情節發展而證實的擴大，證明了夢的展現所

---

2 譯註：《薄伽梵歌》英文拼音是 Bhagavad Gītā，字面意思是對至尊神的頌讚、頌讚、贊歌。中文也有寫成薄伽梵頌、薄伽梵卡、薄伽梵譚、博伽梵歌等等。這是印度教的重要經典，敘述了印度兩大史詩之一《摩訶婆羅多》第六章的一段對話，所以也簡稱為神之歌（Gītā）。《薄伽梵歌》被多數印度教徒視為神聖經典，雖然是詩史的一部分，卻也被視為奧義書之一，總共有 700 句，分成十八章。

3 譯註：黑天（Krishna，字面意思為黑色、黑暗或深藍色），又譯為奎師那、克里希那，很多印度教派認為祂是至高無上的神，也是最具吸引力者。按照印度教的傳統觀念，他是主神毗濕奴或那羅延的化身。在《薄伽梵歌》裡，祂化身為阿周那的馬戰車夫。

以馬戰車夫的形象現身的黑天，在俱盧之野戰爭前，在戰場上的阿周那與黑天之間有一場對話。當時的阿周那看見許多親戚朋友都在敵對陣營，感到難過而困惑，因此向充當他戰馬車夫的黑天尋求指導。黑天對阿周那的勸導裡帶出許多印度教基本的宗教信念與概念，而且他也向阿周那展現他與宇宙為一體的神身，最終成功說服阿周那參戰。

4 譯註：Dharma 可直譯為萬法、軌則等，或是音譯為達磨、達摩、馱摩、曇無、曇。這個佛教術語是指佛教對世間、出世間的所有義理與修證的開示。世間所有事物和現象稱為世間法或有為法，與之相對的是出世間法或無為法。法的總和叫一切法。印順法師在《初期大乘佛教之起源與發展》說：「法，達磨，是眾生的歸依處，是佛引導人類去向的理想與目標。自覺自證的內容，不是一般所能說明的、思辯的，而要從實行中去體現。為了化導眾生，不能沒有名字，釋尊就用印度固有的術語——達磨來代表。」在早期佛教中，意指八聖道，因為是一切聖者所必經的，是通往解脫的不二聖道，不變不失，所以稱之為法。

指出的逃避主義傾向。做夢者對和平的熱愛，在夢中呈現出來的是試圖避免捲入生活及生活中的衝突。夢中自我被穿著藍色衣袍的女性逮捕：她的逃避主義被集體的身分認同所接管，這種集體的身分認同「穿著」對女性特質的合理化和偽靈性理想。而穿緋紅色的（「激情、火焰、鮮血」，甚至通姦）就會獲得釋放。因此，透過暗指的含義，夢清楚表明這一切不是只涉及抽象和哲學的思考。對做夢者特有的道德和靈性認定，夢是更傾向於再一次進行評估。她原來的這些認定被誤用成為逃避主義，讓她逃避更充實、更充滿情感的生活，也讓她在具體生活情境的衝突中受苦。

另一種重新評估夢的特殊形式則是入侵者的夢。通常，入侵者代表著某種精神能量的特質，這種特質是令人感到害怕的，並且從意識中解離出來。入侵者在夢中的出現，通常是要先讓做夢者意識到恐懼和／或被貶抑，而做夢者才會開始質問這入侵者所代表的特質是什麼。這也就開啟了做夢者在自身認同感和這些特質之間，建立起有意識關係的緩慢歷程。在這個類別裡有個驚人例子，是一位相對年輕的女性的夢，她因為癌症末期而瀕臨死亡，卻出於恐懼而試圖否認這個事實。她做了一個噩夢，夢見一個陌生人試圖進入房子。由於缺乏相關的聯想，治療師讓她想像自己試著透過窺視孔向外看究竟是誰。她將這個陌生人描述成一個哈西迪（Chassidic）[5]學生。但理性上她無法從這點說明她的恐懼。做夢者來自一個宗教上十分正統的猶太家庭，但後來的生活卻沒有任何宗教或心靈上的聯

5　譯註：哈西迪（Hasidism，有時拼成 Chassidism，中文或譯作哈西德），是猶太教正統派的一支，受到猶太神祕主義的影響，由十八世紀東歐拉比巴爾．謝姆．托夫（Baal Shem Tov, 1698-1760）創立，以反對當時過於強調的守法主義猶太教。

繫。在接近死亡時，某些心靈上的聯繫是「需要」加以建立的。因為欠缺屬於個人的自性化形式，心靈面向也就以祖先的裝束出現：祖先的心靈希望在這轉折點可以被聽到和看到，所指涉的意涵則是以入侵者的角色出現，一開始的時候是讓她感到恐懼和阻抗的。

白天的殘存物

118 在夢對它想傳遞的訊息進行描述的過程裡，夢可以不管時間順序，自由運用任何適當的意象。在無意識的層次，空間的關係是相對化的，在過去、現在和未來之間並沒有區別。因此，適當的意象，得以從任何地點或時間擷取而來。同時也因為如此，前一天發生的任何事情，都可以拿來為夢的目的效勞，成為夢有關隱喻或象徵所需要的材料，無論白天的事件本身對做夢者來說重要或不重要。

白天的殘存物和其他的夢意象一樣，對於它所要點出的東西，無論在客觀上或主觀上，都要像是面對盲點一樣來尋找。然而，好好注意這一切和特定事件在記憶中的版本，找出兩者之間是否有相似和／或差異，是很重要的。任何的偏離通常會提供對於理解相關訊息的關鍵重點。如果夢如實重現白天發生的事件，沒有一絲偏離，這夢通常就是要提醒以白天殘餘意象針對主觀層次內容所做的寓言。

例如，假設做夢者在前一天與舉止粗魯的 R 發生衝突。在夢裡這事件重複了；只是夢裡 R 顯得相當和善。這種與記憶場景的偏離必須視為夢的重要訊息。這裡顯然有個盲點，是與意識中如何感受 R 有關的。也許 R 實際上是比別人看到的還善良，而粗魯的其實是做夢者，他將粗魯投射到對方身上；或者相反。可能做夢者以太溫和的方式看待 R，將這溫和投射在 R 身上，然而 R 其實比我們感受到的還要粗魯。這兩種解釋中哪一種是適用的，將由補償作用或補充作用決定。如果做夢者意識裡對他認為 R 是粗魯的這一切是感到厭煩，那麼第一種情況（粗魯的投射）是比較可能的。如果做夢者是試圖以寬容的態度看待這情境，那麼很可能是做夢者的善良扭曲了事實。

而另一個例子裡，做夢者回到他昨天才躺過的牙醫的椅子上。夢中的牙醫要求他「張開嘴，然後持續張開著」。一開始，做夢者覺得這是他記憶中牙科治療的真實再現。當治療師要求他仔細想想各個細節是否真的沒有差別時，他想起牙醫昨天說的是：「把嘴**大大地**張開著」。「持續」替換了「大大」，因此，讓夢的訊息得以聚焦。針對讓自己敞開心扉面對牙齒上的工作這一點而言，需要強調的是持續性：這是一種隱喻，是理解現實並進行整合的方法，目的是開始新陳代謝。由於這類意象經常涉及治療過程（參見第十二 119
章），因此應該探討治療上如何能更「持續開放」。而這個夢確實也打開了做夢者的無意識，他懷疑自己是否有能力承受發現自我所帶來的那些有時十分痛苦的困難。

一位有慮病特質的醫生，總是經常「發現」自己身上又有了某種新疾病。他剛剛接受 X 醫生的全面體檢，結果顯示他的健康狀況良好。第二天晚上，他又一次經歷了整個體檢過程，但在夢中 X 醫生診斷他病得很重，並對夢中自我說：「病得這麼重，你怎麼還能照顧其他病人？這樣還不可怕嗎？」

在這裡，白日的殘留記憶和夢的版本之間的主要區別是診斷和醫生的警告。首先，釋夢者必須從客觀的角度思考這個夢，這可能是個警告，提醒體檢醫師可能忽略了什麼，可能需要重新檢視，也許做夢者**確實**比自己認為的還要病重很多。然而，考慮到做夢者慮病的過度警告，這個夢對做夢者的質問更有可能需要從主觀層面調查。他「內在」的 X 博士可能是一位警告者，雖然面對的外在健康極為良好，但很可能正確地指出在心理層面（內在）的嚴重問題。

問及做夢者對於 X 博士的聯想，他覺得 X 博士總是「高人一等」，「看不起〔像他這樣的〕人，是專科醫師會認定為無足輕重的人」。將這些聯想應用到這個夢，於是內心有了一位「破壞者」，往往有自認「高人一等」的勢利標準。這樣的行徑將會產生自我否定和自我懷疑的力量，將疾病歸咎於他本身的存在。做夢者把需要關心的需求投射在他人身上，很容易關注別人，前述情況讓做夢者傾向於過度渲染各種恐慌，這樣他才能關注自己。對於治療情境的可能指涉，也就是這樣高人一等的態度可能投射到分析師身上，也是需要探索的。

系列的夢

直到目前為止，我們都是在處理單一的夢。然而，還有一種連續性的，可以說是延伸的故事，也就是夢逐一地展開，每一個夢就是一整個系列按順序發展的其中一部分。這些夢經常是講述著一個連續發展的故事，於是會根據發展過程的特有位置，帶給意識自

我所需要的資訊，並且可以吸收同化。當意識接受這些夢的訊息並 120
且予以回應，夢會繼續回應這些新獲得的意識位置；如此一來，發展成一來一往的辯證遊戲。如果這是十分重要或基本的生命問題，而意識卻沒有適當回應以吸收相關的訊息，夢就會再次出現。有時會以同樣的方式重複；有時意象會變得更多、更大，或更具有威脅性。這樣反覆的夢系列甚至可能導致噩夢。這樣的噩夢和重複的夢，特別是童年以來一直重複的夢，是迫切需要注意的。

這些夢不僅僅需要一個一個單獨考量，還要將它們看成穩定發展系列的一部分。當開始記錄夢日記以後[6]，會出現視野不斷展開的印象，而且每個特定的時刻所選擇的主題似乎有一定的意圖。

的確，在特定而有機的符號／象徵中，夢中出現的誕生通常可以回溯到大約九個月前播種的過程。或者夢中人物的年齡指的是同樣年數以前「誕生」的某種能量。但更重要的是，十月的第六個夢似乎知道四月的第廿九個夢將提出什麼，並為做夢者提供初步的洞察。因此，後來出現的夢常常需要參照以前的夢，以前那些處理相同或類似主題的夢。隨著時間的推移，一個或多個中心主題也就依序展開。通常，人們無法避免這樣的印象，這一系列的運作是因為無意識好像可以「預見……未來意識層面的成就」，是不亞於「無意識未來的困境」，因為早期的夢似乎已經「知道」或「計畫」後來的夢選擇什麼並且繼續下去。這是榮格所說的夢「未來可能的功能」（prospective function）的一個面向。[7]

6　夢日記是一種責任，可以支持治療的發展；然而，一些被分析者需要治療師幫他們記住夢，直到他們準備好自己來承擔這項任務。

7　〈夢心理學的廣義面向〉（'General aspects of dream psychology'），收錄於《榮格全集》，卷八，段 493。

通常，這樣的闡述不是以線性的方式進展，而是像圍繞著中心
的主題核心而進行圓周運動或螺旋運動[8]，可以說是從不同的心理
學角度闡明中心主題。這就好像第一個夢提出了一個主題；第二個
夢提出了一個看似不同的主題；第三個夢又呈現另一個角度，這樣
一直延續下去；第十二個夢也許會挑中第一個夢的主題，而第十四
個夢連上了第三個夢或第十二個夢所呈現的主題——或者其他任何
夢的主題。做夢者心靈場域的這種循環作用於是將反覆帶出這些關
鍵的情結，並且在先前的意識基礎上加以闡述。逐漸地，一種「整
體模式」的感覺形成了，透過這些主題不同面向所呈現出來的歷
121 程，伴隨著各種不同的觀點所有可能的變化。一個人如果跟隨著夢
系列當中的一切意象，他就可以跟上自己的生命，也就是自性化的
歷程。

有個例子是同一位做夢者一年內的三個夢，主題都是處理無意識和毀滅性的憤怒，從而展現在與超個人原型驅力的關係中的自我發展：

(1) 來了一陣龍捲風，我躲進山洞。一股黑色能量的漩渦抓住我，將我捲走。

事實上，做夢者經常會以母愛保護的錯覺將自己隱藏起來，遠離生活中的情感。他將一篇剛剛寫完的小說手稿弄丟了，就在喝酒慶祝稿子完成後。夢以戲劇化的形式，向做夢者展現出這種自我毀

8 《榮格全集》，卷十二，段 34。

滅行動背後的動力，藉此補充這個情境。這顯現出他身處險境並不是因為他認為（受虐傾向的自我評價）的「愚蠢」，而是一股無意識的力量破壞他的現實感。這個意象引發他的恐懼，向他顯現出他正在對抗的原型力量；透過這一切，一個緩慢的歷程開始了，將他從憤怒中分離開來，對抗他脆弱而不完美的凡人存在。於是他的自我開始凝聚了。

> （2）一個殺手在地窖裡不受控制。它正在拆除爐子上的絕緣材料，以便炸毀房子。我很害怕，於是跑開去躲起來。

在這個夢中，夢中自我注意到恐懼的事實；因此，情感開始進入意識。恐懼是透過夢中自我而連接上，但憤怒則是投射到殺手身上。自我的態度現在成為夢工作的焦點：為什麼夢中自我覺得無法得到助力來面對這股憤怒的能量？做夢者仍然否認這股殺戮的憤怒和他的情緒現實有關。而這個凶手是非人的「它」。夢中自我身上的恐懼是它出現時唯一的情緒表徵。無意識的情感是在地窖裡，而這地窖讓他想起父母的房子。在夢裡，他驚恐地跑開。在對這個夢進行工作時，他回憶說，自己也經歷過類似的恐懼而躲到床底下，就是每當父親喝醉暴走前。夢指出，這些他合理擁有的憤怒，仍然卡在充滿恐懼的父親情結中。這些隱藏的情感從不曾加以面質過，如今依然威脅要摧毀掉他的心理空間。

在對夢進行工作時，將夢與在前一次治療時出現的事件連結起來是有可能的。在那一次，分析師忘了在見面前準時將諮詢室的門 122

打開，做夢者不得不在外面等候。做夢者並沒有意識到自己的憤怒程度，他否認一切，只是在表達充滿同理的「理解」時，稍微「不悅」了一下。

他於是可以明白，他是害怕如果表達自己的感受，可能會遭到治療師的報復。如此一來，他現在能夠從自己對治療師的投射中找到自身的憤怒。在進一步的工作裡，他對被拒於門外的憤怒開始顯現，也覺得這憤怒是合理的。當他將這股憤怒與父親情結區分開來，也與他內在害怕的那股殺戮憤怒區分開來時，他才開始可以覺得這股憤怒其實是屬於自己的。

（3）在地鐵裡，有個男人抓住我的手，而且開始推我。我大叫，用我的老舊營隊手電筒照著他的臉。他於是後退，而我看著他。

原始的攻擊傾向仍然潛在地下，多少有些強迫氛圍，但夢中自我現在能夠利用覺察帶來的亮光，這是他九歲時因為短暫的體驗而開始發展出來的，當時在夏令營裡遇到一群鬧事的同年紀伙伴。這段經歷教導他在一定的限度內，某種程度的吵鬧是可接受的，而且可以成為自己身分認同的一部分。透過這段記憶，他開始能夠面對自發的憤怒反應。當最後問到夢中那個咄咄推著人的男人讓他想起誰時，做夢者描述了一位沒安全感時會發脾氣的熟人。接著，他毫不費力地意識到，最近一次與妻子爭鋒相對時，自己好鬥的防禦心態。

單一主題的種種變化

還有另一種暫時出現的成群夢境。整個發展是同一中心主題的種種變化，只是這些夢的發生是同時出現的、是共時性的、是可預料的。

同一個晚上所做的夢，或較不明顯地，剛巧是同一時間記起來而提出討論的夢（儘管可能是不同夜晚的夢，甚至相隔多年），很可能都是聚集一起來闡明同一主題。

同樣地，有些行為模式或事件模式是和夢一致或是與夢有關，
也應該看作是相關的聯想或擴大。（參見第五章「聯想」一節）在
夢操作的維度裡，我們平常有關空間、時間和因果的理性標準是不
適用的。也因此，夢對日常生活的事件有關的指涉或評論，經常發 123
生在事件之前而不是之後，儘管做夢者很可能完全不知道將要發生
什麼。

有個例子是出現在剛開始分析的個案身上。她走進治療師的空間，沒有像以前那樣隨手關上背後通往候診室的門。這次她讓門開得大大的。隨著這次會談的進行，她提出自己「害怕成功」的問題，以及這如何一直阻礙了她的生活和人際關係。然後她忽然記起一個「相當瑣碎的夢」：

> 我在我兒時的房間裡，而門開得大大的。

這夢和之前注意到的行為事件兩者之間的關聯，立刻讓治療師靈光一閃。在討論童年房間那扇開著的門的背景時，進一步瞭解

到她從來不被允許關上門，因為這被視為不合群的表現。然而，對做夢者來說，開著門感覺是拒絕讓她擁有隱私，而且有受侵犯的威脅。她發現沒辦法專心「做自己想要做的事情」。雖然最後她學著接受這個要求，甚至養成從字面而言或是從比喻而言都讓背後的門永遠敞開的習慣，她也同時覺得自己沒有任何所有權。沒有任何屬於她自己空間的東西是安全的；不覺得有任何事物是與自己密切相關的，因而值得完成。一切事物最後都是「開放式結局的」，是敞開的。因此，她的計畫、思考和關係感覺總是不適當地結束，還有過早地貿然放棄。問題在於敞開的門，而不是對成功的恐懼。在這個治療裡，「瑣碎」的夢和走進會談室的「瑣碎」事件以系列和共時的方式，聯手合作而加以闡明。

不同的夢剛好一起講到或同時記起來，很可能是要闡明同樣的主題，儘管剛看到這些夢的意象時，沒有顯露那個事實。同樣地，依時間序列發生的夢，往往挑到的議題或發展的議題是之前的（而且不一定是立刻隨之出現的）夢所提出來的。在這些例子裡，所有的發展都是透過變化、延伸或擴大等等方式發生的。因此，基於這樣的假設，也就是另一個夢很可能只是從稍微不同的角度來傳達相同的或類似的訊息。要闡明一個比較模糊的夢，我們通常可以觀察另一個在順序上或同時性上與它相關的夢。因此，在處理夢系列時，尋找共同特色、中心主題和／或對立的兩極將是十分重要的，因為每個夢都是與它相關，是圍繞著同一主題的種種變化。

124 以下三個夢在治療會談中一起被提出。這三個夢都在同一個晚上發生。

（1）我把一條魚放在一艘過小的木筏上，希望太陽會煮熟它。

（2）我正在吃水果沙拉。但我早已經將果汁倒出來了。我現在正在喝果汁，但發現這果汁被海水污染了

（3）我要太太拿本說明書給我。

第一個夢，即使沒有取得個人聯想，也可以看出相當不切實際的期望：「希望」太陽會將魚煮熟，而不是讓魚腐壞。這任務應該是在火上或是煮灶上親自完成的，在這裡卻指派給某種宇宙的力量，也就是太陽。此外，容器也不合用；這筏子太小了。

我們也很容易可以從第三個夢找到相關的主題。妻子被要求拿給他某個東西。就夢而言，假若沒有第一個夢類似的主題，這或許不必然是不現實的。進一步詢問後，做夢者承認自己確實習慣依靠妻子為他做事。他習慣將「責任推卸」給她，尤其是實際的事務。

對於「推卸責任」的母題獲得出人意料的證實，是從第二個夢的討論過程冒出來的。治療師要求做夢者聯想或想像：果汁是如何或是為何會被海水污染？他回答說，也許是因為他在海裡洗碗，而不是在廚房水槽裡洗碗。在這裡，再一次重複第一個夢，也就是用太陽煮菜而不是用廚房的爐子。再一次地，個人的努力被迴避了，轉給宇宙的某個層面：在這樣的背景下，一切因此是抽象而不適切的。

如果要更具體地理解這一切普遍的意義，必然需要聯想。對魚的聯想是：阻止動脈硬化的食物。（相當出人意料的聯想，但因為如此，更有顯著的意義。）治療師再問，什麼是動脈硬化？（要求

解釋。）答案是「無法思考」。因此，我們明白了，避免無法思考的保護處理是將之轉給宇宙的秩序，而非個人的努力，此外，一切都放在太小的容器裡。

如此，這三個夢都一致同意眼前的任務（這任務在第一個夢中是保護避免無法思考，第二個夢是容易打理，而第三個夢是獲得指
125 令）是分別轉給太陽、海洋和妻子。透過這些意象所呈現的，做夢者回應且承認：他事實上容易迴避處理或思考實際的議題。他希望這些議題「走開」，或另外有人（尤其是妻子）來照料。到目前為止一切解釋都還好，但為什麼將妻子等同於太陽和海洋呢？顯然，這等同是指向了超越個人層級的原型原則。在神話裡，海洋是「世界的母親」，而太陽在煉金術中代表世界的靈魂，也就是「anima mundi」[9]。做夢者期待「世界的母親」幫助他解決實際的問題，而妻子則被期望扮演世界母親或大母神的替身。結果最後變成由做夢者的母親擔任這個角色。

這三個夢於是指向了做夢者對生活中具體而現實的問題所採取的逃避態度，這一切的責任都被交托給神性、天意、希望、機率、

---

9 譯註：世界靈魂或世界阿尼瑪（anima mundi，在拉丁文中阿尼瑪就是靈魂）：在數個重要的思想體系中，都有這樣的觀念：認為地球上所有生物彼此之間有內在的聯繫，而這種與世界聯結的方式幾乎就相同於靈魂與身體聯結的方式。柏拉圖主張這一想法，而這也是大多數新柏拉圖體系的重要成分：「因此，我們可以這樣說：這個世界確實是一個擁有靈魂和智力的活生生的存有……一個可見而活生生的合一實體，包含了所有的其他生物；也透過這一實體，所有生物的本質都是彼此相關的。」（柏拉圖《蒂邁歐篇》）斯多噶學派認為這是宇宙中唯一的生命活力。類似的概念也出現在東方哲學的體系中，像是印度教的婆羅門／梵（Brahman）、阿特曼／我（Ātman），大乘佛教中的佛性（Buddha-nature），以及道教、宋明理學和新儒家的氣。而西方後來的思想裡，包括帕拉塞爾蘇斯（Paracelsus）、史賓諾莎、萊布尼茲、謝林都有類似的觀念，也包括黑格爾觀念中的精神（Geist）等等。至於榮格，他也承襲了這觀念，《心理學與宗教》（*Psychology and Religion*）一書最足以代表。

母親和妻子。

當談到果汁這個主題時，又多了另一個細節。水果沙拉對做夢者來說是一種「健康食物」，有點像魚；而果汁代表著「其中美味、愉悅的部分」。因此，這意味著生活規畫中帶來愉悅的部分，也就是活著和奮鬥的樂趣，被推卸責任而逃避的行為所「污染」，因而失去這些樂趣。做夢者在逃離生活問題的同時，他也逃離了自己；在逃避的過程中，他也逃避掉對自身現實的體驗；因為如此，他從不覺得自己是完整的存在。

這一切透過對夢系列「主題變化」的仔細評估，可以獲得相當的理解。

噩夢

噩夢是嚇到做夢者和／或夢中自我的夢。這樣的夢通常形成了來自做夢者之引導大我的緊急訊息，關於迄今尚未聽聞、依然否認或思慮不足的材料。這些夢可能會點出新的問題和新的適應方式，是目前做夢者的自我態度遠遠沒觸及的，它們讓可怕的入侵者進入夢中自我過去習慣而舒適的心理空間。它們也可能會揭露不再需要的限制以及／或是做出發展的邀請，而這些發展是做夢者害怕的風險。噩夢可以支持目前持有的自我態度邁向死亡；因為如此，這些夢往往有瀕死或肢解的情境。

有的噩夢則是點出對剛整合的能力和態度做出攻擊的破壞性因
素。有時，甚至運用頗具威脅的怪物意象。這樣的噩夢將諸多慣性 126
情結的威脅或反擊呈現出來，而成為需要面對和反抗的危險，經由這一切而合併形成新的自我位置。

有的噩夢則是重複著創傷的情境，彷彿是為了迫使做夢者與之對抗，並且在客觀和主觀上，促使這些充滿壓力和威脅的能量形成意識層面的關係。

處理噩夢需要的技巧，和應用在其他夢的技巧是一樣的；但考慮到噩夢訊息的緊迫性，我們通常應該給予高度的優先關注。

夢的預測

127 當夢呈現出它的情境時，伴隨著潛在發展的相關訊息，夢因此也就為我們提供了有關診斷和預後的寶貴證據。意象本身通常不言自明。有些時候則是透過治療師對情緒氛圍的敏感理解，而提供線索。

以下是一位年輕人前來進行治療的初始之夢[1]，他想成為律師，但現在面臨的是「無法完成工作的問題」：

> 我住在一間屋子裡，那是幽靈橫行、破舊不堪的小木屋，搭建在從沼澤架起的腐朽木柱上。而通往小屋的泥濘道路則布滿了地雷。

這個夢的描述，對訓練中的分析師強調這位未來的案主高度不穩定的心靈狀態。做夢者的「小木屋」，也就是心理結構，已經「破舊不堪」，隨時可能分崩離析。任何想要解決他問題的方法都是「布滿了地雷」。這個夢警告我們需要極其謹慎地處理潛在的精神病。

這些意象的含義是不言而喻的。（像這樣含義的意象，其他的例子還有周遭建起了圍牆、封鎖在玻璃裡、殘毀肢體，和其他嚴重的生理威脅等等母題。）

訓練分析師非常嚴肅地看待這個夢的警告，將這位患者轉介給另一位資深分析師後，這位患者帶來另外一個夢，是第一次要見這

1　譯註：初始之夢（initial dream）：對榮格分析學派來說，進行治療的第一個夢有特別的意義。這個夢只要是出現在治療約定決定以後，就可以算是初始之夢。這個夢往往有預測的效果，也許是對於個案相關問題的預測，也許是分析過程本身的預測。

位新分析師的前一晚所做的夢：

> 在我臥室的角落，我看到一張可怕的動物臉孔。然後我來到我認為是你辦公室的地方，在你書架上的一個相框裡看到那張凶狠面孔。

這個夢更加微妙和曖昧。一開始看到時，會以為無意識的恐懼 128
可以被「包容」在框起來的圖片裡，因此至少在一定程度上，還是可以透過分析的過程來辨識和處理。

而另一方面，這意象是在書架上，簡化成玻璃框起來的抽象圖畫：當要求他畫出來的時候，他只是速寫成線條圖畫。

這裡微妙地暗示著一種可能的傾向，也就是透過理智防禦來將強烈的情感簡化成學究式的抽象概念。後來的治療裡果真出現了這樣的情形，他堅持，或者說他需要，透過理智和思想維持一定的距離，遠離他「凶猛的野獸」，也就是內在無意識的狂怒。

關於相當嚴重的警告，還有一個十分明顯的例子，是透過夢的氛圍和內容細節而傳達出來的，是一位五十歲護理教師的初始之夢。她為了成為治療師而尋求治療，而且認為自己是有能力且性情穩定的。

> 我走在一個荒蕪的城市，一切空蕩蕩的。突然，有一大塊的漆黑降臨，我為了避免被壓到，試圖四處跳動以避開它，卻只能在同一個點跳上跳下。我感覺自己好像快要因為恐懼而死了。我開始大聲呼叫姐姐。然後我想起來她

已經死了，我整個人崩潰了。

身處在荒蕪地方的她，找不到城市原有的集體幫助、集體文明和適應潛能，只發現空洞。她受到自然災害的威脅，不可避免的黑暗，來勢洶洶的無意識。她的求助是徒勞地跳進舊有的狂躁防禦方式，狂叫「嬌生慣養、體弱多病的小姐姐，她早在〔做夢者〕誕生以前就去世了。」夢並沒有為做夢者提供任何的支持；儘管她形容自己是「平常總是愉悅的，跟大家都很熟識的好員工；儘管沒有特別喜歡的人。」夢中自我試圖帶來以崩潰為終結的化解。要把這個夢當作對治療師的嚴重警告。它指出了許多相當嚴重的困難，包括可能會有精神病性的憂鬱症和難以預測的治療預後。

在無意識和意識的位置和意象之間出現了極端的兩極化，就像上面這個例子這樣，除非能先建立起比較穩定的心理認同，否則將無法進行任何有創造性的辯證對話。

榮格曾說過一個夢，一位「完全正常」的醫生尋求成為一名分
129 析師，也是呈現出極端的兩極化。這個人覺得自己已經是一個擁有成就也十分成熟的專業人士，並說自己「沒有任何問題」。然而，他的夢卻點出完全不同的預後。

他的第一個夢是搭火車旅行，在一個陌生的小鎮停留兩個小時。夢中自我發現了一座中世紀的建築，也許是市政廳，裡面滿是古老的繪畫和珍貴的物品。當夜幕降臨，他意識到自己迷路了，沒遇到任何人。有一扇門，他希望是通向出口的，卻通往一間又大又黑的房間。在房間的中心，一個兩歲的白痴孩子坐在夜壺上，塗滿

了自己的糞便。做夢者在驚恐中大叫醒來。[2] 正如榮格所言，這個塗滿糞便的傻孩子本身並不是病態的。這可能代表做夢者身上有兩歲大的部分性格，需要加以整合。但孩子所在的位置，是在陰沉、龐大、無人空間的中央，就在整個城市的中心位置，不可思議的氛圍和夢中自我戲劇性覺察太陽西沉和他自己的迷惘和孤獨：所有這些夢，還有後來被危險精神病患（Geisteskranker）追逐的夢，都證實了榮格對潛在精神病的假設。

相反的例子是另一位女性早期分析的夢，她是一位非常強迫而且自我掌控的女性，這個夢描繪著她是如何身處危險的位置。

> 我躺在一條流經我家的小溪上，像奧菲莉亞[3] 一樣地漂浮著。

她說，夢的體驗感覺很好，像是解脫，不像她意識上以為是遭到悲慘的拋棄和「被逼瘋了而需要控制感」。夢補償了她的意識位置，但也顯示了夢中自我所面臨的危險。

與前述的初始之夢不同，這個夢是在針對她的強迫執著狀態進

---

2 榮格（1961），《榮格自傳：回憶、夢、反思》（*Memories, Dreams, Reflections*, New York, Random House），頁 136-137。

3 譯註：奧菲莉亞（Ophelia）是在莎士比亞戲劇《哈姆雷特》中的女性角色。她和哈姆雷特一樣，都是來自丹麥，是貴族世家。她父親波洛紐斯是國廷顧問，也是哈姆雷特叔叔克勞迪烏斯謀殺了他父親而奪取王位並娶其母的共謀。奧菲莉亞與哈姆雷特原本相戀，也應是他未來的妻子。父親的政治企圖和愛人的復仇，彼此都透過她的存在而展開。當哈姆雷特將她父親錯認為克勞迪烏斯而誤殺以後，奧菲莉亞最終陷入崩潰狀態，投水自盡。1851 年英國藝術家米雷爵士（Sir John Everett Millais）以她的故事畫出了畫作《奧菲莉亞》，畫出她漂浮在丹麥河中還沒溺斃前緩慢歌唱的畫面。在《哈姆雷特》劇中的第四幕第七景，是從王后格特魯德口中描述了這一場景。

行工作的過程中夢到的，可以看成是補充，也可以是警告。它揭顯了這樣的事實，也就是針對她強迫控制傾向的自然補償因素，往往也具有潛在的傷害本質：這一切過於極端。

與前述的初始之夢相同的是，這個夢也顯示出危險的處境（這意象幾乎就是莎士比亞《哈姆雷特》中的奧菲莉亞），也就是自殺而漂浮的傾向，放棄一切而感覺這樣「很好」。但與前一位醫生夢中的處境不同的是，這僵局是在展現中出現，而不是解決之道將會出現的所在；目前這一切呈現的並不是導向災難一般的潛在死結，這情境的畫面所顯現的既不是危機也不是化解，而是讓將來的反應和發展仍屬未定。

130 在這個案例中，做夢者能夠吸取整合引導大我從她身上創造出的意象，能夠承認自己以自殺來逃避的態度；這樣的逃避，透過平靜地飄浮進入浪漫的幻想中，來將放棄她的強迫防禦的慾望加以行動化，這在她的案例中是相當極端的形式：這是她在童年環境遭到虐待時，她自閉地處理這一切的老辦法。她的夢指出了這種逃避的危險，以及建立起更穩定而有邊界的內在心靈空間的必要性。

治療師面對這樣的夢境材料，臨床上勢必要做出決定，眼前的個案是否有能力承受分析工作必然帶來的痛苦和衝突。個案的自我如果太害怕、太僵硬、太脆弱、太混亂、太融合、太沒界線，都可能無法承受與無意識的對話，而出現身體化症狀或精神崩潰。

自我缺失的各種情況會在夢裡反映出來。舉例來說，夢意象裡混亂、非理性的跳躍可能暗示著邊緣型的病理。一位電腦工程師的初始之夢描繪出他困惑而與人毫無相關的狀態，向治療師展示出他嚴重的邊緣型一類分裂的問題：

> 所有的電腦都壞了；他們把所有的程式都混在一起，所以根本看不清到底是什麼。

一個完美主義的家庭主婦，自尊承受著專橫跋扈的母親情結持續的傷害，她帶著一個夢來接受治療：

> 我躺在地上。一隻獅子在吃我的手，然後是我的胳膊。

她無法將獅子連結到獅子所象徵的本能能量的意象，只記得「獅子吃了基督教殉道者，不是嗎？」她自己的憤怒是在無意識層面而無法意識到，因此經由投射和／或認同，以至於十分自虐地活得像一位崇高的基督教殉道者。在談論這夢時，她甚至沒有任何危險的感覺。只有要她想想躺在那裡的是她的女兒而不是她自己，會是什麼樣的反應，她才開始感受到由這意象所描述的生活方式似乎是有些問題的。她的基督教殉道者角色代替了她所缺乏的個人自我意識。

夢也可以顯示自我的實際力量。一位憂鬱、焦慮到幾乎說不出話的女人，她夢到：

> 一位老人指出我有個繁花盛開的花園。我不知道原來就在那裡。

後來，她夢到： 131

我朋友的貓快溺斃了。我可以拯救牠。

在第一個夢裡，富饒的創作空間已經指出來早就在那裡，而且宣稱是屬於她的。她需要有人幫助她，讓她意識到這一事實。關於花園的聯想是，她工作時收到的一束鮮花。因此，這個夢指出她手邊蓬勃發展的領域，即她與她的工作之間的關係，只是她單純就經濟考量而貶低那個價值。

對於這位朋友，她聯想到能夠重建自己的獨立和創造性生活。做夢者認為貓是令人討厭的，因為貓總是需求很多又大喇喇毫不掩飾。這夢顯示她有能力對自己的生存本能重新評估並且積極投入。

有時，初始之夢會十分準確地指出治療應該如何進行，並提供分析師大量的訊息，即便這些還沒與被分析的個案討論過。一位年輕人在與分析師第一次會面時帶來了兩個夢。第一個：

我在陌生的客廳裡，正要走過地板上美麗的東方地毯。它下沉了。我把它拉起來，發現裡面藏著跟地毯同樣大小的食人魚魚缸。

第二個夢：

我發現自己在童年的臥室裡，將舊泰迪熊一次又一次地扔到空搖椅上。因為這樣，我才開始看清楚椅子上這位相貌平凡的女人。

這兩個夢呈現出來的一些問題，成為他後來幾年治療過程的重點，也就是在母親情結外表的優雅和自戀下，慢慢揭露出邪惡的、進行吞噬的施虐傾向。然而，正如地毯蓋著食人魚這個夢所暗示的那樣，一開始，他十分害怕從地板上掉下來而必須面對無意識中貪婪的吞噬者（食人魚是一種小型的魚類，以快速攻擊和吞食大型動物著稱），以至於很難單純是為了自己而進入分析。他避開了個人問題的處理，將注意力轉移到類似地毯上美麗圖樣的那些夢中「奇妙的意象」：這就像後來治療的結果發現，他察覺媽媽是因為自身的利益薰心，才關注他的「美麗」成就。而他開始接受分析，表面上的理由是為了能夠在他的電影作品中使用它們。

在第一個夢裡，地板沒有安全的支撐。而第二個夢顯示他公開 132
宣示了自己憤怒（轉化成食人魚的能量）的結果，有位具有抱持功能的母愛人物出現在原來空洞的心靈空間。

投擲泰迪熊的正向結果，治療師視之為接受了做夢者孩子氣的憤怒表達將出現正向結果的訊息。他的防禦機制和理想化受到挑戰而爆發這些憤怒，但正面面對成為引出「相貌平凡的女人」的方法。對這個人物，他聯想到母職人物：這和他所熟悉的那位苛求、優雅而自戀的母親相距甚遠。在進一步的治療過程中，這個人物原來是代表了他那能比較平靜地接納自我的潛力。

在第一個夢中，破壞的攻擊性表現在屬於原始本能的貪婪和口腔攻擊的層面：尤其是食人魚。

第二個夢，破壞的攻擊性已經在人際關係的脈絡下人格化而成為嬰兒對母親的空虛而表達出來的憤怒。如此一來，新的人性特質，最初被輕忽蔑視為「平凡」的人性特質，就這樣出現了。

這些夢描繪了能量的轉化過程，從原始、無意識和執著的（食人魚）層次，透過嬰兒式的攻擊，到有可能將之接納視為平凡人性的一部分。

夢到死亡或疾病

夢的預測有個特殊的類別，就是關於死亡或疾病的夢。[4]

雖然每個夢都有可能指向未來的發展，因此都可以有預測上的運用，但夢中出現真正的死亡幾乎很少會從表面來理解。這樣的夢通常指的是象徵性的死亡和重生過程，是所有的心理發展原來就存有的。舊的狀態必須透過「死亡」，才能創造／發現可以感受到的新認同。

另一方面，生物學上的威脅可能在夢中形成意象。有個這樣預測性的夢，是一位因為最近乳房發現腫塊而來會談的婦人所報告的。她夢到：

> 我遇到我的先生，他告訴我一切都會沒事，我真的
> 133 不用擔心。然後我向他告別，發現自己在海邊。海灘很是
> 荒涼，天光愈來愈黯淡。海邊空蕩蕩的，只剩下幾艘駁
> 船。[5]

---

4 瑪麗－路薏絲．馮．法蘭茲（1986），《論夢與死亡》（*On Dreams and Death*, Shambala Publications）。

5 引自惠特蒙的《象徵性的探索》，頁53。

關於她丈夫的聯想，是「永遠不願面對現實的愚蠢樂觀主義者」。這些平底的駁船讓她想起了以前在博物館裡看到的埃及死亡駁船。漸漸黯淡的光，荒涼的沙灘，還有等待的駁船，加上她的描述，在治療師心中喚起了一股悚然的陰鬱氛圍。這不是治療師自己有的情緒，而是夢引出來的。這一切加在一起，清楚地傳達了死亡的訊息。這樣的設置或展現，如實顯現出來的情境，先是不切實際的樂觀主義，隨之而來的是死亡的意象。的確，這腫塊後來果真是癌性，導致她的死亡。如果直接面質逃避現實而不切實際的樂觀主義，是否可以早一點診斷而或許有好一點的結果，純粹只能猜測了。從夢中事件的結構和順序來看，這種可能性不能被排除。

另一位個案做了這樣的夢：

> 一位穿著正式晚禮服的男士騎在馬背上。他遇到一位遊走的吟遊歌手，並且試圖踩踏他。吟遊歌手在威脅下發怒且恐慌，抓起一把斧頭，開始朝著馬捶砍殘害。

關於穿著晚禮服的人，做夢者聯想到社交禮儀、傳統習慣以及由此產生的厭煩。吟遊歌手，一位遊走的樂手，向他顯現了自身的浪漫天性和情感渴望，還有他健康的自我表現。至於馬，他聯想到「獸性的力量」和「馬力」。這是一個典型的例子，個人的聯想與普遍的和原型的意義是一致的。佛洛伊德已經引用過馬和騎手的意象來說明意識的心靈和無意識的身體動力兩者之間的關係。從神話角度來說，馬是本能能量和動力的意象。因此，波賽頓（Poseidon）和馬納南（Mannanan mac Lir）兩位海神也都是馬的主人[6]；太陽戰車還有它賦予生命的能量，也是由馬牽引的。

這個夢顯示，生命的能量是由拘謹禮儀和社會習慣這樣的態度所「駕馭」的。它威脅要毀掉他情感的面向、他對人們認可的需要和渴望。接下來，受到威脅的情緒動力透過自我毀滅而報復：對生命能量進行攻擊。的確，這個人看上去很溫順，不喜歡引人注意，
134 但內心其實充滿了翻騰的憤怒、自我懷疑和被動攻擊的狂暴。這個夢除了準確地描述他的精神狀態外，還包含有關身體危險的警告。如果這情形維持不變，持續的潛抑和自我否定的狀態可能造成生理上的威脅：生命的力量，或生存的意志，逐漸地遭到毀傷。

其他這類實際威脅到生命的母題，包括了夢意象中所描繪的洪水、海嘯、沙塵暴、地震或是其他的自然災害。對心理和／或生理生命的威脅是存在的，如果夢中以下這些遭到傷害或摧毀：做夢者自體的象徵意象，他或她的孩子（即未來的生命，而非幼稚），個人相關的動物（即本能生命），森林、麥田等等代表基本生活實體的意象，或是房子、床等代表基本生活容器的意象。大部分的其他人物，包括夢中自我，既然他們代表了部分人格或情結，也就是「可犧牲的」；儘管他們代表的這些固著情結喪失或瓦解時，做夢者可能會感到痛苦。

有些與真實的危險相關的母題，可能包括外部的事件模式，

6　譯註：波賽頓（Poseidon），又譯波色伊東，是希臘神話中的海神，宙斯的弟弟，象徵物是三叉戟。在羅馬神話中，對應的是涅普頓（Neptūnus），這也是海王星名稱的來源。他的坐騎是白馬駕駛的黃金戰車；在神話中祂為人類帶來馬匹，所以也被視為馬匹之神。當初宙斯三兄弟抽籤均分勢力範圍，宙斯、黑帝斯分別統治天空、冥界，而波賽頓成為大海和湖泊的主人。至於馬納南（Manann），亦稱馬納南·麥克·列（Manannán mac Lir），即「海的兒子」，在凱爾特神話中是大海的神，是上一任海神里爾之子。他除了海神的身分外，還是一名優秀的魔法師，經常在海上騎著馬戰車。

在夢中會出現為象徵性的爆發。在股市崩盤前兩天，一名女子夢見「城市裡的建築紛紛倒塌」。雖然夢中的意象預示著讓家庭經濟動搖的外部事件，但夢指的真正的崩潰是心理上的。這其實是和她丈夫出乎意外地拒絕他們的婚姻而帶來的心理影響有關。

核子戰爭做為隱喻，通常是指根本的、「核心」的動盪揚起和灰飛煙滅，以及隨之而來的臨時混亂，這一切會讓夢中自我感覺嚇壞了，但不必然是客觀上的破壞：當然，全視整體的脈絡和可能的補償因素而定。夢中出現的疾病通常需要根據不同的隱喻意義來看待，儘管有時也有表面上直接預測的例子。例如，白血病，防衛性白血球的增殖過剩，通常是指心理的過度防禦，因此造成無效和失控。愛滋病在夢工作的脈絡下則是相反的，指的是一般對於捍衛自己的心理整合性無能為力。癌症可能是無意識各式各樣自主增殖的隱喻，被分裂的及未被注意的生命能量，因此能量失控且充滿破壞性。

疾病形式的「個性」需要從其中的象徵意涵來進行充滿想像力的體驗。因為每個疾病的生物學主題，都傳遞了需要適切具體呈現的關鍵原型母題。這呈現出原型動力和自我之間尚未同化的衝突，需要瞭解其中的原型問題及其意義。這些衝突之所以呈現為疾病， 135
是因為每一次危機對我們來說都造成了「疾病／去舒適」（dis-ease）。

夢中情節的意涵也是相關的。在夢裡，只要生命能量和整合性的意象得以保存，毀滅之後可能就會重生。此外，在任何描繪出破壞的夢境裡，情節的發展也可能指出，在什麼情況或者採取什麼態度，就可以避免這個威脅。在洪水中，做夢者可能是努力游到安全的岸邊，或者她或他可能設法保持頭部露出水面，直到潮水退去，或碰巧發現自己是安全地身處現實生活中的某個地點，也許是岸上或堅固的建築物等等。所有這些夢故事的細節都需要好好考慮，才能對做夢者的情況和預後做出臨床的評估。做夢者的聯想，包括對受影響的身體部位相關的聯想，往往也是切中要點的。（參見第十一章〈身體意象〉。）

在討論了上述這一切以後，記住這點是相當重要的：不祥的母題應被視為警告，但不是明確的或最終的預言。特別的是，如上所述，就無意識的心靈而言，死亡和轉化是等同的。所以死亡和轉化的夢在意象上是難以區分的。只要有相宜的劇情背景，轉化的母題可能預言著死亡；而同樣地，明顯的死亡之夢則可能是指從根本層面的轉化。我們可以受益於這些暗示或警告的價值，但只有事後才能論定。

更何況，任何夢都不會講出最後的或不可改變的故事。夢是考慮到這位做夢者的處境和意識當前的環境，而描繪出「當下的情境」。隨著位置改變，可能是因為理解了這威脅的夢本身，因此有更多東西浮出意識層面，下一個夢通常也就會畫出不同的內容。夢透過它們的戲劇形式，表達出潛在能力，甚至表達出可能性。只有在微乎其微的情況下，夢才真的指向最後的結局。所以夢所「選擇」的母題只是陳述了一種情境，而這種情境本身是無法改變的。站在死者使用的駁船旁的那位女人，也許還會回過頭來面對自己愚蠢、樂觀的態度，這個讓她通向死亡海岸的態度（一連串的事件往往描繪因果關係；參見第九章〈技術要領〉）。但是無論是她，還是夢中下降進入黑暗的做夢者，在所描繪的情境中都沒有太大的機

會重新架構情境。跟她最初的樂觀態度相反，這個女人發現她的分 136
析原來是為死亡做準備的。

然而，即便沒有任何明顯的替代方案，等待接下來的夢將會說出什麼，這樣的態度也是明智的。新的洞察力可能帶來改變或採取不同方法的可能性。不適切或錯誤的詮釋或理解會造成夢一再重複，而且可能出現同樣的訊息只是形式稍有修正而已，有時甚至是以噩夢的形式出現，只要這個重要的訊息一直沒有被「聽到」。重要的關鍵點如果遭到忽視或沒得到足夠的重視，將可能會成為新夢境的主題。

身體意象

137 身和心想必是成雙的對立物，因此是本質上不可知的單一實體表現：無論是從外在的、物質的表象，還是從內在的、直接的感知……這個活著的實體對外是物質身體的呈現，但朝內卻是一系列發生在體內重要活動的意象。這兩者是一個銅板的兩面。

——《榮格全集》，卷八，段619

從無意識心靈的角度來看，我們所謂的身體是具身（incarnation）的載體或所在地。（具身，就原型的過程來說，是人格在此時此刻生活的存在表現。）這載體有著自己的生物性動力和節奏，和心靈動力相互共鳴，而且大部分是不屈從自我的直接控制。所以，身體動力代表的是有機生命的力量，是動物生命的表現，從情感的衝動性而言是和動物生命相近的，而從成長和腐朽而言是和植物生命相近的。這幾種動力是先天設定就彼此相關；是不能刻意改變的。

有關身體、身體功能運作、身體需要，或者身體病理所指涉的一切，在夢中會以各種固體結構的意象出現：像房舍或小棚之類的建築物，汽車、船隻等交通工具。這一切的共同點是：它們都是可居住或可用作生命的容器。從它們具備的涵容功能來說，這些事物的功能也可以是表現出人類活動的載體。

身體的指涉也可能以動物或植物的意象出現。在這樣的例子裡，不論是做夢者聯想出來的驅力或形式模式，還是與特定動物或植物連結的隱喻或象徵層面意涵，這些特質都指出夢中意象所指涉 138
的特定身體或情感功能所代表的特殊意義。

舉個例子來說（但只是個例子，不是固定的或一成不變的公式），我們也許認為馬是描述生命力和力量。（「馬力」讓我們完成步行做不到的壯舉。）馬也支撐並攜帶著騎士，也就是人類，就像身體支撐並攜帶著人格一樣。馬這個意象當然也可以是指神話中的男馬神或女馬神，連帶也表現出同樣的生命力量，以及有著男性特質或女性特質細微差異的力量。而且／或者其次，夢中馬的意象可能也會讓做夢者聯想起去年夏天在渡假牧場自己所騎的那匹馬的特質。

一棵樹可能聯結到童年花園裡的一棵特定的樹，聯結到先祖的樹，聯結到自然和超自然兩個領域之間的垂直關聯和聯繫、同時／或是聯結到主要力量及成長與承受的能力。[1] 夢中一棵樹的倒下這個意象可能代表著生命過程某一特定階段的結束。但如果這棵樹是呈現死亡的、受損的或沒充分成長的，釋夢者也許要考慮生理層面有相對應傷害的可能性：也就是指還沒表現出來或還沒被察覺的身體疾病。或者這傷害可能是指對做夢者心理或靈性因素的傷害。為了加以澄清，分析師需要好好探討在做夢者的生活中，這意象究竟指涉什麼，或是補償了什麼，還有是什麼造成了夢中樹這樣的狀

1　《榮格全集》，卷十三，段 304-482。

態。

有個夢對身體的傷害發出了嚴重的警告，這是由一名婦女在中風前一天夢到的。在夢裡，她發現自己的房子屋頂被在風暴中折斷的樹枝刺穿了。

在隱喻身體的相關意象類別裡，我們還要考慮不同季節或晝夜節奏的夢，從它們的變化，還有／或是夢中自我未能適應這些變化這兩方面來考慮。這些意象可能點出做夢者的生命階段是清晨或傍晚，是春、夏、秋或冬。

有一個這樣的例子，確實在做夢者死亡前一天的夢裡預示了他的死亡。在夢裡，他聽到去世已久的祖母的聲音，告訴他現在差五分鐘就四點了。[2] 關於四點，他聯想到「茶歇時間」，對他來說，茶歇時間意味著「一個人停止工作，暫時中斷一下，以便休息且恢
139 復精神，重新回來工作。」這意象暗示著生物鐘已經走到盡頭，做夢者夢到女性祖先的呼喚，即「大母神」（這是神話中常見的女神，掌管個人的命運[3]），然而這也蘊含著循環事件：重生或投胎轉世。

當我們遇見身體意象時，比如夢到患有心臟病、皮膚病、癌症或骨質疏鬆時，或者發現夢中的意象涉及特有的身體功能時，譬如性慾、排泄、進食、睡眠等等，這類的暗示首先必須從表面的客觀層面開始探索。夢中所點出的這些，是不是真的有問題？做夢者與這個特定身體功能的意識關係為何？如果客觀層面的詮釋似乎不吻

---

2 這個夢發表在惠特蒙《象徵性的探索》，頁 286-287。

3 埃利希．諾伊曼（Erich Neumann 1955）《大母神：原型分析》（*The Great Mother: an analysis of the archetype*, Princeton University Press）。

合（但就算吻合，那麼除此以外），在寓言或象徵的主觀層面上，身心動力的相關意涵是需要進一步探索的。這些結果可能透過對這些部位進行個人的聯想或解釋而出現，也可能是透過集體的（或神話上的）傳統制式聯想或解釋。這種集體解釋的例子是這樣的：關於骨骼，是堅固和結構；關於膽或膽汁，是攻擊性、苦味或憤怒；關於黑膽汁，是憂鬱；關於心臟，是對「感覺到」的超個人心靈中心的情感及連結；關於癌症，就是心理情結自發產生的破壞「浸潤」或增生；諸如此類。

從這些意象裡，也可以考慮有關做夢者的死亡以及瀕死的夢。相對於上述有關生物或時間節律變化的例子，死亡的夢很少指涉表面的事件。正如「第十章〈夢的預測〉所說的，它們通常指向一個循環從根本層面或存在上的結束，因此也指向一個新的開始。夢的這類意象指涉的是深深根植於身體和本能模式中的驅力和情感動力；所以，我們不可能期待這一切改變很容易就出現，不可能沒有轉化所需要的心理「死亡」。

性

關於性（sexuality），人們一般是從性別（gender）來討論；然而從原型來說，性的範圍要寬廣多了。陰一陽，林伽一瑜尼（Lingam-Yoni）[4] 這些象徵在原型上是根深柢固在我們的心靈，代

4 譯註：林伽（lingam）在梵語裡是「標誌」的意思，象徵著印度教的神祇濕婆，是寺廟裡膜拜濕婆的標誌，濕婆的林伽代表「吉祥的宇宙大神的標誌」，但也意味著，宇宙崩解之時所有的創造之物在此消亡殆盡。因此，根據印度教的思想，宇宙的創造、維持以及毀滅都出自同一位神，就是象徵性代表濕婆神的林伽。它的形狀經常全是圓柱或上段圓柱而下段四方柱的直聳石雕，陽具

表著伴侶之間與個人心靈內的基本兩極性。像外—內、明—暗、啟動—反應、創造—接受、堅定—適應，這些只是夢中性別意象暗示140 的少數可能意涵而已，無論做夢者的性別為何。而做夢者個人的聯想和解釋，也需要列入考慮。

性象徵是夢中身體意象常出現的形式。以最寬廣的意義來說，指的是任何感覺是對立兩極的事物朝向融入與合一的吸引力及動力。這樣的意象經常會在不同位置之間（例如，被分析者和分析師之間）情感距離的橋梁出現問題時發生。因此，這可能是正向的，在心理上更趨完整；或是負向的，被吸引至或「涉入」可能阻礙心理發展以及／或者真誠關係的動力。

有個例子可以說明這一點。一位有點強迫性格特徵的年輕人做了一個夢：

> 我坐在車裡，準備踩油門，這時我發現右邊的女人正熱情地愛撫我的陰莖而不停地射精。這感覺很熟悉，我喜歡，但我有點擔心這樣駕駛，因為長遠來看，這樣可能會耗盡我的精力，讓我困惑。

然後有位男子坐在我背後，愛撫一般輕輕地摸了摸我的臉頰。我決定轉身看看他是誰，因為我喜歡他觸摸的感覺勝過她的強烈方式。但是，如果我要轉向他，看看他想要什麼，就必須離開她的愛

狀，原本宗教上就是性別、性愛和男性生殖器的象徵。約尼（yoni），又譯為瑜尼，直譯是產門或子宮，是相對於林伽的一個印度教崇拜符號，代表濕婆的妻子雪山神女。約尼的形狀象徵女子的陰部，與象徵男子陽具的林伽呼應，在形象上多呈四方形，有一伸出的引道。在印度廟，甚至受占婆文化影響的佛寺（如吳哥窟），經常可以看到林伽和約尼結合的石雕供崇拜。

撫，腳同時也要從油門踏板移開。

對右邊的女人，他聯想到一位熟人但不覺得特別有吸引力；如果真有，反而是微微的不悅。他形容她是亞馬遜女人，非常有野心、爭強、咄咄逼人，「如果事情沒有按她的方式發展，很容易就歇斯底里或發脾氣」。這樣的性格讓他想起自己的母親，他說他母親也是同一型的人。

關於那位男子，他想不起任何認識的人。當進一步要求做夢者具體想像幻想的人物時，做夢者描述了一位安靜、溫暖、敏感的藝術家。這樣的人與做夢者認為的自己完全相反。他的自我形象是理性而冷靜有效率的商人，偶爾會激動而野心勃勃，但主要還是踏實和務實。

在客觀層面，這並沒有同性戀議題。對夢中的真實女性角色也沒有任何吸引力、亂倫或其他種種慾望。然而，主觀的層面上，從力比多的融入和吸引來看，這個夢帶來重要的覺察。

整個場景和情節發展展現了夢中自我位在「駕駛中的軀體」， 141
也就是自動汽車內，準備要踩油門。這意象是機警、駕駛就緒的具體呈現。同一時間裡，夢中自我發現他利比多的融合（性慾喚起）來自右側（左腦：理性行為），是與充滿野心和爭強的咄咄逼人以及容易歇斯底里和發脾氣的傾向所形成的化身（他對這女人的聯想）融合的。他得到了一個熟悉的、重複的、十分愉悅的「抽動射出」。這個角色讓他的陰莖亢奮勃起，讓他覺得自己是有力的、自信的男性。

夢中情節的關鍵點則是後座年輕人出人意料的介入。夢中自我發現自己被完全沒有意識到的氣質所感動。坐在後排的這個敏感、熱情、有藝術氣質的年輕人，是暗喻自己無意識的潛能。這夢表明，他如果要擁有這些特質，就要讓自己遠離那令人亢奮的角色，還有將腳抽離油門。兩個意象都指出他有衝動控制的問題。

這夢的意象顯示出做夢者偏離了自己和大部分的自我集體所認為的男性化和女性化的世俗標準。受到夢中自我背後的年輕人所吸引，表示迫切想要追求更完整的男性特質。這一點，就夢而言，如果要完成，是要聯結上敏感、溫暖和藝術等這些做夢者以往認為是「女性」的特質。其次，這裡的英雄氣概和男子氣概則是由女性人物來表現。這代表了他本質中放縱自我的「女性」面功能，是他小時候與母親和她對他的企圖心慾望融合的表現，迄今還在耗損著他的能量。

這個夢說明了夢中自我和有吸引力的伴侶之間所涉及的一些細微差別。隨女性人物而來的是直接興奮的性接觸。阿尼瑪是「讓他抽動射出」；他沒有有意識地參與其中。敏感的男人只是碰觸他，喚起一種迄今依然遙遠的吸引力反應。前者的真實親近關係恰恰表達了這個：認同於情結的狀態。這裡意象呈現的是，夢中自我認同與執著於野心和歇斯底里而帶來性興奮之阿尼瑪形象合一。性或情緒的吸引沒有或至少還沒有造成親密的身體接觸，指出了無意識中存在著一股拉力。這代表了引向有特色的實體的力比多向量，一股拉力，但卻是邁向尚未實現的潛力。

在這裡，十分弔詭地，我們可能會注意到性夢與入侵者或迫害
142 的夢之間有兩極對立的關係。性夢顯示出什麼在牽引著夢中自我，
入侵者或迫害者的夢顯示出是什麼正被牽引而朝向夢中自我：是什

麼「想要朝我走過來」。[5]這些代表的無意識內容是迫切地促成覺醒，好對抗做夢者的恐懼和／或阻抗。

所謂的性「倒錯」代表了力比多吸引力在形式或內容上的種種呈現。我們必須記住，任何想要在本能動力層面定義何謂「正常」或「不正常」的，都等於是將社會規範強行應用到社會形成以前的驅力層次。一個明顯的、行動化的行為，也許我們會認為是不正常的；但是我們不能將這樣的標準加諸於意象或夢，因為這些只是沿著原型和本能的路徑，單純描述力比多拉力的本質。這並不是說這類夢就不會描繪出病理，特別是它們指出了破壞性行動外化的傾向時。然而，這情形同樣也適用於其他的夢，無論是性夢或非性夢。

像我們的例子中出現的同性戀母題，是關於所表現出的吸引力，是如何邁向夢中自我所擁有的性別特徵，以及夢中自我所擁有的性別角色特徵如何完成。就引導大我認為他或她在自性化道路上「注定要成為」的意象來看，這些特徵如果能充分連結在一起，將使做夢者成為更完整的男人或女人。

從字面上來說，自慰是由自我來引起性興奮。這也可能暗示了，本能愉悅的能力可透過更積極自主、自力更生和自愛，「自我興奮」起來。這樣的轉向自我和自我興奮能描繪出從做夢者個人深處喚起的創造性潛能，而帶來一種能力，可以有更愉悅的意願和個人創造性的努力，來承擔眼前的生命任務。（在埃及神話中，世界是由神的自慰行為創造的。[6]）或是可能指出自閉或孤獨成癮的傾

5 榮格，1938-1939，《孩子夢的心理學解釋和夢的早期文獻》（*The Psychologische Interpretation von Kinderträume und Älterer Literatur über Träume*, winter semester, Zurich, Eidgenössische Technische Hochschule），頁 19。

6 諾伊曼（1954），《意識的起源和歷史》（*The Origins and History of Consciousness*, New York, Harper

向，其中所包含的自我創造原型仍處於強迫的形式。

施虐母題有時會表現出無意識層面對更堅定、支配和控制的衝動或需要。在其他時候，施虐母題描述出來的意象可能是某一面向的心靈是以支配、強姦或「幹」另一個人為樂。受虐母題也可能是描述對伴侶所隱喻的一切有著更多順從配合的需要或「召喚」，或者相反地是太多錯誤順從的傾向。這一類的母題需要透過客觀和主觀這雙重的層次，且務從補償原則的角度小心檢視所涉及的伴侶。

有位中年婦女夢見：

143 我和一位有點像我爸的老人躺在床上。他殘忍地毆打我、強姦我。我嚇壞了，然而，我還是體驗到強烈的快感和性興奮。

在她的記憶中，父親是一個「令人興奮、鼓舞人心的人物，有時有點嚴厲，但信念堅定」，但她認為，父親本質上是善良和樂於助人的。只有對這夢喚起的相關記憶進行密集的修通工作以後，她才能記起她實際上在身體上和精神上是如何被殘酷地對待，不允許她擁有自己的感覺、思考和行動。然而，因為這是這個年輕女孩得到父親關注的唯一途徑，所以這一切都得到了美化，並感覺是父親的愛和指導。結果，她變成父親觀點和意見的翻版，很少考慮自己的想法。她嫁給一個同樣專橫跋扈的男人，雖然對他感到深惡痛絕，卻不能讓自己自由和堅持自己的想法。在意識層面她是憎恨

---

and Brothers），由赫爾（R. F. C. Hull）翻譯，頁 19。

的，但無意識裡卻美化了做為被害者。

然而弔詭的是，相對於做夢者對她自己的看法，其他人反而覺得她很任性、霸道、堅強。她的丈夫在虛張聲勢、恃強凌弱的外表下其實反而是一位相當軟弱的男人，他在婚姻諮詢中承認他是怕她的。她的治療團體裡有些成員也這麼說。

在這裡，她的夢在主觀層面的含義變得重要；的確，對夢仔細解讀應該讓我們懷疑主觀層面的含義才是最重要的。如何糾正她對父親的看法和父親對她的影響是至關重要的。但從夢來看，這些被視為只是聯想的材料。因為夢顯示出她的施虐性伴侶並不是她的父親，而是一位只是像她父親的陌生人。這人物代表了一個內在的部分人格（以榮格用詞來說就是阿尼姆斯人物）。這個人物代表了她和父親的相似之處，是她性格的一部分；換句話說，她自己未察覺的力量（事實上就是野蠻和教條式的獨裁）呈現在心靈認同合一的狀態（在床上：親密的和／或性愛的捲入）。對於她內心野蠻獨裁的支配，她是快樂地屈從；無意識中她以被動攻擊的方式付諸行動。她以受苦和受虐的受害者角色支配著一切。而且經由投射，她從周遭男性的身上誘發並引導出主動侵略者的補償角色，包括她的治療師。因此，因為一再獲得確認的「無助」感覺，她無法運用自 144
己隱藏的力量。她仍然無助地被這股「強姦」她的力量綁著，卻沒辦法將這股力量運用成自己可支配的力量。如果她能夠吸收夢的涵意，透過有意識地接受（性意象的）並且將之與夢中角色所描繪的潛在的、自信的能力聯繫起來，她必然能夠將自己心理完整性所應擁有的那部分缺失，與自己自性化有關的這一部分，整合起來。

夢中這些所謂的性「倒錯」，可以說就是充滿激情地想要與意象所喻示的傾向加以聯結或認同。這些首先需要在客觀的層面進行檢視，但它們也指向心理動力學，通常還有靈性的渴望。舉例來說，吸血鬼這樣的意象可能是描繪了對「生命之血」的「飢渴」。這意象描繪出想要從吸血鬼所欲求的對象身上獲取強烈的、重要的生命能量（而這解讀是對是錯，則是依夢本身的脈絡而決定）。在客觀的層面，這可能是指心理的吸血鬼傾向，也就是過度且被動地依賴他人，來獲取支持、啟動和心理的力量。透過心靈的誘導，這種傾向可以把吸血鬼所選定對象的活力吸乾。這是孩子的夢裡常常出現的主題，如果父母的自戀需求耗盡孩子的生命能量和自主能力時，這樣的夢就會出現。從主觀的層面來說，這像是口慾期的渴望，這主題所喻指的嬰兒期共生需要被分化出來而攻擊夢中自我。

戀物癖所表達的是對這物所擁有的品質全然的奉獻：被召喚的，或是固著的，以及／或是過度投入的。一個比較常見的例子是男性對鞋子或內褲所產生的戀物癖，所描繪的是無意識層面的吸引及衝動，為女性的「立場」（鞋子）或女性「遮掩的奧祕」奉獻，也就是那些掩蓋和隱藏女性「祕密」和「神聖」部位之物。偷窺癖也有類似的意味，所喻示的意義視做夢者關注的對象而定。每一個帶有「倒錯」意象的夢都需要充分地探索。這裡提出的是一般可能的意義，應該被當作是對於一般原型趨勢擴大的簡要指標，僅此而已。這些脈絡的特定運用都有賴各個做夢者的解釋和聯想來決定，也必須由這些解釋和聯想修正。

身體開口（孔）的意象

身體的開口，除了最常提的嘴、陰道、乳頭、肛門和尿道，還包括眼睛、鼻子和耳朵，每一個都具有重大的意義，似乎與系統 145
發生學上十分早期（爬蟲類動物的大腦）的現實關係有關。它們的功能是給外部世界的入口，也是走向外部世界的出口。有關這些開口以及對它們的意象所發現和投射的動力學，已經有很多的文獻。當這些意象出現在夢裡時，解夢者對臨床文獻有一定的瞭解是很重要的，但解夢者同樣也需要對這些身體隱喻有意象上和體驗上的理解。世界上的文學和藝術充滿了這類的意象。這一切如果好好學習，將有助於治療師對身體象徵豐富和多元的意義擁有更充足的意象理解。

通過眼睛、鼻子和耳朵，進來了固體和液體物質、空氣、氣味和聲音；通過尿道和肛門，流動的和固體的物質得以及／或被催促著離開。而通過乳頭所流動的是最初的營養，有益的乳汁，或「發酸的毒」。陰道則是進入強大的和神聖的女性特質，是為了快樂、授精、或可怕的吞噬。從陰道的黑暗中有節奏地流出了強大的經血，這標誌著女性的某個階段，也帶來了與其他女性和大自然之間流動、豐饒、混亂和交流等等問題。所有新生生命都是從陰道中掙扎而生，而同樣這個意象也被認為是回歸黑暗的大門，也就是死亡。每一個意象都需要同時看到它們與主觀層次和客觀層次動力的關係。

嘴巴的功能是味覺器官，是維持生命的食物的入口，是人類併合的主要手段。它因此可以做為所有這一切的隱喻，也可以做為用力呼氣、吐口水、嘔吐等等的隱喻，以及哭泣、親吻、喊叫、歌唱和說話這一切情感表達的隱喻。口腔的母題暗示主題各種變化的可能，包括接受支持生命或破壞生命的材料，也包括最原初的自我表達和主張。這些通常指出對所有提供的、需要的或必須代謝的一切，有著依賴的需求，有著攝取的能力，或者是閉起拒絕的能力。（口交的母題可能描繪了「攝取」陽具或陰性能量的衝動。）牙齒可以強化口腔的能力，從咬住、「牙齒死死咬住」，到「咀嚼」。牙齒為外部世界的東西做好同化吸收的準備。因為牙齒會咬人，所以也可以意謂著口語攻擊性，以及貪婪和想要吞噬的嫉妒。掉了牙齒指的可能是失去了特定的現實適應能力，祈盼能有新生牙齒或假牙來代替。另一方面，夢見自己的牙齒被打碎，或失去的牙齒沒機會修復，可能讓我們對於個案是否可以恢復牙齒所代表的功能持懷疑的態度。

146 眼睛、鼻子和耳朵，在動物本能的層面，是最基本的定位和自我保護的手段。當我們想表示某種感知被「接收到了」，我們會說「我看到（明白）了」或「我聽到了」，這裡的理解是比理智層次更多的。當我們「嗅到」麻煩時，我們表示一種直覺的以及／或是本能的身體察覺到的一些東西，是理性無法解釋的，卻提供了方向。另一方面，視覺母題往往是比較意識上的和客觀的，在「照明」的空間裡「接收到了」的能力，或是同樣的過程中所遇到的困難。迎向耳朵或通過耳朵的一切，其意涵包括本能的感覺感知，也包括從外在現實和內在現實接收到這樣的訊息會有的細微差別和困難。[7]

7 根據傳說，耶穌的無玷聖胎是由於聖靈通過聖母瑪莉亞的耳朵進入其內而發生的。

新陳代謝的象徵，包括吃、消化和同化，在夢中原本就很常見，比喻種種待消化代謝的過程、現實和心理問題。有位女人夢見她在吃自己的大便，狀如聖餅（communion wafer）。這個夢粗暴而有力地喚醒了她，讓她意識到需要代謝掉自己陰影中的消極態度，彷彿這是與超個人層次的神聖交流。

排泄的意象並非只指廢棄之物，它們傳遞了「負向的神聖性」[8]（negative numinosity）。[9]因為這些排泄出來的東西也是身體的產物，因此也是靈魂的具身，是早期自我或自我形成以前的活動。夢經常會點出容納（containment）[10]是否適切的問題，當夢中人物在客廳尿尿或排便，或是夢到滿溢出的廁所時。排泄物或污物如果出現在覺得不對的地方，就是有問題的。因此，排泄性物質指出潛在的創造或轉化的活動或衝動，這兩者都是需要找到或還在尋找它們的合適渠道。而堵塞的廁所則指出當下的情境裡，適合自我表達需求的方式和某些需求的排放方式是受到阻礙的，是得不到的。而水管工的活動可能就是和治療歷程有關。

排便一般來說是慎重的、自信的「表達」活動。這反映了在本能的初步階段，意識清楚和慎重思慮的意願。便祕是人們不能或不

---

8 譯註：根據魯道夫・奧托（Rudolf Otto）的《神聖者的觀念》（*Idea of the Holy*），神聖性有所謂恐怖的神祕主義元素。這在印度教傳統裡是廣為人知的，但在西方基督教之神祕主義中，這仍然是一種未被認可但不可否認的張力。對榮格或奧托來說，numinosum 是一個悖論，包含正面和負面，我們在與神的任何相遇中都可能同時體驗到這兩者。一方面是充滿正向的品質，包括：崇高、敬畏、興奮、幸福、狂喜、興奮……另一方面卻是負面而令人不太愉快的，例如：不知所措、恐懼、顫抖、古怪、怪異……這種負面的體驗，也就是負面神聖性的感受。

9 艾丁格（E. Edinger）的觀念術語。

10 譯註：容納（containment）：榮格從煉金術中獲得靈感，將治療關係視為容納，治療師是容器（container），而個案是被容納的（contained）；日後英國精神分析大師比昂（Wilfred Bion, 1897-1979）將這個觀念更為精進地發展。

願「拿出」這些東西；而腹瀉則是「失去」控制。因此，肛門的象徵也包括在佛洛伊德的觀念中關於想要支配或抑制的慾望。（在德國的育兒用語裡，室內便盆或馬桶座椅仍被稱為「王座」。）

撒尿這個意象描繪的是透過屈服或允許，才得以讓需要的一切終於流動的自我表達。這可以是**大我**的表達。這種自我表達比慎重意願的那種還更有情感色彩。腎臟和心臟一樣，傳統上（因此原型
147 上）都是與情感相關的。泌尿的象徵因此是與情緒的釋放和允許或抑制有關的，例如一個人夢到急切地要尿出來又要加以抑制。尿床的意象（或在真實生活中發生的喻意）很可能與自我表達有關，在白天／意識的層面上遭控制或過度控制，在夜間突破了一切抑制。

如果是這樣，如廁訓練的動力指的也就是原初的、本能的、情感的表達，已經進入了意識的掌控，至於這表達究竟是否適切、過早、太徹底或是不足，就依夢的脈絡來決定。

以下有幾個這類夢的例子：

> 我去了廁所，但發現馬桶已經滿是糞便。我試著沖洗乾淨，但結果只是水湧了上來，溢進了客廳。

這裡的排污管道顯然堵塞了。這裡沒有自我表達的容器。事實上，殘留的東西，也就是其他人的表達（糞便），已經把這情境阻塞了。當下可以取得的能量（水）無法克服這個僵局，生活空間因此被搞砸了

做夢者因為自己狹隘而偏頗的習慣和固執己見的偏見（關於他人的表達），經常因而受困。沒有空間能讓他表達他個人的風格或

想像力和情感。他愈是用純粹的意志力克服自己感受到的羞怯，他就愈是「將生活的空間搞砸」，因為他十分不智地強調了自己的極端偏頗和固執己見，以為可以藉此克服自己的拘謹。

以下是另一個夢：

> 我發現我將乾燥的糞便存放在媽媽的珠寶盒。這氣味讓我覺得噁心，於是將整個東西都扔進了馬桶。但我立刻意識到，媽媽真實的珍貴珠寶也被我扔了。

在這夢裡，糞便代表了被儲存和乾燥的表達：自信或創造的可能性已經失去生命了。它們被錯放在母親的「珠寶」之間。做夢者在聯想時回憶說，母親過去常常稱做夢者是她「珍貴的珠寶」，所以他總是十分努力以配得上這個盛讚。因此，將自己局限在首飾盒這樣過分精緻和勢利的狹窄範圍內，他得避免任何不會讓她認可的真誠行為或自我表現。當他意識到自己過去的自我限制時，整個人反而引起了強烈反擊的叛逆。他想拋棄母親價值觀和文化標準所肯 148
定的一切。他完全沉溺於毒品和自我放縱的行為，因此，正如夢警告他的那樣，他將真實的自體（self）或自性化的價值（珠寶）和排泄物一起拋棄了。這夢中相當「粗俗土味」的語言可以被解釋為一種補償，是補償做夢者無意識中依然持續的、過分精緻的勢利，依然經由毒品「放空」來尋找他的象牙塔。

在這裡我們只能粗略地討論身體象徵這一龐大而重要的主題。我們再重申一次，這些陳述不應該當作是一種固定的解釋體系，而只是在進一步探討可能的比喻和象徵的意義時所提供的指導方針罷了。

關於治療和治療師人物的夢

149 這一章將觸及治療過程的一些核心元素，在夢中呈現出對治療師人物和治療過程本身做為隱喻的描繪。本章的討論試圖說明夢是如何揭露錯綜複雜的治療場域，該場域由許多向量交織在一起。因此，讀者可能會覺得複雜，既需要理性的理解，也需要直覺的理解。然而，這情形和治療性互動本身的性質並無不同。不過，為了要從豐富的母體分離出幾條主軸，整個討論因此會顯得太簡化、太抽象，缺乏喚起每個夢的多維度生命，特別是出現治療場域本身的夢。我們並不想將這整個場域所涉及的各個面向都簡化或實體化。應該說，對於最可能從這樣的夢中帶出的議題和問題，是我們希望能聚焦和再三關注的。治療場域的這一切，以及身在其中進行觀察的分析師具有的相對性質，它們的出現都是為了提出做夢者／被分析者之引導大我的評論；有時，也會從治療師的夢當中提出。

既然每一個夢都揭顯做夢者心理和生理的動力歷程和靈性歷程的資訊，每一個夢也觸及關係的議題，這些從過去、從現在的困境，以及／或者剛剛新冒出來的一切所投射的議題。更進一步地說，動力面向的探索將不可避免地涉及他們對親密關係的投射（有時是誘導），每一個夢也就都可能揭顯移情／反移情的議題，可能是當前聚合成形的，或者是可能發展的狀況。[1]因此，夢將會加速修通這些原本阻礙關係的舊模式：這些受阻礙的關係，可能是對治療師、對於其他人、對一生工作和需要的滿足、對無意識的，以及／或者對大我的關係。

如果是最好的情況，夢工作將打造出這樣的能力，可以在所有

---

1 我們已經看到大部分帶進分析的夢也有移情，有時也有反移情的暗示；這一切參閱本書頁 186-188、204、215-216、224、227-228。

這些領域建立起開放、信任和可行的關係。這將有助於治療聯盟的 150
建立和維持，以及在意識層面的自我立場和無意識的歷程之間進行豐富有效對話的可能性。而最壞的情況，聚焦在夢意象上可被用來逃避移情和反移情議題的適切修通，甚至會妨礙個人的關係。

正如佛洛伊德曾經說過的，「移情總是存在的」，儘管它「可能不會召手示意」。[2] 在夢的工作時也是如此。並不是所有的夢都是經由「召手示意」的移情議題才得以處理，即便是透露了某些治療歷程訊息的夢。也許是夢中提出來的問題比治療更一般；也許對做夢者來說，現在對移情進行分析是不適合的；也許目前沒有急迫的反移情問題。但更重要的是，夢的場景設定總會從特有的角度呈現問題，而這些角度提供了最豐富的處理方法讓做夢者在這些既定情境裡可以將這一切吸收同化。夢場景中的時間和地點可以顯示出這情結是在哪裡被聚合和投射的，以得到最佳的修通。因此，才會建議釋夢者要依循這些議題在夢中的位置，千萬要記住，這些議題可能已經發生或在某一刻會發生在治療性的移情中。[3] 夢的設置將指出最佳的處理順序。如果這場景是指向做夢者的工作或家庭等等，那麼夢就是將這個隱喻（場景）標記為開啟問題的最佳位置。即便分析師完全理解移情的意涵，治療師必須對這些內容保持沉默，直到先探索了夢的隱喻。另外一方面，當夢中提出問題的設置所指的是治療師或治療歷程，這就必須以相反的方向來進行修通：首先要探索的應該是移情中的意涵。

2　佛洛伊德，1912 年，〈移情動力〉（'Dynamics of transference'），收錄於《佛洛伊德全集》標準版（*Standard Edition*, 12:97-108, 1958）。

3　參見上述同書，頁 95、109。

在某些案例中，有關這些出現治療師人物或治療的夢，治療師最好不動聲色地將這些當作反移情的訊息來應用。環繞著這些夢所提供的意象，治療師將可以找出方向，建立和維持足夠適當的治療環境，好讓工作繼續前進（參考下列）。

當治療師的人物出現在夢中時，這可能代表：

1. 真實的治療師和相關的品質，在客觀的層面上，十分寫實地聯想到這位治療師。
151 2. 個人的移情投射到治療師身上，是涉及做夢者在過去人際關係動力中的經驗。
3. 內在的治療師／療癒者／大我。
4. 治療師的反移情。
5. 治療歷程。
6. 投射到治療師身上的品質，涉及的是做夢者主觀層面的動力，例如某個陰影問題。
7. 投射在治療或治療師人物身上的原型投射特性。

上述內容常會有各式複雜的結合，可能是部分結合出現或全部加在一起，所以需要小心翼翼地分類，才能找出交織其中的本質；這些所交織出來的治療師的多層面意象，將可以用來照亮這個治療的場域。有關治療師的任何夢都不能先驗地歸入任一特定的類別。這必須從相互聚合的場域中就其廣泛可能性加以評估。只有在聯想、解釋和擴大的脈絡下所進行的夢情節修通，這些出現治療師人物的夢才能適切地安置在移情—反移情的連續光譜上。直到夢被修通之前，即便假設可能早就出現在治療師的腦海裡，都必須被收著。如果直覺和感覺促成了過早的結論，那麼就沒有比直覺和感覺更危險的了，特別是反移情的防禦所帶來的視而不見。

治療師的真實現實

出現治療師這人物的夢，有可能指的是**客觀層面上治療師的真實現實**。

以下有關這類夢的例子，是在治療的第一次會面就提出的：

> 我的治療師面質我的問題。接著我就在街上跑。

既然這個夢出現時，做夢者對分析師的性格還沒有任何意識上的察覺，所以這個夢該被視為客觀層面上，針對做夢者意識中對新治療的理想化所做出的補償。儘管當中的治療師意象，毫無疑問地是在確定會談時間的簡短通話當時所挑起的下意識反應；而儘管治療師可以從中推斷主觀層面與移情和反移情議題相關的重要資訊，
對做夢者來說，這是有關客觀現實的訊息。這傳遞的意象是治療師 152
直接面質的模式以及這對夢中自我的影響。這樣直接面質的風格導致夢中自我的恐懼和逃離，或許是因為這威脅到她向來無止盡逃避的習慣，也或許是這引發了父母情結以及／或者對實際傷害的恐懼。這些假設可以在某些時刻和做夢者探索。在這案例中，治療師看出這些描述是對他風格的客觀描述，而能樂意承認夢意象所傳遞的現實因素。在這種情況下，他自我揭露夢所描述的現實，等於是向做夢者傳遞自己也直接面對自我的狀態，這成為她的榜樣，而減

輕了她的恐懼。這樣一來避免做夢者的退縮，並促進有現實基礎的治療聯盟，因此得以繼續進行工作。

夢到真實的治療師，也可能與做夢者上一次的會談中對治療師的反應有關，需要浮現到可意識的層面。有個例子是本書第 103 頁提到的一個女人的夢，她透過夢而察覺自己對治療師休假計畫的反應是被拋棄的恐懼。她的夢出現了治療師的形象，在她醒來時是坐在她的床邊。就像本書前面所提到的，她對這個夢的聯想是當她年輕時去拜訪瀕死的姑媽。其中的涵意是她認同了瀕死的姑媽而感覺自己就要死了。這夢讓她意識到治療師將離開的現實。這因此打開可能性，得以進一步探索她嬰兒期被遺棄的憂鬱，對她來說就像是死亡一樣。在前一次會談當分離問題被提出討論時，這個被遺棄的反應被否定，因為她當時和自己以為的治療師的感覺融合在一起，而且過度同理治療師度假的需要。這夢安排出現這樣的融合，是足堪與死亡相比的，因為這對做夢者個人的生命產生威脅。因此，夢喚起現實問題，環繞其上的分離恐懼因而得到處理。

出現治療師真實現實的夢，可能是對投射的補償。下面這個年輕男子的夢就是其中的例子：

> 我給我的治療師帶了一本書。

對這個夢的聯想引出一個議題，是做夢者原本不願意帶進分析的。結果發現這本書的聯想是一所學校的目錄，而這所學校是他不確定是否要註冊就讀的。他既想把這困惑帶到治療中，但又感覺被壓抑制止。在對這夢進行工作時，關於壓抑制止這一情結的本質出現了。過去他其實是隱瞞了這個訊息，因為擔心父親對他的才智能力有破壞性的嫉妒。而他發現，自己也將這一點投射到治療師身上。

移情反應 153

在這情況下，夢到治療師的夢也可能是涉及個人的和主觀層面的**移情反應**。有時，我們要將前一次會談的互動或有關治療設置的某個面向，當作觸發移情投射的特定因素來探討。曾經和瀕死的姑媽在一起的做夢者，因為治療師的假期計畫而觸發她的被拋棄移情。有註冊問題的做夢者將他反智的嫉妒投射到治療師辦公室內幾乎沒有書這個事實上。在另一例子中，那女人的母親情結早在第一次會面之前，就已經聚合成移情因素了。治療師是女性的這個事實，就足以帶出移情。在第一次會面時，她提出以下的夢。

> 我去接受治療。那女人正忙著為家具進行打掃和除塵。她完全沒有注意到我。

對於這些行為，她聯想到自己的母親。在這個例子裡，這個夢，以及做夢者訴說這一切時的行為，就足以讓治療師警覺到做夢者對拒絕的敏感。由於做夢者引人注意的行為在治療師身上誘導出不耐煩的、施虐的反應，就類似於做夢者受騷擾的母親出現的反應；分析師可以借助夢隱喻性的移情描述，來監控自己投射認同的反應（參考下文，「反移情動力」）。夢意象也指出「內在治療師」，表現為執著忙碌而忽視自己的現實。然而，在談這夢的時候，治療師依然對這個訊息有所保留，因為這是第一次會談，還沒辦法確定做夢者主觀層面同化的能力。

內在治療師

出現治療師人物的夢也可能是指**內在治療師**（Inner Therapist）、**療癒者或做夢者的引導大我**，以及做夢者對感知和權威中心的投射和關係。內在治療師是做夢者在治療中如何對待自己的方式，也就是對自身問題的主觀治療態度，以及在治療歷程中對治療的期待。這樣的夢可能點出投射到治療場域中潛在或真實的動力，也點出可能的反移情議題，但這些還是需要在主觀層面上加以探索。

154 我和一位導遊在一座持續進行挖掘工作的印地安遺址。他隨興地帶我四處看看。他看起來像我的治療師。

這個場景是進行中的考古挖掘，「挖掘」出埋藏議題的地方。既然事實上這是工作中的挖掘（釋夢），那麼導遊就是非法侵入的。在這裡出現的隨意旅行的態度，不是挖掘進入做夢者心理的「印地安」層次，而是侵入了深度工作。對於做夢者來說，印第安人代表著「充滿熱情的人，但他們被打敗了，幾乎消失了……他們是先來的人。」從隱喻上來說，它們指的是一度挫敗的那些情感所在的原始層面，如今正被有系統地打開，以進行有意識的回顧。從象徵上來說，最重要的是，它們指出對自然崇敬與靈性同調的世界觀。然而，內在治療師「導覽」的是被人帶出的東西，而不是進入土地體驗這一切的重新發現。

當詢問做夢者她在何處感受到針對感覺的「導覽」態度，她回答說：「你上週對我夢中的意象十分感興趣，卻不是對我的感覺。通常我試著要你遠離我的感覺，你卻不為所動；你只是告訴我我自己試圖在做什麼。」經由這「旅行」之夢的幫助，通過投射，她開始明白自己這種「導覽」的傾向，就是為自己的問題貼上標籤而可以在理智上控制它們；也因此開始擺脫這傾向。治療師可以進一步運用投射在他身上的一切，作為將這些十足的（「熱情的」）憤怒和抑鬱加以引導出來的手段，而這正是做夢者身上有待進一步挖掘的部分。

在上面的例子中，從脈絡設置是考古挖掘而導遊治療師的觀點是入侵的這事實來看，可以更加明白目前進行中的治療可能有著怎樣的品質。然而，反移情總是需要考慮的。

治療師的形象出現在夢中的任何時間點，治療師都需要好好評估自己可能的反移情。在這個夢中，出現的訊息和做夢者意識的反應是一致的；這裡沒有任何的補償作用出現。因此這裡最需要進行解釋的是，在主觀層面上，做夢者對自己（內在治療師）的「治療」態度，在這裡一如往常，已經成為移情的投射。夢如果有意識地重複所持有的態度，可以解釋為主觀層面的現象（參考第六章「補償和補充」一節，頁 136）。然而，這並不排除可能的反移情
圈套。這位治療師需要反思，是什麼誘使他在前一次會談裡因為專 155
注夢意象而忽略了做夢者。

既然在治療場域裡的一切是相互聚合的，有時就會出現這種情形，治療師對於自己的反移情所進行的工作，可能由夢表示為對做

夢者自己內在療癒者的修正有所幫助；而內在療癒者是對苦難及其紓解在意識上所持有的態度所進行的補償。且看以下的例子：

我的治療師生病躺在床上，對生病一事是很放鬆的。我安靜地坐在他身邊。

這裡有兩個聯想。做夢者說：「你只是躺在那裡，虛弱無力。」當被問到她認為這與她的治療的對應情況時，她說她覺得「治療工作中什麼也沒發生，只是坐在那裡，而我持續感到煩惱。」另一方面，她也驚訝地發現，夢中的治療師對於生病一事並沒有像她那樣煩惱：「在夢裡，你竟然一點都不驚慌。」

在思考這夢的同時，治療師默默地回顧自己與做夢者的恐慌反應之間的掙扎，經常想著是否該對她的狀況進行更多的干預。為了處理這問題，他因而深深地思索有關自己那生病且大驚小怪的母親的記憶，以及他反移情傾向可能的反應過度。就在這一點上，做夢者和治療師彼此的情結相互交錯了。

對做夢者和治療師而言，這個夢所證實的是，與做夢者的期望和治療師內心的懷疑相反的是，以耐心等待的專注，一種對療癒裡超個人過程十分信任的專注，才是這個時刻以及面對這個案的最好方法。在做夢者內心裡，魯莽狂躁的行動似乎是減輕苦難和避開「虛弱無力」的唯一途徑，然而這個夢帶出改變態度的可能性，也就是對自己的生活問題採取更接受、更放鬆的治療姿態。

另外的例子裡，夢到治療師這人物可能是指出外在治療師和內在治療師不同方式的相互交錯。在一個案例中，一個男子夢見：

我得將治療師背到醫院去。

這個夢帶給做夢者一直想要推開的感覺，他不想要將這視為
屬於治療師這個人真實的現實。對於治療師生病的聯想，做夢者說
他覺得治療師對他或他的問題不夠敏感。然而，他並沒有承認這一 156
點，反而判定「這是一種投射」，覺得自己要為「治療成功」過程
出現的僵局負責。他試圖獨自「背負」起整個治療過程，把這當作
他自己的問題。因為這樣，夢中自我果真是過度負荷了。他既不相
信大我的療癒過程（內在療癒者）能夠背起自身和他，因此變得十
分費力；並且／或者一切將會向他證明，和這位治療師一起的歷程
的確是如此的殘病，以至於無法承受。

有可能是做夢者對治療的「成功」承擔太多的責任，所以他沒有察覺或表達自己對治療和治療師的負面感覺及懷疑，直到多年後他將這個夢告訴一位朋友。他當時擔心自己會被「趕出去」。這一點其實是再次重複了對母親威脅拋棄他的恐懼。他之所以感受到這恐懼的觸動，是前一次治療中，治療師不經意的一句話透露出對做夢者被動攻擊態度的一些不滿。

然而，這樣的夢一旦帶入治療，必然引發治療師的注意，進而評估自己有關做夢者和其「疾病」本質的工作是否適切，哪些阻礙了治療的對話，哪些是現在已經太嚴重而需要帶到「醫院」，好讓彼此聚合的僵局得以恢復健康。

反移情動力

正如我們前面討論的，呈現出治療師人物的夢永遠都要同時從他們的**反移情動力**來研究。這些反應可能是經由投射而引導出來的，也可能是屬於治療師實際心理的反應，這一點是治療師在夢出現時需要察覺的，因為這些反應目前阻礙了治療師對做夢者進行的工作。有一點再多說幾次都值得，就是對這些反移情議題的察覺（這些反移情是來自對夢的適切解釋），不需要傳達給做夢者。這是治療師需要承擔關注的，甚至應該對這些做進一步的分析或督導工作，但是在治療對話中揭露的議題最好依據個別病例進行臨床判斷。[4]

以下的夢是個例子，這個夢似乎是「針對」治療師而來的，因此被帶入督導。分析師候選人的個案所做的夢是這樣的：

157 我去會談，坐下來。我的治療師起身離開我，而讓送快遞的男孩進來，這男孩帶來一個包裹給他。男孩不知怎麼地就偷了我的提袋。

這個夢的劇情結構，在還沒進行任何聯想之前，就顯示出嚴重的移情／反移情糾結。正常的治療室有關隱私的設置，因為治療師的離開、快遞的闖入和偷竊行為，而遭到破壞。

---

4 邁克．高爾金（Michael Gorkin 1987）《反移情的使用》（*The Use of Countertransference*, Jason Aronson Inc., Northvale, NJ），特別是〈反移情的揭露〉（'The disclosure of countertransference'）這一章，頁 81-104。

做夢者對這包裹的聯想是「你似乎喜歡收集小物件和書籍。他們可能送來更多的書，或許是一套百科全書，或是更多的心理學書籍。」而快遞男孩讓她聯想到一位熟人，那個人讓她覺得「吝嗇而粗野」。對於夢中的這位治療師，她聯想到「聰明、支持、十分有幫助」。

聽到這裡，釋夢者立刻被理想化的治療師—物件及書籍的收藏家和粗魯的小偷快遞員之間所呈現的互補性對立有所警覺。從夢的內容和聯想中有了這樣的暗示，治療師嚴重地忽視他的被分析者。他離開了她，並且允許闖入和盜竊的發生。治療師這個人物被描述為小物件的收藏家：從隱喻上來說，他喜歡擁有非個人的意象。這究竟是暗示著與原型意象的正向關係，還是暗示著對個人和生活現實的簡化，目前還沒辦法確定。這部分沒有相關的聯想。然而，有人為他帶來更多這樣的風格化意象，而且這人是以粗野的態度偷走做夢者個人的女性認同和力比多。（她說，她的提袋裡有裝著皮夾的錢包。）他離開了夢中自我的現實而去關注他的意象。或者也許有人帶給他這世界的知識性分類描述（百科全書）。他需要學習更多的心理學知識嗎？或者他是從書本上，而不是從眼前這位女人那裡學習心理學知識？所有這些議題，以及引出更進一步聯想的必要性，都在督導中提及。

當稍後進行聯想時，問到小物件對她而言意味著什麼，做夢者認為它們是「精心的雕刻，女性的形象」。她進一步想到，對父親而言她感覺自己就「像一個小物件」，她把父親理想化為「有教養、聰明」、「支持她每一個願望」。她沒有意識到這樣的描述傳達了一種居高臨下的，甚至或許是虐待傾向的，「精心雕刻」的自我貶低。她還用了類似的形容詞來描述她的治療師。在進一步詢問像小物件一樣地被對待可能就是她對治療的感受時，她「猜測」自己「不必擔心，因為這是不可能的」。

158 她對治療師一定有強烈的移情，將他當作理想化的父親，這似乎是夢決意要撼動的。因為它清楚地表明治療師沒能注意到她的歷程，而且是極度疏忽的。這個夢與做夢者的觀點相矛盾。她不曾察覺的那些與她父親有關的議題，如今在夢的幫助下打開，而進入可能獲得修通的負面移情。

有兩個理論上的觀點需要好好思考：送快遞的男孩和快遞的內容究竟是有益的貢獻還是有阻礙的影響？看待這個夢的方法，究竟是應該在主觀層面指向內在治療師，還是從客觀層面指向治療師和他的反移情，還是兩個層面皆有？

第一個問題的解決要靠聯想。快遞的內容可能潛藏著有用的貢獻，除非另有說明。做夢者對「精緻雕刻」的小物件、百科全書和心理學書籍的聯想，讓快遞送貨在內容和時間上都顯得不合適。這樣的侵擾意味著將做夢者縮小成為女性的精緻形象，還帶有書香氣息，而這些會讓治療師錯過好的治療所必需的個人關係。夢說明了這種侵擾構成對做夢者個體化所進行的偷竊。

送貨男孩的形象是原型的意象，像信使或幽冥使者（例如，赫密斯）。在夢的劇情中，這個人物是整個戲的主要反派。它對做夢者和治療師來說，是重要心理訊息的攜帶者。它為這個共謀的治療歷程帶來意識察覺，也中斷了這個歷程。它也帶進粗暴攻擊性的本質（對快遞男孩的聯想），這與做夢者理想的自我認同是相當不同的本質，但最終會發現這些將可以成為有用的引導而找出邁向真實的種籽，而且也可以開啟負向移情，讓自我不再忠誠於舊有的「精緻」和理想化的認同。

要確認第二個理論觀點，我們就需要參考補償原則。如果做
夢者認為治療師忽略他人又死讀書，這個夢就必須在主觀的層面上
揭顯出主要是屬於做夢者所投射的特質。然而，即便在這樣的情況
下，這個夢還是為治療師提供了自我反思的資源。因為在這個案例
中，做夢者將治療師理想化，夢已經從客觀層面進行補償，並且
提醒現實中的治療師。夢將治療師描述為無法注意到做夢者的人，
因為他的陰影（快遞男孩）特質，也就是粗蠻的態度，排擠掉做夢
者，而他自己也陷入理論概念中（照章行事的治療）。治療師被誘 159
導落入理想化父親的移情裡，因此可能將做夢者的個別性壓下，這
方式類似她還沒能看出的父親行事方式。這夢向治療師提供了嚴重
的警告，提醒他要快快關注被誘發的個人反移情問題。

另一方面，夢在主觀的層面對做夢者的內在治療師也提出明確的提示，它指向做夢者自己的自我忽視、虛假且抽象的自我理想，以及她的自我貶抑。夢及其聯想描述了她的內在治療師是受到父親情結的制約。這個內在治療師傾向於理想化的讀書氣息和唯美主義，這將不可避免地削弱做夢者的自尊。內在的這種男性氣質權威理想，是她永遠不可能實現的。她內心傳遞理想（小物件和書籍）的粗蠻快遞員也搶走了她的自我價值。

治療師一旦受誘導而出現投射時，與他自己相符的問題往往會放大這個誘導過程。這種緊密糾結交纏的問題是經常可見的，往往不是導致災難，就是帶出深遠的療癒，因為透過治療師修通互相交錯問題中他／她自己那部分，可能可以非常有助於同理心和意識的

增加。

既然出現治療師人物的夢會指出做夢者和治療師的情結在相交聚合的心靈場域中相互交錯的議題，有時這場域的重現，可以讓治療師（在檢查更明顯的反移情指示以後）在探索被分析者的夢時，將這些夢當作是治療師自己的，是由他的某個面向所夢見的。治療師對案主的夢開始進行自己的聯想，因此可能會顯現他／她自身動力中的問題，是這問題導致共有場域的混淆。有時，這有助於發現從分析師的心理侵入到這一場域的許多情結。大家必然也知道，唯有在仔細考慮做夢者的聯想和問題之後，這些聯想才能應用於反移情。也許，我們可以謹慎地從這裡測出它們與做夢者的關聯性。

正如我們所看到的，緊密交纏的議題並不一定是負面的。這樣的議題經常將治療二人組捲入深層的掙扎裡，雙方因此都必須有更多的覺察，才能達成促進案主福祉的目標。

160 這裡有個例子，加入治療師的聯想得以更加了解夢的反移情含義：

> 我看見治療師的父親透過諮詢室的窗戶觀看。他看起來十分不尋常，有點神祕。

他聯想到自己父親「尋常性的」批判性貶低。當治療師詢問他在前幾次治療中被批評的感受時，他承認，他擔心揭露自己的依賴會引起治療師的反感，儘管從沒有發生過。由於這是當作移情投射，當作做夢者自己內在治療師對依賴的態度有關的問題而進行修通，治療師默默地尋找自己內在可能是被投射誘發的輕蔑感。她找不到，於是她注意到要放在未來考慮的可能性。

治療師意識到，由於夢指的是她的父親，而被分析者顯然完全不認識他，所以她可以利用自己在依賴這議題上對父親的聯想，來進一步研究夢，而且是在夢治療之外進行。她意識到，父親是鼓勵依賴來滿足他自戀的需求，同時又嫉妒被他嬰兒化的這一切。這個聯想使分析者意識到，做夢者對依賴的揭露確實激起她自己的父親情結，不是批判的，而是鼓勵依賴的，而這點可能會導致對被依賴者的溺愛嫉妒。這讓治療師有了與意識上的評估完全相反的瞭解，這樣的嫉妒可能會成為反移情中的一個問題，並與移情預期緊密交纏。這一切提供了可工作的素材，讓她得以維持心理治療過程所需的心靈清淨（psychic hygiene）水平。這為解決案主／做夢者對批評的恐懼開闢了一條可能的途徑。

這夢除了所提出的移情／反移情議題之外，還有兩件事需要加以思索。根據描述，夢中的父親看起來「十分不尋常，有點神祕」。他所看到的治療歷程在某一方面是「不尋常」的，對做夢者來說還不太習慣，因為不加批判地接受依賴對他來說感覺不平常。因此，這與他實際的父親形成了對比：一種新的父親。這夢中的父親將父親情結的問題帶進治療裡。做夢者可以透過治療中全開的窗口「看到」他自己的父親問題。做夢者對自己和他人總十分批判的這一問題，從他自己的父親那裡內射而來的，如今被帶進治療歷程，可以得到觀察並進行工作。

這個不尋常父親的意象，既然是「神祕」的，就需要從超凡 161
脫俗的或是神話層面來思考。這暗示著原型父親，使得屬於個人錯誤成形的父親意象得以被看見，就像是救援一般。這個父親的意象為做夢者匯聚形成原型父親（父職養育、權威、秩序及客觀性等原則），而它的出現也暗示著原型的移情（參見本書頁 301-302）。

治療師的誘發

讓事情變得更複雜的是，分析師的觀點可能對被分析者產生誘導效應。這個可能出現的偏差，也是要多加考慮的。在判斷夢的詮釋方向時，對應於夢可能的補償功能，這一點有時也需要考慮。在第 280-281 頁的例子裡，治療師對自己做了許多的內在工作，才發現他對「女性」習慣性的觀點和理想，是如何扭曲了做夢者潛在的個別性和發展。一開始，他對她「精緻雕刻」的女性理想是感到滿意的，沒有看出什麼不妥。如此一來，他自己對做夢者這一身分認同的投射，與被誘導出來的父親投射，繼續共謀著。直到他處理這個夢帶來的反移情問題，才發現他的偏見微妙地支持做夢者的自我貶低。

舉幾個更極端的例子，關於被分析者的夢是如何呼喚著人們，要針對反移情問題以及反移情對做夢者的誘導作用工作：

> 我的治療師將我絞進衣物絞乾機裡。

或者：

> 我的牙齒是由一位不稱職的牙科醫生幫我治療的。

或者：

> 我看不見了。我的治療師卻根本不在意。

所有這些做夢者對他們的治療師都有還沒承認的懷疑。第一
個做夢者覺得被她的治療師塞進一個非常教條的釋夢系統（她後來
報告說，治療師把這個夢解釋為做夢者對於得承認自己愛上他而產
生的防禦）。其他人也是如此，都是對治療師的能力感到不安的。
然而，在治療師的信念及其自我形象所產生的暗示誘導作用下，他 162
們都否認自己的不安。他們認同治療師的立場。在這種情況下，治
療師的立場，經由誘導而成為做夢者自己的立場，已經打消了做夢
者下意識將浮現的覺察。如此一來，夢於是對已經變成**共享的瘋狂**
（folie à deux）[5] 的這一切，同時補償和挑戰。

在對這些涉及治療師的夢材料進行修通時，由於沒辦法或者是害怕面對這些困難，做夢者經常會拿這些夢去請教其他分析師。這往往造成了分裂。

有時這種誘導效應不一定就是負面的。就像父母傾向於抱持、鏡映和培養孩子的潛在可能性一樣，治療師有時也可以看出做夢者／被分析者身上被掩埋的潛能究竟問題在哪裡。對情結進行工作，好挖掘潛能，就是治療歷程的一部分。有時，只有透過治療師對於它們本身存在的直覺，可以誘導出希望，幫助案主度過治療和治療

---

5 譯註：「共享的瘋狂」，法文 Folie à deux，英文翻譯為 shared delusion，共享的妄想。這是形容一個有精神病症狀的人，將妄想的信念影響到另一個人完全相信的程度。同樣的症狀可傳達至三人，四人，甚至更多。這情形一般出現在相關的兩個或兩個以上的人生活在一起，並對社會隔離或自我關閉，與其他人交往互動很少。

之間的痛苦時間。對原真大我（authentic Self）的品質和正向的陰影潛能這兩者的感知，可能很負面地導致治療師對造成阻礙的情結這個現實視而不見。因此，這樣的感知及它可能的誘導效應是需要清楚地意識到並且保持平衡，以免案主目前的自我，真實但不適當的自我結構，因錯失而看不到。夢和做夢者的反應往往會在有問題的時候，正向地誘導出治療師的注意。

一個例子：

> 治療師向我展現珠寶。但它們不是我的。

其價值在做夢者心靈中被表現為禮物，但夢中自我卻沒法擁有它，因為珠寶依然「屬於」某個無意識的情結。

為了充分理解這類夢，需要遵循的程序必須包括處理與夢劇情的意象有關的聯想和解釋，以及找出前幾次會談中可能的觸動板機（解釋）而有了這些夢境顯現。其次，必須在治療過程中、在內在治療師中，以及／或是反移情中，找出夢所代表的那些有問題的或有病的。最後，好好想想夢可能指向的關係動力和對做夢者自身生命問題出現改變的態度，是十分重要的。只有在這些意象描述的場域脈絡裡充分察看它，釋夢者才可能開始明白它的重要性。

163 治療師處理涉及到自己盲點的問題（以及它們對治療場域和被分析者的心靈影響）的唯一方法，是在於認真看待這一事實，就是所有有關治療師或治療的夢都要視為很有可能也有反移情意涵。這種對反移情，包括對被分析的做夢者可能的誘導效應，都願意加以探索的態度，才是治療完整性（therapeutic integrity）的基礎。

關於治療過程的夢

出現治療師形象的夢也可能是指向**治療歷程本身**。在這裡，與分析場域的任何面向或變化有關的議題，也就是治療互動本身的特有風格，都可能出現而引起做夢者的注意。

一個女人夢見：

> 我的治療師要搬到另一個城市。

對這個夢進行的工作，帶出被拋棄的恐懼，這恐懼被投射到治療師六個月長的遠行假期。恐懼浮現了，我們可以發覺，這些恐懼的出現是對前一次會談出現的自我懲罰反應；在前一次會談中，如她自己所說，做夢者「是相當可憎的；我幾乎就是直接命令你打開窗戶，也告訴你當你沒有起身時，我是怎麼想的。」當這問題修通深入到令人崩潰的母親情結根源時，（「我從來都不應該像我母親那樣專橫。」）治療師問說：夢中的治療師要搬去哪裡。做夢者毫不猶豫地說:「到加州去。」她的聯想認為加州這地方「是輕鬆自由的，是相對自我放縱的」。當她「自我放縱」而「輕鬆自由」，能比較大聲暢所欲言，表達自己的需要和感覺時，她接著就可以和治療師分享夢中對於自身歷程導向的幽默隱喻。

夢如果涉及或聯想到治療師這個人、治療的時間和地點，或其中的任何變化，都是對治療過程的譬喻式評論。有時，正如我們所見，這些夢指的是前幾次治療的特殊體驗，或是出現在做夢者和治療師相互場域所意識到的情結，負面地侵入或顛覆了這個歷程。然而，有時它們指的是需要存在但尚未存在的因素和品質。這通常可以透過兩種方式來發現：可以藉由充分探索聯想；甚至可以詢問做夢者，關於這意象提出的品質是如何被現實情況中侵入的人物所投射出來。

164 一個例子如下：

> 我這次會談提早到了，而你的兒子就在那裡。他告訴我一個又好又安全的地方可以停放我的車子。

這個夢的工作，要先透過聯想探索夢中自我的提早到來。這樣就可以意識到急於想要掩飾不耐煩的控制欲和對自己不被需要的擔心，這樣的動力破壞了他的人際關係和性功能。在這個問題中，結果「兒子」就是解決方案：將他指引向一個安全的地方去「停放」他習慣性的前去方式，就是為了遇見屬於自己療癒方式的治療過程。

做夢者對分析師兒子這個角色的幻想是聯想到：「一個放鬆、直接、開放的人。」為什麼？「他感覺到被支持。」當進一步問說治療師兒子對於需要早到會有何感想時，做夢者有點痛苦地說：「他不需要著急；他可以相信你會在那裡等他。」而事實是他可以夢見這樣一個人物，就暗示著有股潛力已經在他心中播下種籽，而討論讓他意識到自己確實感覺到這種信任的時刻。這種信任的覺察和「兒子」的意象（做為子產品和治療過程本身的未來），是可以用來開始改變他向來是「痛苦」局外人的習慣性身分。

夢有關治療過程的意象，可以涵蓋相當廣泛的範疇，包括醫療和口腔的治療程序，以及其他形式的身體工作和身體照顧：理髮、食物獲得和準備、健身訓練；身體照顧有關的寓意：做夢者的汽車、房子、工具、樂器、管道、電器、花園、垃圾、動物、衣服、食物等等一切的照顧和維修；薩滿和僧侶的儀式和教誨；各類的建築施工，包括開挖、拆除；探索、旅程；進行教學和教練的情境；對動物的馴養或訓練；親子互動；所有的一切，甚至包括在有主持人的智力競賽節目上表演。

這個清單看起來是無窮無盡的。每一個意象做為治療關係和治療任務的隱喻，都有著自己獨特的調性和重要的質性差異。每一個都能揭顯做夢者治療過程所投射出來或客觀呈現的期望和調性。

每一個意象都可以視為反移情的標誌，要求治療師好好檢視對代表自己的特定角色所出現的反移情投入。心靈大師奇異之鳥的夢
就是一個例子（本書頁 65），這夢要求治療師對自己認同心靈大 165
師的需求加以檢視，並對這認同是以犧牲做夢者為代價來滿足權力情結的各種可能面向進行處理。

夢中人物如果是在治療師的位置上，行為中的許多細節將會深刻地表達出做夢者無意識的反應和預期。有位女人帶來她的初始之夢：

> 我坐在牙醫的椅子上，因為害怕受傷而拒絕張開嘴。

這意象顯示對分析歷程的恐懼和阻抗。當要求對牙醫做聯想時，做夢者說：「所有的牙醫都是虐待狂。」值得注意的是，她並沒有聯想到某一位特定的牙醫，這顯示出她沒有能力（和／或害

怕）做出區分。這種無能延伸到她的治療師（以及其他人和她自己）身上，她無法將他視為獨立的個人，而非施虐集體中無個性的成員。因此，這個夢立刻可以診斷出她人際關係中早期的和受損的水平，以及面對假想的負向口語侵入所擁有的防禦特質。

牙醫進行牙齒工作，隱喻上來說，處理牙齒的過程是為了掌握並開始同化現實問題，同時讓營養易於消化。做夢者的預期，基於有待探索的先前經驗，將施虐和無個性的特質投射到治療師和過程本身，並抑制她自己的口腔性和口語攻擊。

另一位女性在數次會談以後做的夢：

> 我正努力要蓋起新房子。這要花很長的時間，但我很高興可以搬出媽媽的小公寓。有一輛巨大的拖拉機為了地基而四處推土。我擔心這會改變整個景觀。我想讓它離開。

夢是做夢者針對自己在分析歷程的體驗的描述性隱喻。她的衝突透過夢中自我的情感而揭顯了：她是歡喜離開母性空間，因為目前的對她而言太「小」了，還有她對拖拉機的恐懼，做夢者對這意象做聯想時，她感覺拖拉機是「破壞自然景觀的執行者」。這話有著激進的政治辭藻色彩，其中的質疑態度揭顯出這原來是根源自母親的社會主義教條。因為拖拉機（對夢的解釋）是轉化力量相對較不敏感的表現，這裡卻似乎如此可怕，治療師於是警覺到做夢者對治療所預期到的以及／或者體驗到的這份相當殘酷力量的特質。這
166 類比可以加以進一步探索，首先是做夢者過去實際的經歷，其次是

前幾次會談的感受，最後是投射到工作上的期望，其根源是殘酷的母親情結以及以下的記憶：「為了我好而將我四處擺布，甚至一再地連根拔起，就是為了前去黨要我們去的地方。」

以下是個初始之夢，「我登上一艘遠洋定期船，這船沒有離開碼頭。」這正預言了治療本身的結果。這船哪兒也沒去。如果治療師有詢問相關的聯想，或者鼓勵隨興幻想哪裡出了問題，這個死結可能早就浮現意識，治療之「船」也許就可以出海了。船是原型意象，表示穿越未知的水域；因此，這是個關於轉化的偉大旅程之交通工具的意象，而且在這樣的脈絡下，作為分析的夢表現，所指的也就是治療的歷程。

一個乍看天真的夢，被帶給一位經驗不足的治療師：

> 我開始旅程，但在威尼斯停下來。可是我餓了，除了熱狗攤這類速食垃圾食物外，哪兒都找不到吃的。

這個搞砸旅程的夢，也是用隱喻來影射這個分析。旅行是一個經常出現的寓意。在這裡，做夢者對威尼斯的聯想：「這是我所愛的一座美麗浪漫城市」，和她對夢的解釋形成強烈的對比：「衰敗中的舊城，正慢慢地沉沒」。這夢將她安置在外表浪漫而美麗的衰敗之地。在這設置裡，唯一補充她和她旅程營養的方法，也就是她能找到的，只有「速食垃圾食物」。這個夢描述了浪漫的「熱狗」（陽具－情欲）移情／反移情糾結，只提供「垃圾速食」，而不是實在而營養的工作。治療師只是印象過於深刻地注意到原型象徵（旅程、美麗的「大我」城市）和做夢者對浪漫的情感，卻沒有看到夢中不祥的暗示。

關於治療過程主題的變化

有些涉及治療師或與治療師相遇之空間的夢，是十分隱喻地指向治療歷程中所浮現的問題：

我的分析師來到我七歲時住過的房子。

或者：

167 我媽媽（或姐妹、爺爺等）來到我的治療會談……

在第一個夢，移情方面是有關七歲時的心理空間。治療回收了屬於七歲的體驗，如今是需要加以修通的。在第二個夢中，某位特定親屬的問題已經自行侵入，好透過做夢者和治療師的治療聯盟對侵入因素的共同關注而獲得處理。

其他的夢點出隱喻，是顯現出治療歷程及移情和反移情是如何成為焦點的：不管這是想讓舊有的有害重複動力得以浮上意識，或甚至是意指治療互動中潛在的糾正（或破壞）。夢的內容會清楚指出所涉及的心理動力本質，而這經常是透過描述的細節和夢設置的空間與時間結構而表現：

我在候診室進行會談……

我去了治療師的家，我們在臥室見面……

這兩者都象徵治療歷程這一主題，顯示不同於平常公認的結構變化。這些變化是要透過聯想、解釋，以及切合主題的擴大來進一步探索。在候診室進行會談意味著搖擺於是否面對議題的治療阻抗，或者在進入適切的儀式空間之前猶豫著是否要卸下內心負擔。這可能意味著缺乏隱私以及／或是擔心是否保密，或是因為在候診室遇到另一位個案而激起手足議題；或者任何有關「候診室」以及對於「如果這是真的情境會是怎樣的感覺？」這問題所引起的聯想。

在治療師的臥室進行治療可能意指治療所體驗到的、期待的、被投射的不適當或過度的親密。這可能是指向情欲移情／反移情的動力，更多親密的存在或需要，甚至是指有關嬰兒／父母關係的面向。究竟是什麼，全視對臥室、臥室內的擺設和治療有關的聯想來確定。

另一個常見的治療歷程主題變化，是與夢中平常角色的改變有關：

我去治療會談。一群喧鬧的青少年占據了這空間，所 168
以我沒辦法進行我的會談。

因為夢中呈現那群人已經在治療師的辦公室，而不是入侵進來，這表示可能的反移情動力：可能是受到誘導，或是治療師自己心理的情結。治療師需要檢視在客觀層面上，這個可能性是否合理。治療師是否有青少年問題，或者涉及青少年時，治療師是否過於拘禮、抽離、權威式的認真？治療師是否未能將做夢者視為一個個體，而不是一種典型，一種沒有個人的集體性診斷分類（一群人？）在思考這個夢意象時，這些問題都需要出現在治療師的腦海裡。如果這一群青少年是會談進行時才闖入，這表示可能是一個侵入性的主觀議題，和之前提過的夢類似，要參照聯想和補償因素才能判斷。

同樣重要的是，治療師要好好探查做夢者先前的互動中在哪裡感受過這個干擾，特別是做夢之前的那次會談，還要探究做夢者從這樣的感知中產生的情緒、態度、幻想與防禦。

在做夢者的主觀層面進行探索也很重要。對青少年的聯想以及做夢者自身的青少年記憶，都需要誘發出來，進行探索。做夢者對於治療的態度也需要好好檢視。究竟是充滿青少年輕浮、叛逆、集體的特色，或是理想化的迷戀反而阻礙了個人深度工作的開展，「所以〔他〕沒辦法擁有〔他的〕會談」？這個夢可能可以讓他們關注到這些元素，並意識到這些因素的存在是治療過程的障礙。

如果夢劇情將青少年或甚至是喧鬧聲呈現為對做夢者的自我概念是不造成干擾的附加，甚至是有幫助的補償，這也就表示好好找出青少年的態度和經驗是有助益的，因為這些是一度被迴避的，如今浮現出來，要由治療師和做夢者一起整合入治療歷程。治療師可能需要看看是什麼阻止自己接受這些態度。

治療師所涉入的意象如果是和夢中自我以外的某人有所關聯，這情況是需要對投射到另一人的品質進行探索。[6] 這可能是做夢者

6 亦請參考前文快遞男孩那個夢，原文頁 157。

感覺治療師／父母／大我更喜歡另外那個人，因而可以揭露出投射
出來的伊底帕斯、手足和拒絕等議題。也或許是夢中自我或做夢者
的某些方面確實由於反移情問題或治療師專注別的事而被忽略了，
因此沒有太多的力比多留給做夢者的分析。這些問題可能導致治療 169
師只關注做夢者某些陰影特質。（這些可能是正面的，也可能是負
面的。）或者可能有些外部和／或內部治療師已經看到的特質，而
做夢者自己還不重視。

我的治療師更喜歡艾格妮絲。

做夢者對艾格妮絲的聯想是「好人」，意思是「盡責，她紀錄自己的夢」。事實上，治療師從來沒有要求將夢寫下來，也不在乎做夢者是否要做紀錄這件苦差事。這個夢可能暗示了，做夢者以為分析師必然喜歡艾格妮絲這樣的順從。或者，這可能意味著夢中自我有太多敵意，在她的無意識中艾格妮絲面向有著不那麼執著於反叛的能力，如果從治療歷程來說，這是「比較讓人喜歡」的。夢如何解釋，以及要從主觀層面（內在治療師）或客觀層面（外在治療師）解釋，是取決於夢對於意識的哪個立場做出最好的補償，取決於哪個最能贏得來自做夢者的身體（大我）十分確定的肯定，取決於未來的夢可以糾正及／或評論做夢者對這個夢的理解。

另類治療師的意象

除了治療師以外，有治療師功能的夢境人物，或外貌、衣著、

某些細節與治療師相似的人物，或與治療師有關聯的人物，都可以視作做夢者的內在治療師來處理。而最好的處理方法是當作做夢者的態度，其次則是應用於移情投射。如果這夢是夢到治療師的家人，或是夢到同一治療師但不同性別，或是夢到不同性格的治療師，這樣的夢通常指出對治療歷程和自體的另類處理模式，不論有沒有要求，視其脈絡而定。無論對這些人物所出現的聯想是怎樣的品質和屬性，都意味著和這歷程有關聯，包括各種可能，侵入的、被需要的、有幫助的，或產生阻礙的。然而，這些意象也應該經常檢視，以尋找尚未注意到的反移情含義。

舉例來說，當夢中出現替代的治療師進行著會談，也許是和原
170 本的治療師不同性別的，這人物所代表的品質（透過聯想和解釋，這替代的治療師出現的特質也許是更女性或更男性，或任何更傑出的品質），也許是召喚來進行阻礙，或是已經出現的阻礙。這可以從劇情的結構、從補償或互補來決定；如果是現實情境，有時也可以從做夢者對此遭遇的感覺來決定。例如，一個女人夢到：

我去治療會談。你的妻子就在那裡做治療。

從解釋的觀點，治療師的妻子不是治療師；因此，她做為治療師出現可能是不合適的。如果她是位治療師，她的出現也許是補償夢可能的反移情問題，如下述夢境所示。

做夢者對「妻子」的聯想和情感反應是：「你對她比對我更關心；你總是在她身邊。」她是什麼樣的人？「她溫暖而迷人。」透過這樣的工作修通，可以幫助做夢者瞭解她將夫婦關係不切實際地

理想化，並嫉妒這夫妻關係就是一種幾近共生的「隨手可得」。這讓她想起自己父母的親密關係，這讓她覺得被排除在外。她要面對的議題，包括與自己「溫暖而迷人」的母親互相競爭，以及她對於索求屬於自己的熱情和吸引力的絕望，都需要好好檢視。

在相同夢境的另一個例子，不同的做夢者對妻子的聯想是，「她比你更溫暖也更親近。」在這個案例中，這些感受到的品質是治療歷程中缺少的，需要由治療師和／或做夢者帶進來好幫助治療工作。然而，反過來說，做夢者可能一直試圖引出這類注意力的滿足好避免自我面質。而這個夢將以這樣的事實對她面質： 她自己內在的治療師是把對溫暖同理心的願望，拿來當作防禦。

這點是值得再三重複強調的：當某個夢似乎證實了做夢者意識層次所持有的立場，我們就要將意象從它與主觀層面的關係來理解：將做夢者的態度、情緒、情結投射到治療中。既然這一切是由治療師的形象來代表，所以最好是當作移情來處理。

夢到與治療師的互動特別具有情慾感或攻擊性，指出在客觀層面上對治療師這個人具有吸引力／結合為一或毀滅／分離的傾向，也指出從主觀層面將這些品質投射到治療師身上，投向治療歷程，或投向做夢者內在的療癒者或引導大我。

正如前面所討論的（參考第十一章〈身體意象〉），被潛抑的 171
性在移情中被喚醒時，情慾的母題將會出現。但是它們也可能出現以充分意識或補償那些沒被適切接受或覺察（由做夢者，和／或治療師）的治療歷程和做夢者的深度情緒參與。這些經由夢所帶出的可能而真實的情感，是需要優先進行工作的。這些經常是對治療關係中欠缺的情感默契所出現的補充反應：例如，當治療師和／或做夢者在關係上是情緒疏遠的，也因此疏遠了過程本身。這也可能是補償性的，如果做夢者已陷入根深柢固的負向移情，並且是在阻抗或否認治療師和治療的價值時。

性的母題也可以揭顯出情慾化阻抗的存在，而這種阻抗是對前伊底帕斯依賴需求以及不可避免地隨之而來的挫折感。當在退行階段時，更是如此，此時理想照顧者的投射可以抗拒面對挑戰。

在其他時候，這也可能揭顯出原初的權力動力，而透過這動力，夢中自我尋求如何讓治療師狂喜或是強姦治療師，藉此可以魔幻般地獲得療癒，或是藉此阻止治療。

有些時候，性交媾的原型意象是為工作中深層的交流和相互滲透提供意象。這可能在針對特別痛苦和負向的移情議題進行工作以後才在夢中浮現，指出夢中自我和**內在治療師／大我**之間潛在的豐饒結合之更新，同時是做夢者和分析師之間重新擁有活力的關係。隨著每個夢的呈現，需要探索的是心理面的特有含義，而不僅僅是對具體互動的探索。

一個情慾夢的例子：

> 治療中，我去浴室沖澡。我要治療師跟我一起進來，脫掉衣服，和我一起沖澡性交！

做夢者對夢中治療師人物的聯想是「太拘謹」了。他想要有更多的投入和個人關係。對沖澡的聯想是，「溫暖，戶外工作後可以迅速暖和的方式」，這是他在北極圈工作時的取暖方式。他說，脫光衣服意味著「對私人的一切更加開放」。這也可以解釋為「拿掉外部的遮蓋物，也就是拿掉個人角色」。

在客觀的層面上，這夢描繪了一個對治療歷程不合適的且適
得其反的「需要」。這個意象描繪了用來立即滿足的情色慾望。對 172
更多「脫衣服」和溫暖的需要根源，在關於冷漠而拒絕的母親情結
移情中可以輕易地找到，但這樣的母親情結體驗是做夢者不斷否認
的。

然而，這裡已經描繪了好幾個具有深遠意義的原型主題，是我們還沒好好思考的。沖澡或泡澡的意象是淨化和轉化，是浸禮中的浸洗。和某人一起洗澡意味著共處在同樣的水裡：加入並且分享共同擁有的體驗。性是十分原型的聯接過程：一種本能的、存在的相互滲透。原型的主題總是指向基本上是正向的和必須的潛力，即便這一切是聚合形成負向或破壞的模樣。因此，除非也找到正向的含義，否則這樣的夢不能視為已經得到充分的解釋。真正的解釋是存在於主觀的層面上。脫掉衣服的主題是做夢者需要鬆開自己的防衛保護。他還需要更緊密、更溫暖地納入自己的內在治療師，也要更能接受自我。他對自己（內在治療師）遠距而疏遠的態度，源自他的母親情結，是太過於冷淡和拘禮。這種冰冷而沒人情味的狀態，投射到實際的治療師身上。如此一來，夢對這負向的移情進行了補償，並點出可能的解決辦法。

在這個案例中，治療師還是需要檢視自己可能過於正式的態度，因為做夢者輕率的性需求確實引起了她防禦性的疏遠。她必須好好處理這個被引發的冷漠母親反移情。

夢中的原型移情

從上面的例子來看，有關治療師的夢不僅是指出個人的移情和反移情議題，同時也指出治療和移情的原型層面。治療的歷程確實是原型的：也就是說，是與自性化歷程十分緊密結盟，是十分基本的、超個人的轉化和整合，與個人的意志是不相干的，並且潛在可能使做夢者／分析者成為他／她「注定成為的人」。當超個人的能量和意象經由治療師這個人象徵性地體驗到的時候，或以治療歷程的表徵出現時，我們就要討論原型的移情。

173 一般來說，在治療剛開始的時候，或其他時候也可以，移情的個人層面和原型層面是混合在一起的。夢的意象根據展開過程所出現的時間點，喚起人們注意到需要面對的這些個人的和／或原型的議題，藉此將這些層面進行分類。在這時，移情的動力和夢可以指出超越的維度，而這維度是進行糾正和／或毀壞／破壞等諸多體驗的來源，是在純粹個人互動之上和之外的。

有人帶來一個夢，是對治療關係中矯正體驗的揭顯、表達和聚合：

> 我夢見有一個人有著妳（治療師）的臉，但她不是妳。她穿著寬大的裙子，赤裸著乳房。我覺得自己必須爬入她裙子下才是安全的。

做夢者的聯想是「這會讓人興奮。我一直在告訴妳，我一直以來都在努力得到它」。這個夢引起非常明顯的性移情。但在這例子裡，這並沒有闡明任何新東西。因此，在這個層面，夢並沒有被適當地理解。

有關這個夢中人物的描述，我們可以發現是和地球、植物和動物生命等豐饒女神的許多雕像十分相似。爬入裙子下是傳統收養儀式的一部分。爬行穿過部落「母親們」張開的雙腿間，是部落成員第二次誕生而成為成年人儀式的一部分。[7] 這個夢所指的主題，包括被超個人的母親所收養，以及透過成為女神的孩子，而在男人群體中獲得完全的男子氣概。對做夢者來說，這是一個純粹個人和性的意象，之所以顯現出來，是要容納這些隱藏起來的需求，也就是想要重生而成為大母神的孩子。如果做夢者能將夢中意象的神聖性加以同化和建立關係，他可以獲得引領而超越個人已經破裂的母一子情感聯結所形成的錯誤聚合（這是他受苦的原因），也超越他既防禦又徒勞的唐璜式嘗試，以為可以透過許多女人的強烈誘惑，而處罰壞母親並重新獲得好母親。

當超個人的移情發生時，治療師看起來好像是深思熟慮的導演（女神、女祭司、魔術師、薩滿、指揮家、煉金術士、船長等等），看起來像是要對這歷程做出個人的負責。在這種情況下，大我被投射到治療師，治療師因而擁有強大的神聖感，甚至成為做夢者生命的重心。

針對被表現為乘載母親或父親原型的治療師意象，原型移情的現象也能夠幫助理解當中極其不切實際且愛恨分裂的反應。親子原

7 伊里亞德（M. Eliade 1958）《儀式與成年的象徵：出生與重生的奧祕》（*Rites and Symbols of Initiation: the mysteries of birth and rebirth*, Harper and Row, New York），由威勒．徹斯克（Willard Trask）譯成英文，頁 50-60。

型的聚合會啟動在成為個人之前對於母職或父職的本能期待，這期待被投射入治療場域而得到意識化。因此，那些在原型移情中被投射的素材一旦被修通後，最終能讓做夢者在主觀層次與提供支持、滋養、方向及能量的強大超個人力量相連結。

當這些深遠的能量還沒得到個人的母親和父親的充分調理時，它們將以原型的誇張形式出現，經常是兩極化的。不適當的母職所激發的意象，包括破壞而壓抑的巫婆、邪惡的皇后、關上門的冰箱、癌變的乳房等等。這也會喚起全滋養根源的意象：流動的乳房、豐盛或溫暖的洞穴（通常以現代化的形式）、提供保護和抱持的仙女教母或女神等等。父親原型在夢裡如果是負向地呈現，可能會像是獨裁者、黑手黨首領、邪惡的魔術師、強姦犯等等；如果是正向地出現，則是提供引領、智慧和良性的權威，像是陽具的生殖力意象，或任何傳統中的父神等等。當個人層面修通了，這些意象和它們在超個人移情中的作用，會將矯正後的情感體驗加以聚合和中介，來修補不適當的父母養育經驗，將做夢者重新連接到超個人的源頭本身。[8]

回頭看看英文版第 284 頁的夢，治療師「不尋常」的父親透過窗戶而觀看，個人移情和反移情的意涵已經在前面討論過了。做為原型父親模式糾正體驗的潛在可能表徵，夢提出了以下的議題：秩序、支持、保護、引領的權威、客觀的智慧，以及與集體的現實、工作和限制有正向的關係——父親意象的部分象徵意涵。

另一個原型移情的例子，是榮格的病人有關穀物之神的夢

8 榮格，〈雙重母親〉（'The dual mother'），收錄於《轉化的象徵》（*Symbols of Transformation*），《榮格全集》，卷五，段 508。

境。[9] 夢將她的分析師描繪成一個巨大的人物，帶著夢中自我大步走過田野，彷彿她還是個小孩。夢將分析師展示為神的意象：由於她將超個人的能量投射到他身上，而造成維度之間的混淆。對投射進行分析可以將靈性層面從個人層面中梳理開來，將可以整合成個人責任的部分，和那些只能被看到、被接受，然後遭受苦難和服侍的部分，分離開來。

當意象是正向的時候，這些意象就必然要代表某些理想化的形
式。這可以做為防禦性的屏幕，保護做夢者不必打開自己，不必打 175
開和治療師的個人關係，而且讓治療師和治療歷程都跟自己保持一定的距離。由於這樣的理想化常常伴隨著恐懼和對輕蔑的補償，所以夢很可能是補償性質的。夢可能會帶出治療師的個人陰影，或是以負向或幽默的方式來代表原型的品質。像這類的夢意象可以用來重新評估被理想化的品質。

「我的治療師是中國的女皇」，所呈現的夢意象是將理想化和隱藏的嫉妒發揮到荒謬的極限，也可能是要求治療師處理自身反移情的誇大錯覺。

理想化作用會涉及到超個人能量的投射。投射是邁向意識的第一步。因此，理想化作用的夢，一方面可能會取笑移情投射，另一方面也可以用來協助這類的同化作用。

> 我坐在餐桌。我的治療師就坐在餐桌的主賓席。我感覺既榮幸又害羞。他遞給我一些葡萄。然後他變成一隻猴

9 《榮格全集》，卷七，段 214-216。

子，在他的座位上跳上跳下。

治療師的意象變成一隻荒謬好笑的猴子，這補償了做夢者將治療師理想化為全面智慧的嚴肅權威。她感覺「害羞和十分榮幸」，因為這樣一位「偉大人物」接受她成為他的病人。她在治療時是十分努力的，並且十分小心地進行對葡萄意象的擴大，再將這個帶到會談中，並且聯想為戴奧尼索斯和基督。當治療師要求個人聯想時，她充滿罪惡感地記起小時候從嬸嬸家偷走的無籽葡萄，只因為她喜歡這葡萄的甜味，而她是怕猴子的，因為她媽媽曾經被朋友的寵物猴子咬傷。她想要討論哈奴曼（Hanuman）[10]，印度史詩《羅摩衍那》（Ramayana）裡的猴神，但這本書她其實讀得不多。夢呈現出她對治療師和治療歷程理想化的荒謬。而這些都需要重新評估。在夢的最後，理想的治療師變成了猴子。

猴子原型的正向潛能確實是需要好好考慮的。猴子當然不是做夢者的理想，但這個意象指出原型能量模式的核心，而這是她需要意識到的。猴子做為象徵，是代表永遠存在的、隨性的、前人類的、享樂主義的特質，而且經常讓人覺得好玩的。這些特質是做夢者治療歷程可資運用的。

負向原型移情的夢意象經常描繪令人恐懼的毀滅力量。這些意象用來讓人意識到，有些力量是透過對關係的攻擊和阻攔，來破壞治療的可能性。

---

10 譯註：哈奴曼（Hanuman）是印度史詩《羅摩衍那》（Ramayana）裡的神猴，擁有四張臉和八隻手，曾經與羅剎惡魔羅波那大戰，解救阿逾陀國王子羅摩之妻悉多。哈努曼是風神伐由（Vayu）之子。

一位年輕的女子夢見：

> 我正要前去分析。有個女醫生頭髮裡有蛇。我嚇壞了。

這夢顯現出，治療中已經聚合形成具癱瘓力量的美杜莎原型。美杜莎是神話人物。這裡包含了（但不能被簡化）純屬個人的母性動力。這意象暗示做夢者需要看到她對治療師的恐懼，因為治療師已經成為可怕現實的載體。原來對生命與生活，以及對無意識本身，有著非比尋常程度的普遍人類恐懼，如今是聚焦在做夢者對治療師的恐懼上。神話主題已經告訴我們，她將透過雅典娜盾上的鏡映來注視這種恐懼：是經由經驗上的理解而不是情感的認同。她將用有區別能力的「劍」來對這位恐懼的施與者「斬首」，然後將其中的強大情感掌控在治療歷程本身的超個人容器裡。這意象及其背後的神話呈現出因案主在這個階段的需要而召喚出的特殊方法：而這方法是強調英雄式的對質。透過前幾次治療特有的體驗來探究做夢者對治療師這個人的恐懼，揭顯出她所恐懼的是治療師的銳利，而這一點又讓她想起愛嫉妒的母親。治療師決定承認這是困擾她的缺點之一，是她正努力克服的，但這也可能提供做夢者冒著風險來進行「英雄式」面質的機會。治療師透過現實因素的揭露，以及透過與做夢者共同面對的情感聯結，試圖開始對原型的恐懼施與者加以調解並且加以人性化，而這恐懼也是對生命的恐懼。經由這樣的做法，她在美杜莎神話中，已經開始邁向雅典娜所處的英雄之友的位置。

如果治療師不健康的陰影面出現了，對原本將治療師理想化的病人來說，這往往是十分負向的體驗，除非可以領悟到這事實的原型特性。如果能有某些程度的接納，這樣的揭顯就可以用來在做夢者和治療師之間建立起同理的聯繫，也可以縮小意識和做夢者受傷部位之間的差距：

我的治療師生病躺在床上，對生病一事是很放鬆的。我安靜地坐在他身邊。

177 這個夢在先前已經討論過了，這裡將從原型的角度探討。正如之前所說的，通常，在同一個夢中原型的母題和個人的母題會一起出現，以及／或是原型的意象會以更加個人的和現代的裝扮出現。

在這裡，這位即將成為療癒者的人，反而生病了。有關受傷或受苦的治療者，是普世母題：耶穌、奧丁、凱龍等等都是這類的例子。[11] 正如德爾菲神諭所說：「受傷過的人是有療癒能力的。」因為只有透過他自己的苦難，有意識地承受，這樣的療癒者才能適切地瞭解疾病的本質並且提供幫助。此外，因為領悟到治療師自己曾經受苦過，並且有耐心地以他的方式修通自身的問題，做夢者將更能夠接受治療師人性的缺點，從而接受自己的缺點：可以用同理的態度來接受，而不是透過防禦和拒絕而逃離。

---

11 參見格洛斯貝克（C. Groesbeck 1975）〈受傷療癒者的原型意象〉（'The archetypal image of the wounded healer'），刊載於《分析心理學期刊》（*Journal of Analytical Psychology*, 20:2），頁 122-145。

只為了治療師的治療之夢

有一大類的夢是關於治療師和治療歷程的，這樣的夢所呈現出的意象是關於治療歷程與移情／反移情互動。會做這樣的夢，似乎只是為了治療師，或者主要是讓治療師能夠調整自己而可以適應這個彼此的場域。當治療歷程受到局限而只能對退行的移情關係進行修通時，這樣的夢就會出現。像這樣的做夢者，如果是對意象進行工作，特別是透過擴大，會被經驗為是對這些鋪天蓋地的情感想要加以管理而出現的貶低，或甚至是因為脆弱的治療連結而受傷。然而，案主仍然繼續做夢、繼續將夢提出來討論，有時甚至十分用心地專注於某一個夢，有時則因為毀掉所有解釋的可能性而感到愉悅，或對聯想留一手好來吊胃口。

然而，對治療師來說，這些夢是無價的。夢會提供線索，可以瞭解早年親子關係的原型場域究竟發生什麼事，而這一切全都聚合在治療性的移情和反移情裡。如果面臨的是缺乏口語方面的聯想，那麼與夢同步發生的行為會代替之，彷彿這也是一種聯想。對做夢者來說，這些通常是要被解釋的內容，而不是夢本身。然而，對治療師來說，這些行為層面的聯想往往提供了理解夢的方法，以及瞭解夢所指出的在治療歷程中所出現的變化。做夢者將夢說出來以
後，如果口語的聯想沒有隨之出現，治療師可以回想其他會談中的 178
對話，從中找出相關的材料，再加以拼湊，而得以對夢意象有更深層的理解。

以下的例子是一位女人做的夢，她之所以來接受治療，只是因為法院的要求，她「摧毀」了對她的夢進行討論的所有嘗試；儘管

她三不五時就會說起自己的夢：

> 我拜訪你的房子〔治療師的房子〕。我餓了，但我不願說。你給我一個夾肉三明治。我吃了，一切還可以。

事實是，這場景不是在辦公室，而治療師從前面幾次的會談中早就知道給做夢者吃肉會是有問題的。她有著強烈的嫉妒，因為早些時候的會談有提到對治療師「豪宅」的幻想。而且這位做夢者是個素食主義者。

儘管如此，這個夢是隱喻式的陳述，這個治療歷程可能對做夢者有了強烈的影響，內心喚起的飢餓感得到滿足，即便夢中自我和做夢者都「不願說」。儘管有這麼多的阻抗和恐懼，變化可能還是慢慢地發生。這情形由夢的最後一句話所表明：做夢者正在接受夢中自我認為「還可以」的滋養。這個訊息與她明顯的行為表現相互悖離，而且也對她的行為做出了補償。當治療師知道這一點以後，對這位難相處的病人也就有了耐心。

當治療師私下思索這個夢的時候，必須考慮這個夢的許多問題：

> 治療師的房子仍然是教人嫉妒的地方嗎？是誰嫉妒這一切，夢中的自我，還是餵養她的人？嫉妒會讓做夢者感到飢餓嗎？她是否不再如此嫉妒，可以「拜訪」這個「比較富裕」的心理空間？如果她不能「說」，那麼這是恐懼、阻抗，或是語言期之前的退行動力？她的飢餓感究竟

> 是發生了什麼事，所以讓她不能「說」出來？究竟是怎樣的破壞，隱藏在這片沉默的背後？她真的是有意表達自己的需求，開始「說」了嗎？為什麼她無法獲得素食餐飲？她是否願意改變自己的飲食？如果她覺得「還可以」，那是指肉不再是個禁忌，對她來說不會太強烈嗎？等等。

所有的這些問題都能帶出假設，留在治療師的腦海裡，留待未來考慮。有鑒於做夢者目前沒有任何聯想，此時無法得到任何結論。

治療師自己有關案主的夢

治療師出現關於案主的夢，總是隱含著反移情的問題；因此， 179
治療師工作上需要做的，是看看自己把哪些情結或原型問題投射到那個案主身上。[12] 這類的投射最常見的是有關陰影的問題，沒辦法代謝消化的情感，或是案主融入治療師家庭的情況。但原型的反移情也是可能的。案主的形象可以表現成為大我的形象或孩子的形象，可以是愛人或敵人，一個令人嫉妒的理想或是一個四處破壞的魔鬼。這種投射，無論是個人的還是原型的，都暗示著治療關係處於困難，同時治療師已經過度認同案主，或者「利用」案主做為自己心理某部分的載體。對這樣的夢進行工作，對於解開移情一反移情的混亂，通常是必要的，也是十分有幫助的。

12 參見高爾金（1987），頁 42。

在某些情況下，治療師的夢是對案主的錯誤認識所進行的補償。榮格夢見他「輕視」的案主出現在他夢中的塔頂上。[13] 她在會談時所引起的不予理會的事實，加上她出現在夢中的事實，都指向反移情的問題。無論如何，這個夢讓榮格注意到他的反移情。

13 《榮格全集》，卷七，段 189-190。

總結

180 夢是一扇隱藏在靈魂最深處、最隱密角落的小門，通向有如宇宙一般廣袤的夜晚，那是早在自我意識出現以前的心靈，而無論我們的自我意識延伸到多遠，永遠都是心靈的一部分。

——《榮格全集》，卷十，段 304

夢是通往生之泉源的一扇門。

夢顯示做夢者的真實情況。在這種情況下，夢有時會被體驗為冷酷的，甚至是具有威脅性或破壞性的，因此稱為「壞」夢，因為夢會面質做夢者，要做夢者好好看看有關他／她當下現實那些看似殘酷的心理和精神事實。然而，這種冷酷與其他自然過程裡的任何一部分都一樣是客觀而無情的。從這個觀點來看，也就沒有所謂的好夢或壞夢了。當做夢者可以同化夢的意圖，並適應引導大我的視角時，這種對個體的存在根基有了最基本的適應，將會產生「好」或「入道」（in Tao）的感覺。這樣一來，源頭或大我會感覺有幫助和感覺是「好」的。如果這樣的適應是不可能的，確實「壞」夢的威脅感就會繼續存在。

在進行夢的工作時，人們可能會遇到一種深邃的神聖感，同時對未知實體的客觀性和創造性感到驚奇。因為沒有更好的名字，我們稱這個未知實體為「引導大我」（Guiding Self）。這些感覺是從體驗中發展出來的，是持續接收到來自精確而相關的夢意象所帶來的訊息所產生的體驗，以及伴隨而來有關個人成長的體驗。

另一方面，就算是持續多年的治療工作，也會有不得不接受的悲哀事實，就是做夢者沒有能力打開自己來面對引導大我所提供的一切：做夢者自已的疏離而遠離了原本擁有的潛力、整體性和現實。這種對個人生命意義的疏離，有時是如此深刻，以致阻礙或破 181
壞了人們對變化和發展的感知。

如果工作的對象是邊緣狀態或精神病狀態，許多治療師會發現無法對這類患者的夢適切地工作，做夢者也無法理解自己的夢。他們可能會好奇，除了讓治療師更瞭解移情／反移情和治療歷程之外，這些夢究竟還有什麼臨床用途。在這種情況下，治療師可能要讓自己替代做夢者充滿恐懼的意識，示範對來自做夢者引導大我的訊息充滿敬意的注意。有了耐心和堅持，治療師可以帶領做夢者，一開始是有限的程度，慢慢地就可以全面參與了。就算不可能做到，治療師還是會感到驚奇，他們的夢是不會停止的，引導大我並沒有縮手而不支持這一切的表現，不管有沒有人在聽。

通常在治療性的夢工作幫助下，做夢者就可以發展出更加一致的自我位置，而這本書所描述的歷程就可以幫助做夢者盡可能開啟和無意識之間豐富而多層面的對話。正如我們所見，相同的訊息可以來自各式各樣不同的解決模式。小心翼翼的工作而引出聯想、解釋和擴大，以建立起基礎讓夢活現象徵的和隱喻的意象，包括引導想像或積極想象；同時／或者努力在個人的或原型的層面探索夢中與移情相關的涵義。這一切會彼此交錯，因此非常有可能帶給做夢者和治療師本質上類似的基本訊息，那是有關做夢者的發展和歷程的訊息。

另一方面，和夢一起生活和對夢進行工作不需要只局限在病理和治療的領域。但願治療師和被分析者／做夢者都會明白和永遠富饒的無意識進行對話有無法估量的價值，也學會尊重引導大我的這些表達，而能與有適當經驗的伙伴繼續下去。

根據傳說，[1] 在出生前天使會在靈魂上方點亮一盞燈，「這樣靈魂就能從世界盡頭的一端看到另一端……她將生活的地方和她將死亡的地方……他帶著她走遍天下，指出誰是義人，誰是罪人，以及其他的一切。」然而一出生，天使就「將燈光熄滅了，孩子也就忘記了他的靈魂所見、所學的一切，他哭著來到這個世界，因為他
182 失去了一個可以庇護、可以安全、可以休息的地方。」然而，一旦進入而成為地球上的生命，「靈魂每晚都從肉體逃脫，升入天堂，從那裡獲得新的生命」……

也許，經由做夢，我們試圖回憶起我們的靈魂早就知道的一切。

1　路易．金茲柏格（Louis Ginzberg），《猶太人的傳說》（*The Legends of the Jews*, Simon & Schuster, New York），頁 29-31。

| 評論 |

在無可確定裡，尋找介紹自己給自己認識的方式

——談《夢，通往生命的泉源：榮格觀點的解夢書》

初步立場和態度

其實是我要求要寫這篇文字，並不是我熟悉榮格尤其是後來的演變，如果說我是所知有限，我會更樂於如此承認。只是這反而是我想要書寫這篇文字的基礎，不是不自量力，而是有著一個重要的態度在支撐著我，讓我覺得可以嘗試替王浩威中譯的這本書，在這時候出版表達一些想法。至於我的態度是，我不是想在這篇文章裡，呈現佛洛伊德以降的精神分析，尤其是處理夢的技術和知識，是唯一的理解夢的方式。

這只會帶來我以批評方式看待這本書，卻無助於了解這本書。需要更進一步說明我的態度是什麼，我無意將歷史上，佛洛伊德和榮格之間，當年複雜因素而讓他們絕裂的情況延續到目前，影響我們來看兩人所各自建構，並流傳下來的技術和理論都是動態發展中，而不是只停留在他們當年所說的某些想法和技術上。要比較兩種心理學技藝，並不是一件容易的事，因為兩方的發展都複雜化了，顯示著兩方仍是具有生命力地活著。我的態度也包括，無意比

較兩者何者為優，何者是對的態度，因為站在自己的學派立場，勢必會是希望自己心中所屬的學派是最優的，但這依然無法了解他方。

我會將佛洛伊德以降的 psychoanalysis 說成是「精神分析」，而榮格以降的 analytic psychology 說成是「分析心理學」，這是我個人的習慣用法，有人有不同的譯法，因為不可否認地走到目前，兩方對另一方的了解都是有些難度。我甚至懷疑，果真有人可以在清楚明白兩方的基礎上，來談論雙方的技藝？畢竟如果只停留在，兩方歷史上某個時候的某個論點來做比較論好壞，對臨床工作來說並不是很有意義的事，希望各位讀者可以從我的上述描繪裡，不只是清楚我的態度，而是我的態度所以形成的基礎，是精神分析和分析心理學都是有活力地活著，而且還在發展中。

進一步談論從這本書的範圍裡，我讀到的兩方的異同前，再說一個我覺得重要的想法，分析心理學和精神分析至今所建構起來的理論城堡，都是屬於猜測和想像。佛洛伊德在晚年的文章《有止盡與無止盡的分析》（1937）裡提到，他的理論都是猜測所建構起來的「後設心理學」。畢竟如果要讓我們對於五官經驗外的，意在言外的領域，提供那裡有著什麼，都會是想像和猜測的成果。

不過這種說法可能引來不同意見，例如有人擔心是否影響分析心理學和精神分析的存在價值？首先，我是覺得兩者都存在至今了，不必再擔心存在的價值這個課題了，但我特別提出，都是屬於猜測，所建構起來的後設心理學，因為唯有如是強調，在我們面對個案時，才不致以為我們是站在人性或心智知識的真理上所提供的想法。也許這樣子，才能讓分析心理學和精神分析不是宗教，雖然在人性上會希望自己心意所屬的，是具有如神般說出的，是真理的期待。

只是這種期待也是值得再細思，如本書裡提到的「因為夢的意象是象徵性的，不是語言符號學的，臨床工作者必須要小心，不要對夢的『意義』過早『理解』，也不要依賴任何固定的等義關係（即：夢到木棍就是陰莖，夢到洞穴就是大母神，夢到閣樓就是理智或未來）。從夢迅速得到的意義，往往是來自治療師自己的偏好或反移情的投射，而不是來自真誠的、通常需要雙方相互的理解。」（第二章）

溫尼考特和比昂出現的某些意義

也許兩位作者艾德華・惠特蒙（Edward C. Whitmont）和席薇亞・佩雷拉（Sylvia Brinton Perera）的論點，不必然被所有榮格取向者所完全接受，不過如果從這個說法出發，當把對夢的理解是站在，說夢者和聽夢者兩人間的移情和反移情時，就意味著夢本身的意義，或者在說出後被了解的意義，就受限於說者和聽者兩人之間的細緻互動了，不再是它有著如神喻般的宗教旨意了。佛洛伊德後來對夢的分析技藝的修正裡也提到，分析師的持續存在甚至會影響著個案後來的夢。這是符合我們的臨床經驗，不過如果從艾德華和席薇亞的說法，這種會隨著移情和反移情，而影響或修改了夢的形成和說出的方式，並不會影響夢在分析或治療裡的價值。

我試著每章選取幾個小段落，來做為我內在對談的方式，覺得如果有這些說明也許較能理解作者的意圖，或者能夠彰顯分析心理學和精神分析，在某個情境的相互想法可能是什麼？

我很好奇，為什麼在社會一般的論述裡，相對的更常是以榮格的某些說法，尤其是和神話相關的想像，而且是以很愉快的方式說，而佛洛伊德則被侷限在性學和伊底帕斯情結，雖然佛洛伊德也引述不少神話的說法。社會上更常見，對於佛洛伊德以降精神分析的負面說法，但相對的，對榮格的論點是支持的，並引為有被榮格論點洗禮的反應？

「對於夢詮釋中這種藝術性的方式，所仰仗的要素，和欣賞文學、繪畫或音樂時運作的方式是相同的。而需要的敏感包括對主題的內容和角色的特殊特質，對演出，對人物、形式和場景三者之間的相互關係。它需要的敏感包括對夢中事件的節奏（快、慢、展開的、碎片化的等等）；對情緒的色彩和調性……對於在夢中、夢與一致現實之間以及夢與做夢者有意採取的立場間所出現的和諧和衝突；也包括夢境本身、夢意象和做夢者有意識的察覺之間，當中的關係品質。」（第二章）

《夢，通往生命的泉源：榮格觀點的解夢書》也吸納了，佛洛伊德以降繼承者的一些論點，例如，在第二章的註解裡提到的溫尼考特（D. W. Winnicott）和比昂（W. R. Bion），這兩位當代重要的精神分析家，我相信除了佛洛伊德外，溫尼考特和比昂的作品至少會再風行十幾二十年，因為他們都將焦點涉進了更「原始」的領域，這說法是指伊底帕斯情結之前，或是人格層次裡某些原始的性格，不再只是焦慮或恐慌等「精神官能症」層次。溫尼考特是少數公開書寫文章（Winnicott, D.W. 1964. Memories, Dreams, Reflections. Int. J. Psycho-Anal., 45: 450-455），從回顧《榮格自傳》承認榮格在理解和想像「精神病」層次的貢獻，雖然後來在精神分析裡接話的人並不多。

如同艾德華和席薇亞在第二章裡，對於分析夢時所提出來的意見，例如「但在另一方面，對某些患者而言，因為他們退行的程度或是早期發展上的欠缺，早就充斥著無意識的材料，這些技巧反而會加重他們碎片化和疏離化的感覺。這些患者也許沒辦法將夢中的人物當作自己的面向來因應。對他們而言，唯一可以和自己不同的面向產生關連的部分，就是夢中自我（如果有的話），但有時連這樣也沒辦法。在這個階段，要求去直視他們人格中負面的部分（陰影），往往會產生反效果……」

另艾德華和席薇亞也引用了瑪殊・汗（M. Masud R. Khan 1972），〈精神體驗中夢的使用與濫用〉的論點（瑪殊・汗是深受溫尼考特影響的精神分析師），而表示：

「有時，需要暫時放下對特殊的夢境工作，絕對不能急切。競爭和強勢主導只反映出一個需要處理的反移情議題。

對有些個案來說，詮釋性的夢工作也許不是他們要的，或者是不可為的，或者只能在某些特殊修正的模式下進行。同樣地，每個禮拜出現了十來個夢，或者是夢中有『荒謬而混雜的意象』……」

我再引述第二章裡，艾德華和席薇亞在註腳裡說明，受溫尼考特和比昂影響的想法，「他們也許是被『遊戲』的：被撿起、被描述、被總結、被重新安排、被丟棄，然後再次被撿起，然後才重新感覺到與自己相關的主控感和穩定的認同感。這種在分析師陪伴下而擁有的安全的創造性活動，建立起共享關係的能力：既是和外在的另一人共享，也是享有從自己內在存有（being）

與認識（knowing）所在之處不斷湧現的夢材料。透過同理共感的他者來深思個人「自己的」夢的內容，做出聯想，將特別的夢意象落實在每日生活裡類似的事件和模式，找出客觀的說明，分享自己的反應：這一切都提供了方法和材料去建設『夠安全的』（safe-enough）治療關係，在這樣的關係中，真誠的情感和自性（individuality）終究會湧現的……」

在前段的註腳（註 11）裡，艾德華和席薇亞也描述了，比昂 1967 年出版的《精神分析的反思》（*Second Thoughts: selected papers on psycho-analysis*, Heinemann, London），這本書是比昂分析精神病案例的作品結集，「頁 98 裡面所討論的病人，他工作對象的思覺失調症患者是無法做夢，他們的『看得見—看不見的幻覺』（visible-invisible hallucination），以及他們日後體驗到的夢意象是像糞便這樣的『固體』客體，恰恰相反於『夢的內容是細小而看不見的連續體』，像尿液的類比。與其將這一切視為前伊底帕斯階段的動力的化約，不如從象徵的層面來看這些產物，點出它們深邃的價值。」

夢是指出一條路，有著預示的功能？

對於榮格提出的「集體潛意識」的概念，有些精神分析取向者覺得沒必要，或者那是很難了解的領域。不過我的觀點是，如同溫尼考特提出「促進的環境」概念，被當代其他學派者評論是多餘的說法，可以用精神分析現有的術語來說明即可，或者擔心「促進的環境」概念可能會把精神分析著重的內在心理世界，帶離至偏重外在環境，畢竟佛洛伊德是好不容易才把心理學的視野帶進內在心理世界。

不過回頭來看，如果以「集體潛意識」可以很容易地被運用，來說明過多現象時，就得注意，這個語詞可能走向老化的過程了，因為一個術語如果承載過多的概念和情境，可能使用過於負重，反而讓更細節的描繪未能浮現。這當然不會只出現在分析心理學的術語，在精神分析裡也可能出現相同的處境，例如對於「性學」的概念，或依然重要且是臨床有效的概念「伊底帕斯情結」，也可能走向這種命運？

另如果完全以移情和反移情，做為臨床過程的主要焦點，會呈現了一些矛盾的態度，例如，如果真的把夢的分析放在移情和反移情，以佛洛伊德曾走過的路來看，在《夢的解析》裡，依著「顯夢」走向潛在的「隱夢」的方式，只是那是很個人化的路途，如果我們過於相信「隱夢」裡的內容，是可以建立對自身學派的認同，卻可能和原本設想的，每個人有著自己的心理學有所相違。這也是讀佛洛伊德的文章時可以看見的情況，因此在閱讀時勢必每個人得抓住，自己認定的核心立場是什麼，以及會有多少堅持和彈性？

例如，以下說法裡，我們會多確信這詞「這表明」的肯定？「一個男人做夢夢到『我是一頭獅子。』這表明他的大我認為潛在的獅子力量仍然消極地聚集在他生命中。他的夢中自我顯現出和誇大的嬰兒式自體和理想自我融為一體的狀態，可說是消弭個人的身分。當公主或獅子的特質是做夢者所嚮往的，而且能被自己同化時，夢中自我遇到的實體會是個別分立的角色，和它之間會出現有關聯的活動，而不是與它認同合一。或者，夢的活動會描述這個角

色在追趕他，或者夢中自我需要餵食牠等等。」（第三章）

夢是指出一條路，有著預示的功能？這會是和精神分析的概念有所不同，大致上依我的了解，不會主張夢有著預示未來的功能，不過佛洛伊德是把夢的「功能」指向，可以保護夢者的睡眠不被打斷，而得以持續睡著。例如，膀胱尿急，但夢中如「幻覺的滿足」解了尿，雖然沒有實質的解尿，但卻幻覺般覺得有，因而得以持續睡覺。不過也有後來者覺得不甚滿意這種功能論，或者如果只把功能定位在此，那麼何必理解夢在移情和反移情裡所產生的意義呢？這是在建構大理論時可能常見的困局，但是臨床上卻可能是不見得被自覺的矛盾，運用者可能處於不自覺的分裂狀態（splitting），這是常見的，如在本書第三章所彰顯的目的。

「夢境的事件只是指出了一條路。它們預示著在目前這樣的情況下，什麼事是可能的，或者什麼確定是可以發展的。因此，夢給予了鼓勵或警告。做夢者在夢中也許會冒險而解決艱鉅的任務，或走錯一步而墜入懸崖。這樣的結果都是暗喻，提醒我們注意一些已經發生的事情，或是我們沒察覺到正在發生的事情。既然做夢者（在夢的訊息以前）不瞭解這事件的本質，夢意象是一種呼籲，要我們檢視心理事實或外在事實。但隨著做夢者的洞察和能力改變，夢裡出現的結果也可以修改或逆轉。」（第三章）

夢、聯想、隱喻和意義的交織

談論夢本身時，在意象、寓言或象徵裡採用的語詞，首先要了解的，這是艾德華和席薇亞的定義，我不知道這樣的定義，在分析心理學裡是否都採取相同的定義？雖然依我的經驗，發現日常生活裡愈常被使用的語詞，可能在大眾之間的解讀會有愈大的差異。也就是每個語詞，都有著它們可以再被細分的語詞組合所構成。我引述艾德華和席薇亞在第四章的幾個段落，來呈現我所看見的：

「夢意象透過它們所激起的聯想、說明和擴大所形成的網，慢慢編織成為隱喻（用其他的意象來描述某一件事）。接著這張網則為意象提供了心理的脈絡和意義。

如果隱喻性的意象也引導到理性可以理解和表述的層面，我們就可以將它們當作是寓言的。當它們的脈絡或意義超出了理性可理解的範圍，我們討論的就是象徵。」（第四章）

同樣會出現類似的，在建構理論時，或者建構某個夢的意義時，我們需要把想法說得有多少程度的拆解，以及夢會傳達多少如上所說的，某些象徵和圖謎會傳達清晰的意義？

「相對於寓言，象徵指的是那些只能『隔著玻璃模糊地看出』的事物……象徵指出了存在的意義，甚至指出超個人的意義，指向靈性的領域。將超越的面向含納為心靈生活的基本關注，表達了生命是需要意義的，這是透過感知的一本能的需求及其之外的一切而完成的。」（第四章）

雖然在臨床上會有一個假設，個案是要答案來滿足自己的謎題，如為什麼生在這個家庭裡？或者更是尋找謎題，因人生的困惑是一層又一層？但藉著有了答案做鎖匙來開另一個謎題，這鎖匙是以不滿意這答案的方式來發揮作用。也就是有了答案，卻覺不是如期待的而感到失望和失落裡，再出現另一個謎題在後頭，如此一層又一層，需要同時想其他的說法，才不會執意於清晰的意義，如艾德華和席薇亞說的，夢不是如同記號學，有著一個記號等同某個特定意義來了解，而是如同象徵。

「所謂圖謎，是通過圖片來呈現一句用語。這些圖片或多或少清楚地暗示著發音音節、單詞或想法。例如，一幅畫有一隻貓（cat）站在原木（log）上，也許是『目錄』（catalogue）的圖謎……在圖謎中，圖像可以透過發聲的「邏輯」來轉譯成字詞，不必在乎圖片順序的缺乏邏輯。因此，從表面上來看，圖謎的呈現是毫無意義序列的雜燴，然而如果根據發音加以轉譯，這圖謎會傳達清晰的意義。」（第四章）

不過對於圖謎的說法，會是什麼呢？我們需要一起來想想，我們期待的某些意義，可能是以什麼方式出現而被感受到？出現在某些跡象時，那些跡象和我們期待的意義之間，有著什麼關係呢？

自己的自由離真正的自由有多遠

「對夢境意象進行的聯想一開始是「自由的」，但很快地，一旦任何情感被觸動，聯想就聚焦在相關的問題和情結上。因此，如果做夢者只將意象留在聯想是不夠的，例如，X先生表示某個夢『使我想起高中時曾經一起出去的一位朋友。』在做夢者的心靈仍然沒有任何鮮活的身體或情感體驗。因此這一夢意象沒辦法透過它和當下情感現實的心理關聯，為做夢者在體驗層面扎根。我們必須進一步探詢這個夢意象，但得是開放式的問題，不能暗示任何特定的答案。但是它需要尋求特有的情感體驗 ....」（第五章）

據我的了解，分析夢時，精神分析取向的說法，和這段可能不會有太大的落差。不過，這不意味著兩方的做法就會很接近，例如對於夢的解釋裡，期待有它的客觀功能和意義？這可能就會帶來不同的爭議。

「如果說聯想是主觀的反應，無論它們原有的理性為何，那麼解釋就是對共同接受和達成一致的事實的相關表達。這也就表示，解釋傳達合理的意義。解釋表達了意象對做夢者或／和集體而言典型代表的一切，也就是它客觀的功能或意義……」（第五章）

畢竟是否真有這種客觀性的存在，可能仍是理論者的主張和決定，因為無法說夢一定沒有這種客觀的功能和意義。如佛洛伊德主張，夢是要延遲當事者的醒來，使得睡眠不被打擾。不過就算是這麼說，但是在臨床的分析時，焦點是在移情和反移情時，個案的夢是否有著使睡眠不被中斷的關聯，似乎更是個案自身的課題。但是雖說是自身課題，卻也有著理論者的定義，而決定著是否繼續探索某些材料。

因而有著「為了對每一個別的解釋確立適當的範圍，治療師必須避免將知道的意義視為理所當然，而是應該向做夢者詢問這樣的問題：『對你來說這代表著什麼？』『為什麼呢？』『如果這情形是真的，會怎麼樣？』等等。簡單來說，治療師需要採取好奇而無知的立場。唯有如此，他或她才能避免過早下結論。」（第五章）

由於涉及移情和反移情的課題，使得以為什麼等方式，直接詢問意義的課題，是否如治療師所說，我倒是保持疑問。因為這些問法是得到意識的答案，但潛意識的想法和情感，倒不見得是以如此詢問方式來得到。雖然這種問法是更符合民主的態度，卻可能和個案內在裡的原始想像和情感是有距離，甚至是相反的，而且就算我們很有工作經驗了也很難判斷。

「不是只有做夢者個人的解釋可能與集體的解釋有種種不同，治療師的解釋也可能跟做夢者或集體的解釋截然不同。雖然這可能會與夢境材料相關，但需要先擱置，直到所有來自做夢者的材料都先探索過。而且，當做夢者的解釋和其他的解釋之間，或者在做夢者的聯想和現實的解釋之間，出現許多不一致性時，就需要臨床的技巧在不一致性之間搭起橋樑而加以理解……」（第五章）

另就夢的分析技術來說，艾德華和席薇亞提出了，包括積極想像和引導想像的技術，這兩種技藝有著早期催眠式暗示的特徵，我覺得並非一定不能使用的技術，如同佛洛伊德後來為擴大精神分析使用對象時，他也提出了「分析的金，暗示的銅」的說法，這種說法可能被誤解為，好像使用「暗示」或當代的「建議」就是劣等的，並非純正的，其實這是偏見。

「既然夢深層的情結也會共時地影響著外在事件和清醒的『改變意識』狀態，所有的夢也就可以加以擴大，也就是做夢者將夢加以延伸，再透過想像的技術來加以放大。這些操作允許意象在內在之眼前慢慢浮現，或者只是透過『虛構』來填補夢故事裡所遺漏的片段。『積極想像』和『引導想像』這兩種方法已有其他的作者多次描述了，讀者不妨可以多參考這些作品。」（第五章）

「積極想像」和「引導想像」，在理論上離「自由聯想」是有距離，但要「自由聯想」並不是容易的事，那是理想，而不是操作時馬上就可能達到的境界。因此在實作過程裡，我相信在精神分析取向的治療者，可能仍會不自覺地有著引導想像，或者間接積極想像的方向，做為個案陳述他們的夢時的處理技術。「同樣重要的是去觀察做夢者在訴說夢境時的情緒與身體反應，其姿勢、張力及感官知覺都是相關的聯想。治療師也需要注意他／她自身的反應，同時仔細檢查當中的反移情成分。」（第五章）

因為從完全的自由聯想，至引導想像之間，是如同光譜般，不同程度的自由聯想和引導想像的比例，這是比較合乎技術的實情。因此我依治療實情來想，精神分析取向者雖是強調自由聯想，如果能夠了解積極想像和引導想像，並對於自己的自由離真正的自由有多遠，才會有比較的基礎。

原始的期待有多原始

「夢工作了一段時間後，原來持續變化的心靈能量模式開始取得均衡，並且得以維持下去。這帶來了生態式的平衡，介於心靈之內以及個體努力覺察並體驗外在（客觀的或者投射出的）環境兩者之間。」（第六章）

佛洛伊德對於夢的論點，是以有一個難以說清楚，它是什麼的動力，但姑且名之為「嬰孩式的期望」（infantile wish），如果要說它是什麼期待，也許接近「原始的」期待，如同艾德華和席薇亞在第二章，引用溫尼考特的概念時，所主張的那種「原始」也可以說是語言無法抵達的地帶，但假設它的存在，我們只能以語言和說話，試圖來接近它。

「這不是因為像古典佛洛伊德學派說的那樣，所謂夢釋放了緊張，並且讓願望得以滿足。而古典榮格學派所說的，所謂每個夢都是在補償意識中的自我立場，其實也不是那麼容易做到，因為我們愈來愈清楚自體感有很多層次，而認同也有很多面向。「自我」是不容易定義的，更不用說體驗了。並且通常我們嚴重受傷或退行的案主，往往只有一個誇大、渙散或破碎的認同感，沒辦法找到一致的自我立場（因為分裂作用或缺乏發展）。」（第六章）

原始期待的表現型式很多樣，而夢是其中的一種，而佛洛伊德的確曾在《夢的解析》裡提過，夢的出現本身就是某種嬰孩式期待的滿足。不過依我的解讀，這種滿足更像是，生為一朵花就註定有股動力存在，不論在多麼艱難的情境下，就是要試著開花，最後有著終於可以開花後的滿足。如同本能的存在，就是要行動出來做為滿足的方式，但是那種「嬰孩式的期待」，不是開了一次花就滿足，就不再開花了，而是生而為花就是一直開花，能夠開花時的滿足，不會停下來的，除非各式條件都無法配合。

「在臨床實務中，我們經常遇到一些做夢者的意識認同沒有得到充分發展或是碎片化的。他們早期成長的環境遭到嚴重的威脅，於是應該發展出來的那個聚焦的和主觀珍視的認同，卻被阻止或是安全地藏了起來。他們常常受到無法處理的情感打擊，將他們的意識分裂成碎片。」（第六章）

艾德華和席薇亞提到的，案主因為嚴重心理受傷或退行，而呈現的破碎的認同感，這是艾德華和席薇亞在第二章裡申論的重點。佛洛伊德晚年的文章，《在自我防衛裡的分裂機制》（*Splitting of the Ego in the Process of Defence*, 1938），是起初以「精神官能症」做焦點的觀察和思考，後來嘗試對於原始性或精神病性（不必然等同於精神分裂症），提出他主張的重要防衛機制，分裂機制。相較於精神官能症（neusosis），依精神分析的論點，它的主要防衛機制是「潛抑」（repression 潛意識的壓抑）、「壓抑」（supression 意識的壓抑）、反向作用（reaction formation）或合理化等機制。而「分裂機制」是做為精神病（psychosis）層次的主要運作機制。

簡化的說，精神官能症層次的互動，是「完整客體」和「完整客體」的互動，例如我們常說嬰孩和父母的互動，假設都是完整客體的三個人之間的互動和情結，這是伊底帕斯情結三人關係的基礎。但是「分裂機制」作用下的結果，是如作者所說的破碎的經驗，這也是艾德華和席薇亞在第二章引用的，比昂對於精神病人和原始性的探索分析後的說法，有些創傷者是碎片般（fragments），對於自己和他人的認知，不是以完整的對方來認識，而是破碎片狀。

也許可以說如精神分析家克萊恩（Melanie Klein）所說的，嬰孩對於母親乳房的認識，這是以「部分客體」來做為認識父母（完整客體）的方式。不過如果回到一般的實情，人和人之間相互認識，果真有完整認識自己或對方嗎？這是假設有著完整客體的相互認識，但是實情上，人和人之間的認識，可能大都是以部分特質來認識對方和自己，也許這是艾德華和席薇亞在這段引文裡所談到困難的緣由吧。

如果依著艾德華和席薇亞在第二章和第六章這段的說法，強調破碎的經驗是個重點現象，我個人也是呼應這種觀點。不過如果我們相信這種論點，並以此做為焦點，來假設夢的形成和處理的技藝時，從我的角度來說，就需要了解艾德華和席薇亞在第三四五章裡，對於夢和處理技藝的說明和例子，可能大都是以「完整客體」的人做為基礎，而形成他們所主張的某些夢裡的某些潛在意義。

夢工作的心理機制

相對於破碎、難以理解的人生，如果要把夢的機制也納進分裂機制運作後的現象，那麼當我們想把夢的分析內容，推向那些具有高度靈性的說法時，可能是有些不相容，畢竟「分裂機制」是相當原始的心理作用，它所運作後的結果是破碎難解，或者只是一時的想法，但畢竟是難以整合的。在第三四五章裡，艾德華和席薇亞的意圖，看來是有些接近佛洛伊德在《夢的解析》裡也曾嘗試的，不少篇幅是在說明，從夢者記得的「顯夢」裡加進其他聯想，而建構出「隱夢」（latent dream）的可能意義。

不過如果有差別的話，佛洛伊德對於夢的分析，大都是推向常見的人性，如妒忌不滿等潛在情感，而本書則是延續榮格的傳統，將隱夢的內容部分推向靈性境界。不過這是原先就對夢是什麼的設定有所不同了，依我的想法，夢如何被解讀，自古就無法有統一的說法，這也讓夢成為多元存在的原因吧。只是當艾德華和席薇亞也強調分裂機制下的破碎性，這也是顯夢的某種特性，那麼它是很「精神病」式的思考和再現，在解說後的隱夢的意含，就隨著論者自身的傳統而有了不同。

這也是精神分析和分析心理學，各自在佛洛伊德和榮格原先對於夢有所先決的設定後，各自依著自己的傳承而發展出來的結果。只是如果要推論出屬於靈性層次的經驗，是否需要大致是屬於完整客體下的經驗？如艾德華和席薇亞所說，「而古典榮格學派所說的，所謂每個夢都是在補償意識中的自我立場，其實也不是那麼容易做到，因為我們愈來愈清楚自體感有很多層次，而認同也有很多

面向。『自我』是不容易定義的，更不用說體驗了。」（第六章）

那麼何以艾德華和席薇亞會有第三四五章的那些描繪呢？是有些像佛洛伊德當年，為了向世人展示他發展出來的精神分析，有著這些有趣的意在言外的人生故事，讓人們對於夢有不同於前人的觀點。在《夢的解析》裡，他舉例說明不少從顯夢到隱夢的人性故事後，他說其實對他來說，夢真正重要的，不是從顯夢分析出隱夢的內容是什麼，而是夢是如何工作的，也就是「夢工作」（dream work），才是夢的存在和分析的重要意義。這是什麼意思呢？

佛洛伊德是指，人的心智如何運作才是重點。例如，某項難以被接受的欲望，經過那些心理機制，而變成顯夢的過程，他主張他的探索重心在那些心理機制，而不是「隱夢」是什麼。雖然一般人常說，我有個夢，你幫我分析一下，一般是更好奇隱夢是什麼。至於「夢工作」的兩大心理運作機制，是濃縮（condensation）和取代（displacement）。濃縮是指複雜的心智內容會濃縮成某個夢的片段，以片段來代表潛在欲望。而取代是另一個可能不相干的景象，來取代某個重要的欲望，經由濃縮和取代的交互穿梭而形成顯夢的內容。

關於這些夢工作的概念，艾德華和席薇亞是提出了更多的心理機制，例如第六章裡提出的，補償、補充或戲劇化作用等。

「補償和補充是重疊的概念。它們是對意識立場和觀點偏向一邊的情況加以平衡的修正。補償作用經常以誇大的方式，產生與我們意識的觀點正好相反的看法。舉例來說，在我們的觀點過於樂觀的情境中，可能呈現出令人沮喪的看法。因此，夢也就會暗示這情境是令人沮喪的；或者直接呈現出『另一面』，意即這潛在的沮喪面向是被忽視或沒有充分考慮的。

補充則是加入一些缺少的碎片，但不必然是恰恰相反的部分。補充趨向於讓我們的觀點更完整或至少是拓寬。它說：也再看看這個這個，還有那個。補充和補償的功能都是用來糾正我們的盲點。這二者都是為了拓寬我們的覺察以及克服我們固著的立場，以便在個性上能有更多的改變和成長。」（第六章）

夢者的能力和夢的分析技術的關係

「有時夢所表現出的是至今仍未知的種種分裂意識立場的碎片，而這指出了什麼才是最終將成為的相對一致和穩定的身分認同感。」

「夢的補償和補充原則仍舊適用，但臨床上，在分析中對這些人進行夢的解釋和夢的工作，必須避免挑戰他們不適當的自我位置，因為他們的自體意象已經是這麼負向了，沒辦法再整合負向投射。通常他們的夢是對治療師才有應用的價值：指出做夢者心理的情節與動力，和指出治療師自己的反移情元素，而治療師的反移情元素可能會對創造出前自我得以具體成形的環境造成干擾。」（第六章）

這段生動的描繪，是說明夢者的能力和夢的分析技術的關係。我覺得這是很重要的說明，艾德華和席薇亞說夢者的意識認同未充分發展或碎片化，這是指夢的能力，不是指碎片化的夢，要做分析需要注意做夢者是否有能力接受？我的解讀是，當個案的心理是如碎片般的狀態，例如臨床常見被歸類為邊緣型人格者，對待自己和他人時，由於主要是分裂機制所帶來的二分，而出現的全好全壞，黑白分明地對待治療者。由於他們會「理想化」治療者，讓治療者誤以為他們可以聽得進那些深層的詮釋，但是這些詮釋常變得像是侵入者般，讓他們常快速地轉成，以負向的情感投射至治療者，變得難以消化治療者可能是居於善意而提供的論點。

這是針對個案的內在世界的情結與動力，而艾德華和席薇亞再補充的，治療師的反移情的因素所帶來的影響，對於精神分析來說，依我的了解，直到目前，當夢者說夢而治療師在聽夢這件事時，佛洛伊德在《夢的解析》後，提出夢技術的修正時提過，當夢者醒來瞬間，想到自己的夢要跟誰說時，就會依著他們對治療師的想像，而對於「顯夢」內容做了微調。這是不自覺且相當精細的微調，不過這表示著，夢者來到診療室，對治療師說著夢時，已有了依著醒來當時，對於治療師的潛在移情而做過微調了的夢內容。

我想補充的是，當夢者來到診療室時，除了有著睡醒剎那而做過的微調外，親身來到診療室，又會因親見治療師而有的移情，而再一次不自覺地微調他所記得的夢內容。不過，對精神分析以降來說，這並不會降低個案的夢的價值，只是它的價值不全然是，顯夢裡的原始隱夢的內容是什麼，而是由於幾度因為移情而微調夢的內容，讓說夢時有機會了解這過程裡的移情。因為精神分析是以移情做為了解個案重要的管道，如果再加上艾德華和席薇亞也提到的反移情因素，的確是讓對夢的處理變得再加一層複雜性。

以前述的邊緣型案例來說，他們投射出來的移情是大好大壞，是容易挑起治療師的反移情，尤其是負向的反移情，使得負向的移情，加上負向的反移情，讓關係是緊張的，但是這種時候，的確反而容易讓治療者對於夢的說明，會指向更深層的挫敗創傷經驗，也就是會發生如艾德華和席薇亞所描繪的干擾情況。溫尼考特會以侵襲（inpigment）來說明這種情況，也就是治療者在個案還無法承受時，過早地把治療者的觀點說出時，指向太深層的受苦而激惹個案反擊。

我舉一個在精神分析裡發生的重大衝突事件來說明。艾德華和席薇亞所提到，負向投射至治療師，而形成對於治療師的負向移情時，如何處理的故事。發生在英國的 1940 年代，具有重大影響力的克萊恩和她的學生們，主張個案，包括孩童，對於分析師的負向移情進行詮釋，因為她主張負向移情可能來自於深層死亡本能的作用，因此要盡早做這些深度的詮釋，讓個案不至於一路往破壞的路上走，以保護分析的架構得以維持。不過其他取向者，如果依照這種做法，卻常是招來個案的反擊，因此造成了學派之間的重大衝突。

衝突點之一是溫尼考特雖被克萊恩督導多年，但溫尼考特的經驗則是不斷地提醒大家，不要過早地進行詮釋，以免造成了如同侵襲的感受，這樣並不會使個案就開始想像其他可能性。艾德華和席薇亞的這段說法，如在第二章裡引述溫尼考特的論點，有可能和溫尼考特的說法有些關聯。如今我們回頭來看當年，這場至今仍持續的技術論戰，也許不全然在於，進行詮釋的速度是否太快且太深入，而是克萊恩或她的追隨者，在詮釋之外，可能還有其他的做為或不做為，讓她的詮釋得以發揮作用，只是她並未描繪診療室裡的所有實況。

不過我是假設，這是潛意識的結果，加上不同學派在競爭下，是可能不會把對方的觀點和語詞納進來一起思索，而使得負向移情的詮釋產生負面效應。不過說來看似字句清楚，只是回到臨床上就複雜了，那條切線要在哪裡仍是個重大的難題。因此這個命題至今仍是爭議中。

夢結構的方式就像戲劇情節

「劇院的母題是心靈神話詩性活動的原型再現，將存在和戲劇表演畫上了等號。而將能量如戲劇一般地展開是我們生命活動生來就有的過程。因此，一點都不令人意外地，夢結構的方式就像戲劇情節，有著在特定設置下所活現的主題，伴隨的戲劇活動有開場，進入僵局，然後結果也許是化解，也許變成災難；然後接下來的夢在新的場景裡繼續這個過程。因此，夢工作這門藝術最關鍵的，是將夢理解成戲劇表達的能力，將之視為情節結構來加以理解。」（第七章）

雖然精神分析在南美洲，發展出一支以 field theory 為名的支派，有人譯為「場域理論」，它的某些技術是較像以劇場為版本般，動態化個案故事的每個角色，不過它的影響力是有所局限。如果我的觀察不會太離譜的話，我覺得艾德華和席薇亞這段說明，是讓分析心理學被人喜歡的理由之一。尤其是心靈神話詩性的說法，在精神分析領域裡少被用來描繪我們的經驗，雖然自從佛洛伊德以降，對於神話的運用即是重點之一，不過平時觀察對於神話星象或靈性追求，有興趣者似乎大都是對榮格學派的說法較感興趣，甚至使用那些理念時會出現與有榮焉的反應，這是很個人的觀察。

但是精神分析對於這方面的說法，卻常被當做太機械化，或者缺乏人性，而精神分析取向者可能是想著，何以大眾對於精神分析的論點有阻抗呢？但這個想法是否真的能讓我們了解，診療室外的反應嗎？我是覺得仍需要再觀察，想像其他更細緻的語詞來描繪這個現象。我並不太知道，分析心理學取向的朋友們，是否曾有過這個命題，何以社會對於分析心理學有著阻抗的現象？不論有無，這都會是一個有趣的課題，雖然我不是說社會有無阻抗，就是誰比較好，誰比較壞，而是可能反映著，這是探索精神分析和分析心理學差異的另一個方向。

「夢境戲劇的主要內容經常包括呈現為支持者和反對者的意象：不同的傾向、情緒、風格、動機和觀點都可能並置。這些描繪出做夢者心理的對立元素，是需要被看到、需要帶著意識與之關連，而且或許需要將這一切加以平衡。這種兩極化經常是決定夢意義的基本因素。它們表現出來的可能是和夢中自我分離開來的，或者夢中自我也許認同其中一方，而需要意識到另一方。或者，這樣的對立可以當作需要適當面對的問題。」（第七章）

關於這段說法，仍得再回到在第二章，艾德華和席薇亞開展出來的想法，以原始的分裂機制作用下的二分法，黑白分明的矛盾，或者是生命較長成後，就算說著黑白分明，但其實已有著中間灰色地帶的心理能力？這在臨床或日常生活裡，呈現出來的會是不同的樣貌，如果只有黑白二分，缺乏中間地帶的心理狀態，處於這段引文所描繪的情境時，那常是情境的風暴，全好全壞二分，高度理想和極度貶抑理想的狀態，因此在了解這段重要話語時，是需要有著不同層次感的心理感受。

不然可能執意著黑白分明，當做是理想的道德無上，帶來的是撕裂和爭戰，而這方面的處理，就得和第六章裡提到的，如何避免在碎片裡，再加以撕裂成更多的碎片？如何在矛盾的中間，開出美麗的花朵，由於常不是如此極端情境，使得臨床上常需判斷中間的灰色地帶有多寬廣，才是適合加進一些深度的語言。對任何治療師，這都是挑戰，我只能說還需要更多的語詞來描繪它，讓我們的心理地圖可以更細緻。我相信對分析心理學，也是個具有高度挑戰性的主題。

前述引文的狀況不能去脈絡化的想像，我看艾德華和席薇亞也強調移情和反移情的基礎，這點和精神分析的著重是有一致的地方，只是我無法完全了解，這個說法在分析心理學者或榮格分析師個人，對於移情和反移情的著重程度，以及在工作過程思考的比重，不過這是一個值得再觀察和了解的課題，在不同人之間可能會有不小的落差。

夢需要分析的所在

「夢的整體結構一般可以想成這夢基本戲劇元素的展開順序，也就是最簡潔的表達成古典希臘戲劇的形式：展現、轉折、危機和化解。這些勉強可以轉譯成：設置、『漫步』或發展、危機，和結果……

通常我們為了弄清楚並認真考慮戲中的衝擊，展現（主題的設置）、轉折（發展）、危機（僵局）以及化解（解決）或災難等過程是循序漸進安排的。然而，在某個夢裡，這個順序可能部分重疊或濃縮。在另外一個夢，有些元素可能會擴展：其他的元素則是縮緊，或是以殘餘的和／或碎片的形式表現出來。展現也許很短，或者僅僅以某個細節暗示。發展可能略過，或是併在危機裡。危機可能佔據主要的部分，或僅僅暗示一下。而解決也許不會出現，或者以災難或僵局取代。不管怎樣，為了理解夢這個目的，將這四個結構元素分開並加以區隔是非常有用的。」（第七章）

面對碎片般的夢內容，雖然醒來時會不自覺被快速整合過，我們為了了解它，不同取向者就會建構出一套理解的方式。相較於佛洛伊德引進戲劇文學的方式，是來說明他在診療室所經驗到的情境，伊底帕斯情結是最著名的例子。這和榮格或艾德華和席薇亞在上段引文裡，運用戲劇的方式是有所不同。雖然也不能說，完全沒有精神分析師也是使用類似方法，把夢和戲劇做類比，這種類比的策略是一種方式，讓我們可以從其他角度的參考點來看夢，這是增加看待夢的新視野。只是得清楚的是，夢仍是夢，戲劇仍是戲劇，兩者並不是等同的，只是它們之間，有某些可以相互比擬的地方，來增加相互的視野。

夢和戲劇是不同的，不過這當然是不同取向者出發時的假設命題，如果假設它們可以相互學習和相互對話，但它們是不同的。雖也可以就假定兩者是相同的，並從這個角度來處理夢在臨床的運用，只是這也可能會忽視了夢和戲劇不同裡，是否夢有哪些獨特的性質反而被忽視了呢？這是我們引用其他象徵來觀看夢時，值得注意的地方。

「只在夢裡解決問題是不足的。在清醒的生活裡，同樣的行動也應該跟進。如果只以抽象的理解或情感的洞察力來與夢建立關係，這樣是不夠的。我們必須和意象及訊息一起生活，在平常的日子裡，有責任地、合乎現實地對它們進行工作。夢境會告訴我們：現在我們是在哪裡，我們又是如何不對勁，以及有什麼可能性和方法擺在我們眼前；但除非我們順應夢境，和所有的困難一起搏鬥，企圖藉此測試那些方法，否則夢的訊息終究是白費。」（第七章）

這是艾德華和席薇亞對於夢功用的重要描繪，這些說法依我有限的了解，的確不是精神分析取向者的主要想法。不過我相信，也許不全然所有精神分析取向者，都會反對這種態度，涉及的是有的精神分析者強調，工作就是「只管分析，不管其他的」，假設「其他的」都是個案會自己整合。不過這種說法是否適用所有個案，尤其是艾德華和席薇亞也引用的，溫尼考特和比昂的說法（第二章），對象是原始破碎如同精神病，或者臨床上如邊緣型個案，對這些個案群，如果「只是分析，不管其他的」，這是理想化的期待，不過可能離事實有些距離。

據我了解，有些精神分析取向的心理治療師，在處理人性裡很原始的心理時，那是破碎的生命經驗，或如溫尼考特所主張的，如兒童需要藉著有夢，並和跟大人談夢，來維持白天和晚上，昨天和今天的連結。這是溫尼考特強調的，存在的連續感（continuity of being）的功能。不過一般來說，在精神分析裡是比較少聽到，會如此描述引文裡「夢境會告訴我們」的那些功能。不過對於那些破碎人生經驗是否用得上，我覺得仍需要觀察，雖然在一般接近正常人來說，這會是一個誘人的說法。

佛洛伊德起初在處理夢時，可能有連續幾次的會談，都在深究某個夢，想要極致地了解某個夢的深度意涵。不過後來他做了修正，他的經驗告訴他，重要的事不會只出現一次，這次未處理的，下去會再以不同樣貌的夢再度出現。重要的欲望不會輕易不再表達自己，只是它會以多元的樣貌出現在夢裡，這也是夢需要分析的所在。

在豐富的聯想之外，還有什麼值得臨床注意的

第八章談論神話母題與原型，我相信對榮格分析師是拿手的議題。「每一個夢都包含了需要注意及理解的寓言和象徵；同樣地，夢中的原型元素也需要治療師從人類龐大的神話庫貯室裡，敏銳理解這一切的母題。因此，對於任何心理治療師來說，提高自己對這種夢材料的熟悉程度是非常重要的，而不是只依賴某一支神話就滿足了，而依賴的幾乎都是最接近分析師自己所屬的神話。如此廣泛的學習，才能提供足夠的材料來擴大個案的各式夢境。」

「有一些基本的主題，是關係著生命中特定階段或經歷的歷程。當做夢者整體的生活方向得以呈現或要重新呈現時，這樣的內容就會經常出現在夢裡。在這些內容裡，有遊戲的母題、人生如戲、旅程或道路、河流、經由橋或淺河床或船而穿越水體、煉金術的或生物學的轉化、舞蹈或儀式，以及職業或工作分配或家務等等的內容。當我們因命運註定要掙扎的議題出現，面臨著切合需求的準備、投入的承諾，和下決定或以十足的自我意向而參與的能力等等問題，這些母題似乎就會在夢中隨之出現。」（第八章）

第八章的想像是相當豐富且有趣，閱讀夢時的聯想，很敬佩艾德華和席薇亞的想像力，只是我在閱讀時，如果同時想像著臨床

情境的某些個案群的話，我是同時猶疑著，這樣豐富精彩的夢的分析和想像力，是哪些人可以了解呢？我也假設第八章的內容，對於喜歡分析心理學的人是相當吸引人的章節。在進一步談論我的猶疑前，我先談一些和佛洛伊德有關的，夢的分析的故事做為舖陳我接下來說明的基礎。佛洛伊德在《夢的解析》出版時，雖是精彩的分析，但也被質疑這些精彩的夢的分析，和臨床有什麼關係嗎？能在臨床運用嗎？

那時精神分析是什麼，還只在萌芽中。佛洛伊德因此在《夢的解析》出版的同年（1900 年），書寫「朵拉」這案例，除了臨床症狀的詳細描繪外，佛洛伊德分析了朵拉的兩個夢。一個是關於生的本能的聯想，另一個關於死亡本能的聯想，其中夾雜著佛洛伊德對於朵拉的少女情懷的精彩描述。但是朵拉並沒有領情，她在說了第二個夢後，就不再出現於診療室了。佛洛伊德在 1904 年才出版《朵拉》時，他在出版的註記裡說，這場分析的失敗是因為他忽略了朵拉的移情。後來，朵拉年老後出現在紐約，找佛洛伊德的學生分析，才有機會再了解，依目前的觀點以及本書裡提到的案例，朵拉依目前的觀點，她是屬於邊緣型人格，不只是她的精神官能症狀而已。

這顯示了佛洛伊德在發展初期的局限，我也無法猜想，佛洛伊德在當時就算有了邊緣型人格的概念，是否就有能力處理朵拉的課題？儘管佛洛伊德的文案豐富，不可諱言的是，他對於接近精神病層次的，邊緣型和某些嚴重憂鬱的分析，經驗和文獻是有限的。就英語系來說，後來在克萊恩、比昂、溫尼考特和肯柏格（Otto Kernberg）等人的研究發展下，才補充了這塊領域。回到本書第章的精彩內容，讓我引發的疑問，誰能夠從這些分析裡獲益呢？依我個人的經驗，是否只是精神官能症層次的個案？

但是如果有著邊緣型人格或精神病的案例，這些豐富的分析會如何呢？還好這些疑問艾德華和席薇亞也有想到，只是他們的書寫方式，可能會讓人享受著閱讀時的豐富感受，卻可能忽略了，如果做為治療師需要注意些什麼？因為艾德華和席薇亞提到的案例是，例如，「很可能是做夢者的內在有邊緣型或精神病層次的活動」，「一名有著邊緣型特質的三十八歲婦女前來接受治療，她帶來過去二十年不斷變化而重複的一場夢魘。」，「一位瀕臨精神病的抑鬱婦女在第一次治療中說了一個夢」。我以下引用一些段落，是艾德華和席薇亞強調要注意的，不過我覺得在他們精彩的神話分析裡，可能會讓人忽略了他們的提醒。

「對於進行分析的個案，在當下的情境裡，究竟要不要解釋這些神話的材料，是需要臨床判斷的。在一般情況下，如果沒有特別有說服力的理由，並不建議用說故事的方式點出或闡明這些擴大的材料，直到處理好個人的、還原的和移情的議題才行。不然擴大會偏離當下情境此時此刻的動力，甚至被用來遠離問題，或是將問題合理化。而且這還會被用來激起對了解一切的治療師的理想化或妒羨，或者藉此將重點移開治療關係，以避開這些困難的移情／反移情議題。這樣一來，這可能會變成一個很糟糕的替代品，沒辦法做到自我建立和無意識情結探索所需要的個人材料修通。」

「分析師永遠需要好好琢磨這些意涵的輕重，也琢磨對原型層面的個人素材是否產生化解或支持的心理潛在效應……但是這裡有個提醒：當治療師對向被分析者揭露這些擴大的材料有質疑時，也需要好好考慮可能的嚴重後果，包括好的和壞的部分，這是任何強效藥方都不可避免的情況。」

「如果這些夢意象本身缺乏一致性，或者說呈現的是看起來不相關且混亂的元素，很可能是做夢者的內在有邊緣型或精神病層次的活動。如果夢裡出現的是直白赤裸的、完全不帶個人情感的，和／或怪異或破壞的原型意象，這往往預示著做夢者或治療師其中一方，與探索中的能量是距離遙遠的，甚至是解離的。在這種情境下，不太可能和潛在的療癒因素建立關係，因為只要有這樣的解離存在，能量就不能有建設性地流動。」

「由於夢的設置把問題放在她工作的方式上，也就是她的工作風格，以及她執著於將充滿意志力的積極工作當作她的生活風格。這點需要先加以探索。這個問題後續可能會和移情有關……在這個案例裡，做夢者對人際關係的強迫性防禦，讓最初的移情詮釋不太容易被接受，儘管治療師很容易就反思出來。」

「如果把這個情境當作移情／反移情的議題，這可能是相當嚴重的情境，意味著這治療師是十分施虐地強迫他退行，而這對做夢者來說是一種受虐的滿足。然而這個夢的母題其實相反，很可能是指向一種由大我所建議或要求的『治療』。」（第八章）

對於當代的榮格分析師，在診療室的分析治療過程，會多注重移情和反移情？我所知有限，也對於就算是很著重，那麼是如何方式的著重呢？如何處理移情和反移情呢？由於這是精神分析取向者主張重要的，但在精神分析裡如何處理仍有著不小的差異，是否這個命題會是榮格分析師和精神分析取向者的重大差異呢？

不過我特別列舉了，艾德華和席薇亞在這些段落裡提出的提醒。我覺得那是很重要的提醒，尤其是這背後的在意和審慎的心情，是我們除了想像和期待有療效和效果外，對於我們的處置所產生「副作用」的注意。我是相當在意的也就是效用和可能的副作用，是需要在每個時候同時觀察和思索的課題，這也出現在前述引文的最後兩個段落裡，只是未明說關於「副作用」這個語詞。

夢的分析技術裡的先決主張

第九章雖是談論技術課題，整體上是在描繪潛意識（無意識）的各種特色，來說明夢的特點。例如，時間順序和因果的關係，最簡化的說法是，潛意識和夢中是沒有時間性，沒有因果性，也可以說這是潛意識和夢的某些通則。

「一般而言，可能有因果關係的事件是一個接著一個出現的；然而在夢中，這些事件是同時呈現的。另一方面，清醒時的意識中明顯的因果關係，呈現在夢的心理活動裡可能只是順序性的。

因此，順序性，甚至有時包括同時性，常常被認為呈現出因果關係。」（第九章）

至於對於夢中是否有所謂「錯誤的觀點」，「夢往往會對錯誤的觀點重新評估或加以糾正。這是一種特殊的補償情況；然而，它
113 並不是給出「對立面」的一般觀點，而是直接指出錯誤。例如，夢
可能表明，視若珍寶的東西沒有價值，甚至是有害的。或者，一些
可能抗拒和／或害怕的東西，其實是很有價值的。一個以為是提供
保護或支持的人，反而被夢安排為罪犯或強盜的角色，而一個可怕
的入侵者或嫌疑犯，夢中反而顯示是無辜的，甚至是有幫助的；人

們渴望的藥物被認為是毒藥，甚至是致病的原因。有時，夢境還可以成熟地描繪出『兇手是誰』的故事。」（第九章）

我個人是存疑，不過艾德華和席薇亞倒也提出，一些值得想像的說法。雖然我對於要把夢說成，「有時，夢境還可以成熟地描繪出『兇手是誰』的故事」，這和第十章談論夢的預測能力的課題，也是相同的，都是涉及學派本身在出發時，是否要設定有這些功能？夢是否有預測能力？這是古老的解夢方式之一，如大家可能也熟知的，某些先知以卜夢做為給國王意見的某種方式，或者某些巫師具有從夢來預測事情的方式。對我來說，我覺得這是任何人或學派，對於夢是什麼的先決設定所致，做為該學派的出發點，因此常是不容易議論的所在。

我也相信，如果有這種預期或相信，就會去觀察夢的內容，或如佛洛伊德長久觀察診療室裡的夢分析，也發現分析師的存在和論點，會影響個案後來的夢的形成。這是無形中所形成的影響，至於艾德華和席薇亞的說法，是意識上期待夢有這樣的功能，這些現象也出現在夢和白天的殘存物是不是有關係？以及是否夢者有「系列的夢內容」等課題？也是跟學派的先決主張有關。這些主張如果放在臨床的脈絡裡，仍得注意個案的能力，是否是破碎般生命經驗者？以及移情和反移情因素，可能如何影響預測的內容？

關於第九章夢的分析技術，我簡化地舉出艾德華和席薇亞提出的處理程序如下：

「一位年輕女子經歷了幾年無子女的乏味婚姻後，第一次被另一個男人深深攪動情感。不過，她覺得自己不應該『挑起麻煩』。她夢到：『我是軍隊裡的一員士兵。我不想參加戰爭，也不想和戰爭有任何關係……』」

我覺得處理這個夢的過程，是個主要的方式之一，先是聯想：

「對於士兵和軍隊，做夢者的聯想是，她『不喜歡打架和陷入爭辯，因為她相信博愛……』」

再來是治療師的擴大聯想，這可能是榮格學派深具的特色：

「有個神話擴大跟這個夢主題有關，就是《薄伽梵歌》開場的那一幕……」

至於是否能證明什麼，就看不同的治療師和個案之間的默契了：

「這種透過聯想和情節發展而證實的擴大，證明了夢的展現所指出的逃避主義傾向……」

以及最後的結論：

「因此，透過暗指的含義，夢清楚表明這一切不是只涉及抽象和哲學的思考。對做夢者特有的道德和靈性認定，夢是更傾向於再一次進行評估。她原來的這些認定被誤用成為逃避主義，讓她逃避更充實、更充滿情感的生活，也讓她在具體生活情境的衝突中受苦。」

如何打開潘朵拉的盒子

第十一章是談論夢裡的身體意象。什麼是身體？什麼是心理或靈性？通常在不同學派之間也會有不同的定義，或者有時有相同定義，但可能對於某些功能會有不同程度的強調，例如身體和性，一般來說，大都以為精神分析自從佛洛伊德，是以「性學」理論，尤其是「嬰孩式的性學」（infanitle sexulity）為主要基礎，或者常使用「力比多」（libido）這語詞來代表性學，因此當我看見艾德華和席薇亞這麼說時：

「所謂的性『倒錯』代表了力比多吸引力在形式或內容上的種種呈現。我們必須記住，任何想要在本能動力層面定義何謂『正常』或『不正常』的，都等於是將社會規範強行應用到社會形成以前的驅力層次。一個明顯的、行動化的行為，也許我們會認為是不正常的；但是我們不能將這樣的標準加諸於意象或夢，因為這些只是沿著原型和本能的路徑，單純描述力比多拉力的本質。」（第十一章）

我是好奇當代分析心理學，會如何想像和使用「力比多」這個語詞，因為我無法從這樣的句子裡，看見它可能被使用的方式？因為這段的說法是把焦點推向「本能」層次了，而這和分析心理學對於身心靈的「靈」的強調，如何融合呢？依我的有限了解，當我們把焦點推向「本能」或「靈」時，就意味著那是語言難以抵達的地帶，可以說是如溫尼考特和比昂所說的原始性了。雖然我們仍得不斷地說它，描繪它，為了親近它，但那是語言無法抵達的地帶，如同佛洛伊德所說的「嬰孩式的性學」，而青春期後的「性」，只是「嬰孩式的性學」展現的樣貌之一，不是它的全部。

有人想以「生的本能」來等同它，不過我必須坦白的是，我最好奇的是，分析心理學的「靈」或「靈性」是什麼呢？在榮格分析師之間的共識有多高呢？例如，這段的說明會是什麼：「關於性，人們一般是從性別來討論；然而從原型來說，性的範圍要寬廣多了。陰—陽，林伽—瑜尼這些象徵在原型上是根深柢固在我們的心靈，代表著伴侶之間與個人心靈內的基本兩極性。像外—內、明—暗、啟動—反應、創造—接受、堅定—適應，這些只是夢中性別意象暗示的可能少數意涵而已，無論做夢者的性別為何。」（第十一章）

由於艾德華和席薇亞引進了林伽、瑜尼等，會是帶來豐富想像的起點，雖然我不知道精神分析和分析心理學，透過「性」這字眼裡，想要看見的世界是什麼？如果從這些地方再細看時，會看見有多少的差異，而變得更難對話？或者較能對話？如果能不再只是停留在歷史的某個說法上，駐足在那裡相互誤解，相互難溝通的樣子，當代榮格分析師的說法，是讓我好奇的。

另外，我舉第十一章裡的一個夢，來做一些聯想。

「我發現我將乾燥的糞便存放在媽媽的珠寶盒。這氣味讓我覺得噁心，於是將整個東西都扔進了馬桶。但我立刻意識到，媽媽真實的珍貴珠寶也被我扔了。」（第十一章）作者在談這夢前就先提過「排便一般來說是慎重的、自信的『表達』活動。這反映了在本能的初步階段，意識清楚和慎重思慮的意願。便祕是人們不能或不願『拿出』這些東西；而腹瀉則是『失去』控制。因此，肛門的象徵也包括在佛洛伊德的觀念中關於想要支配或抑制的慾望。（在德國的育兒用語裡，室內便盆或馬桶座椅仍被稱為『王座』。）」（第十一章）

這就像是一個隱微的先決設定了，不過如果放回分析夢的技術來說，這種設定被治療者放在多重要的位置？一個令人好奇的地方，如果以這做為聯想的基地或起點，往前走會有不同的對夢的說法，艾德華和席薇亞是這麼說：

「在這夢裡，糞便代表了被儲存和乾燥的表達：自信或創造的可能性已經失去生命了。它們被錯放在母親的『珠寶』之間。做夢者在聯想時回憶說，母親過去常常稱做夢者是她『珍貴的珠寶』，所以他總是十分努力以配得上這個盛讚……

他想拋棄母親價值觀和文化標準所肯定的一切。他完全沉溺於毒品和自我放縱的行為，因此，正如夢警告他的那樣，他將真實的自體或自性化的價值（珠寶）和排泄物一起拋棄了。這夢中相當『粗俗土味』的語言可以被解釋為一種補償，是補償做夢者無意識中依然持續的、過分精緻的勢利，依然經由毒品『放空』來尋找他的象牙塔。」（第十一章）

如果仔細探究艾德華和席薇亞的說法，其中所出現的某些語詞或想法，我相信可能是分析心理學取向者熟悉的語彙，只是以我不全然知道的方式，建構著榮格派學者之間的默契和認同感。這常是某些語彙的運用，就馬上可以相互辨認出來，是否屬於同一陣營？

而艾德華和席薇亞在第十一章裡，簡短有用卻可能不會被特別注意的聲明，「在這裡我們只能粗略地討論身體象徵這一龐大而重要的主題。我們再重申一次，這些陳述不應該當作是一種固定的解釋體系，而只是在進一步探討可能的比喻和象徵的意義時所提供的指導方針罷了。」（第十一章）

我無法知道這短短的一段話，是如雷般震聾或只如在小巷裡的擦身而過，不過如果要維持艾德華和席薇亞在技術章節裡的強調，這短句是個重要的提醒。這涉及個人的想像是可以無限的，但放回分析情境的脈絡，就得考慮眼前這人的狀況了。這讓我想到了，在佛洛伊德分析「朵拉」時，也有出現珠寶盒的例子，佛洛伊德快速地說明，朵拉重複開關皮包的事，相連結到珠寶盒，如同性器官般的比喻，意圖說明朵拉的少女情懷裡，性的初春表現方式。

不過，分析過程裡，朵拉幾乎未理會佛洛伊德的神奇詮釋，直到後來，朵拉就不告而別了。也許不能說只因如此，所以朵拉就不告而別，不過從目前的臨床經驗來想像，這些美麗的詮釋，打開的可能是難以駕馭的情感和想法，有了說是打開「潘朵拉的盒子」，逼得佛洛伊德在朵拉的案例書寫，放了四年後出版時，補記自己當年忽略了朵拉對他的移情。不過，這包括性和攻擊的移情就是了，如前所說，佛洛伊德在《朵拉》一文裡，描繪了兩個夢，一個是以性做為焦點，而第二個夢接近朵拉的離開，佛洛伊德以攻擊的角度來分析這夢。

如何不是只套用古老觀點而變得缺乏新意

第十二章關於治療和治療師的夢，主要焦點在於談論夢時，涉及了個案和治療師之間的移情和反移情的課題。我先談一下自佛洛伊德以降，處理夢時，和移情及反移情之間的關係，也是動態變化的過程。據我的了解，是很困難有一個統一的標準，在佛洛伊德的時代，雖然強調「移情」的重要性，但論述上是相對少強調「反移情」在療程的細緻影響。當時是預設治療師的反移情，是在治療師個人被分析的診療室來處理，還未很費心思地探索，反移情在療程和夢的解析裡的互動細節。

就算佛洛伊德也著重移情的重要性，但是他在精神分析發展的初期，例如在《夢的解析》裡，對於顯夢（被記得並說出來的夢）裡的隱夢可能是什麼，提出了不少和當時人對夢的不同論點。由於那些隱夢的內容，涉及性和攻擊的論點，是有趣的推論過程，因此對於當時凝聚有相同想法的興趣者，是重要的過程，讓大家在相同的故事裡成長，就像聽父母說著相同故事而長大的小孩們，建構出一種深層的認同感。

不過，如果要再走下去時，仍只是說相同的故事，反而讓原本具有新意的夢的解析，可能變成只是套用古老觀點，就會變得缺乏新意。尤其是隨著臨床工作的演變，在精神分析裡，大多數治療者是以移情和反移情做核心，來觀察實做過程，但包括夢的處理仍有學派之間的爭議，以及治療者個人特別強調的重點略有不同，因此當大家將診療室裡的任何素材，不同程度地先從移情和反移情來觀察和想像，並做為形成詮釋的基礎時，這就和從猜測和想像臨床素材時，從個案的內在世界或外在環境做為主要的切入點，就會有所不同的後續手法。

從這些經驗來看，艾德華和席薇亞在第十二章裡提出的觀點，雖是強調移情和反移情，「既然每一個夢都揭顯做夢者心理和生理的動力歷程和靈性歷程的訊息，每一個夢也觸及關係的議題，這些從過去、從現在的問題性，以及／或者剛剛新冒出來的一切所投射出來的議題。更進一步地說，動力面向的探索將不可避免地涉及他們對親密關係的投射（有時是誘導），每一個夢也就都可能揭顯移情／反移情的議題，可能是當前聚合成形的，或者是可能發展的狀況。因此，夢將會加速修通這些原本阻礙關係的舊模式：這些受阻礙的關係，可能是對治療師、對於其他人、對一生工作和需要的滿足、對無意識的，以及／或者對大我的關係。」

但我不知這些論點，在當代的榮格分析師之間，工作時會有多少比重採用如此工作模式，一切都從個案和治療師之間的移情和反移情出發，和一切都只從個案的內在故事出發，兩者之間是有很多的可能性「正如佛洛伊德曾經說過的，『移情總是存在的』，儘管它『可能不會召手示意』。在夢的工作時也是如此。並不是所有的夢都是經由『召手示意』的移情議題才得以處理，即便是透露了某些治療歷程訊息的夢。也許是夢中提出來的問題比治療更一般；也許對做夢者來說，現在對移情進行分析是不適合的；也許目前沒有急迫的反移情問題。」

我無法推論，何謂「沒有急迫的反移情」是指什麼？不過就精神分析來說，移情和反移情是無時無刻的存在，至於是否成為會談直接討論的話題，的確會另有其他的考量。例如，個案如果太難接受了，可能就不會硬闖，這就涉及臨場判斷的嘗試，艾德華和席薇亞是以肯定的方式來說，「如果這場景是指向做夢者的工作或家庭等等，那麼夢就是將這個隱喻（場景）標記為開啟問題的最佳位置。即便分析師完全理解移情的意涵，治療師必須對這些內容保持沉默，直到先探索了夢的隱喻。另外一方面，當夢中提出問題的設置所指的是治療師或治療歷程，這就必須以相反的方向來進行修通：首先要探索的應該是移情中的意涵。」

艾德華和席薇亞在第十二章，對於夢內容的分析都是相當有想像力，他們也談了一些值得再觀察的說法，「夢到真實的治療師，也可能與做夢者上一次的會談中對治療師的反應有關，需要浮現到可意識的層面。」，「在這情況下，夢到治療師的夢也可能是涉及個人的和主觀層面的移情反應。」，「出現治療師人物的夢也可能是指內在治療師、療癒者或做夢者的引導大我，以及做夢者對感知和權威中心的投射和關係。」，「讓事情變得更複雜的是，分析師的觀點可能對被分析者產生誘導效應。這個可能出現的偏差，也是要多加考慮的。」，「出現治療師形象的夢也可能是指向治療歷程本身」等。

我相信只要看過內容，可以從特定語詞的使用，以及應用神話的方式，就明顯看出和精神分析取向之間的差異。例如，

> 「在夢的最後，理想的治療師變成了猴子。
>
> 猴子原型的正向潛能確實是需要好好考慮的。猴子當然不是做夢者的理想，但這個意象指出原型能量模式的核心，而這是她需要意識到的。猴子做為象徵，是代表永

遠存在的、隨性的、前人類的、享樂主義的特質，而且經常讓人覺得好玩的。這些特質是做夢者治療歷程可資運用的。」

在精神分析取向的討論會裡，如果出現這種說法，大概會被當做不知是從那裡來的怪物吧。不過這可能是分析心理學裡，相互打招呼般的起手式。我不是主張這例子裡的說明一定如此，但是以某動物，某神話人物代表著什麼意涵，倒是常聽到的方式，只是不知在榮格學派裡的人，會如何看待這些類似的說法？

從另一角度來說，榮格派學者建構相互認同也是很重要的，只要開口說幾句大概就可以知道，是不是同路人了？只是如果要考量移情和反移情的因子時，這些解釋內容會和工作傾向的演變，而讓診療室裡處理夢產生什麼變化呢？這無法只憑我的想像，我相信是需要相同取向者在發展過程裡，同時注意和觀察這些現象，才是真正的在地答案，如同艾德華和席薇亞在第二章裡說的：

「因為夢的意象是象徵性的，不是語言符號學的，臨床工作者必須要小心，不要對夢的「意義」過早「理解」，也不要依賴任何固定的等義關係（即：夢到木棍就是陰莖，夢到洞穴就是大母神，夢到閣樓就是理智或未來）。從夢迅速得到的意義，往往是來自治療師自己的偏好或反移情的投射，而不是來自真誠的、通常需要雙方相互的理解（註：佛洛伊德在 1909 年《夢的解析》（The Interpretation of Dreams, Random House, NY）。就像所有來自『另外一邊』的表達，夢也傾向是多層次且如神喻一般，因此與理性的、黑白分明的、簡單的解釋方法是互相矛盾（甚至是意義混合的）也十分阻抗的。」（第二章）

尾聲，也是回到榮格學派資產的起點

得停下來的時候了，雖然仍有不少值得再談論的內容。閱讀這本書時覺得很有趣，對於作者的豐沛想像力也很佩服，我閱讀榮格學派的文獻是有限的，因此無法精準判斷這本書，在榮格學派系統裡有多少原創性和想像性？不過，我想既然王浩威醫師願花寶貴時間來翻譯，勢必有它獨特的地方吧。各位讀者會發現，我一路寫下來，大致是圍繞在和臨床技藝有關的內容，對於神話相關的想像和說明內容，我是較少提出來。

我是喜歡那些想像和說明，只是心中一直掛念著，艾德華和席薇亞在第二章提出的，那些困難個案的處遇時，個案能夠了解多少呢？這不是否定本書的說明，而是讓我有機會了解榮格派學者，診療室工作後，如何回想和描繪診療室裡的經驗。這是事後的描繪，也會是分析心理學的重要資產吧。因此我的書寫就刻意拉回診療室裡當刻的技藝。

這只是我了解的一種方式，希望讀者不要以為，我要在分析心理學和精神分析間比較高下，如果文中有這種氣味，就表示我這篇文章書寫的失敗。我只是嘗試如艾德華和席薇亞，在診療室後所做的想像和描繪，我則是在閱讀後，以事後的方式提出我的想像，因此我的話就算有聰明，也只是事後諸葛。

最後，希望回歸艾德華和席薇亞的努力，我引用第十二章的兩段文字做為結束。畢竟這本書是榮格學派的資產，我就以本書的文字做結束，選取這兩段是我認為，值得再細究的功課，就留給各位了。

「然而，對治療師來說，這些夢是無價的。夢會提供線索，可以瞭解早年親子關係的原型場域究竟發生什麼事，而這一切全都聚合在治療性的移情和反移情裡。如果面臨的是缺乏口語方面的聯想，那麼與夢同步發生的行為會代替之，彷彿這也是一種聯想。對做夢者來說，這些通常是要被解釋的內容，而不是夢本身。然而，對治療師來說，這些行為層面的聯想往往提供了理解夢的方法，以及瞭解夢所指出的在治療歷程中出現的變化。做夢者將夢說出來以後，如果口語的聯想沒有隨之出現，治療師可以回想其他會談中的對話，從中找出相關的材料，再加以拼湊，而得以對夢意象有更深層的理解。」

176 「治療師出現關於案主的夢，總是隱含著反移情的問題；因此，治療師工作上需要做的，是看看自己把哪些情結或原型問題投射到那個案主身上。這類的投射最常見的是有關陰影的問題，沒辦法代謝消化的情感，或是案主融入治療師家庭的情況。但原型的反移情也是可能的。案主的形象可以表現成為大我的形象或孩子的形象，可以是愛人或敵人，一個令人嫉妒的理想或是一個四處破壞的魔鬼。這種投射，無論是個人的還是原型的，都暗示著治療關係處於困難，同時治療師已經過度認同案主，或者『利用』案主做為自己心理某部分的載體。對這樣的夢進行工作，對於解開移情—反移情的混亂，通常是必要的，也是十分有幫助的。」

蔡榮裕

精神科專科醫師

臺灣精神分析學會名譽理事長

臺灣精神分析學會執委會委員兼推廣委員會主委

松德院區「思想起心理治療中心」心理治療督導

| 附錄 |

參考書目

Assagioli, R. (1965) *Psychosynthesis*, New York: Viking Press.

Bion, W.R. (1967) *Second Thoughts: selected papers on psycho-analysis*, London: Heinemann, New York: Jason Aronson.

de Becker, R. (1968) *The Understanding of Dreams and their Influence on the History of Man*, New York: Hawthorn Books Inc., p. 84.

Deri, S.K. (1984) *Symbolization and Creativity*, New York: International Universities Press.

Desoille, R. (1966) *The Directed Daydream*, New York: Psychosynthesis Research Foundation.

Dieckmann, H. (1980) 'On the methodology of dream interpretation,' in I. Baker (ed.), *Methods of Treatment in Analytical Psychology*, Bonz: Fellbach.

Edinger, E. (1985) *Anatomy of the Psyche: alchemical symbolism in psychotherapy*, La Salle, Illinois: Open Court.

Eliade, M. (1958) *Rites and Symbols of Initiation: the mysteries of birth and rebirth* (transl. Willard Trask), New York: Harper and Row.

Epstein, G.N. (1978) 'The experience of waking dream in psychotherapy,' in J.L. Fosshage and P. Olsen (eds) *Healing: Implications for Therapy*, New York: Human Sciences Press, pp. 137–84.

Fosshage, J.L. (1983) 'The psychological function of dreams: a revised psychoanalytic perspective,' *Psychoanalysis and Contemporary Thought* 6, (4) 641–69.

Fosshage, J.L. (1987) 'A revised psychoanalytic approach,' in J.L. Fosshage and C.A. Loew (eds) *Dream Interpretation: a comparative study* (rev. edn), New York: PMA Publishing Corp.

Fosshage, J.L. and Loew, C.A. (eds) (1978) *Dream Interpretation: a comparative study*, New York and London: Spectrum Publications.

Freud, S. (1909) *The Interpretation of Dreams* (transl. Dr A.A. Brill), New York: Modern Library, Random House (1950 edn).

Freud, S. (1912) 'Dynamics of transference,' in *Standard Edition*. 12:97–108, 1958.

Gebser, J. (1985) *The Ever-Present Origin* (transl. N. Barstad and A. Mickunas), Athens, Ohio, London: Ohio University Press.

Ginzberg, L. (1961) *The Legends of the Jews*. New York: Simon & Schuster.

Glucksman, M.L. and Warner, S.L. (eds) (1987) *Dreams in New Perspective: the royal road revisited*. New York: Human Sciences Press.
Gorkin, M. (1987) *The Uses of Countertransference*, Northvale, N.J.: Jason Aronson Inc.
Groesbeck, C. (1975) 'The archetypal image of the wounded healer,' *Journal of Analytical Psychology* 20 (2): 122–45.
Grof, S. (1975) *Realms of the Human Unconscious*, New York: Viking.
Grof, S. (1985) *Beyond the Brain*, New York State University.
Haft-Pomrock, Y. (1981) 'Number and myth: the archetypes in our hands,' *Quadrant* 14 (2): 63–84.
Hall, J. (1977) *Clinical Uses of Dreams: Jungian interpretations and enactments*, New York: Grune and Stratton.
Happich, Carl (1932) '*Bildbewusstsein als Ansatzstelle psychischer Behandlung*,' *Zentralblatt für Psychotherapie* 5: 633–77.
Hillman, J. (1979) *The Dream and the Underworld*, New York: Harper and Row.
Hobson, J.A. and McCarley, R.W., (1977) 'The brain as a dream state generator: an activation-synthesis hypothesis of the dream process,' *American Journal of Psychiatry* 134 (12): 1335–48.
Jacobi, J. (1959) *Complex/Archetype/Symbol in the Psychology of C.G. Jung*, Princeton, N.J.: Princeton University Press.
Jung, C.J. References are to the *Collected Works (CW)* and by volume and paragraph number, except as below. Bollingen Series, Princeton University Press.
Jung, C.J. (1938–39) '*Psychologische Interpretation von Kinderträume und Älterer Literatur über Träume*,' seminar notes, winter semester, Zurich, Eidgenossische Technische Hochschule.
Jung, C.J. (1961) *Memories, Dreams, Reflections*, New York: Random House. (Also published in 1963 by Pantheon, New York.)
Jung, C.J. (1984) Dream Analysis: Notes of the seminar given in 1928–1930, Princeton University Press, Princeton, N.J.
Kerenyi, C. (1976) *Dionysos: archetypal image of indestructible life* (transl. from the German by R. Manheim), Princeton University Press.
Khan, M.M.R. (1972) *The Privacy of the Self: papers on psychoanalytic theory and technique*, New York: International Universities Press.
Kirsch, T.B. (1968) 'The relationship of REM state to analytical psychology,' *American Journal of Psychiatry* 124 (10) (April):1459–63.
Leuner, H. (1955) 'Exper. Katathymes Bilderleben als ein klinisches Verfahren cl. Psychother', *Z. Psychother und med. Psychol*, 5: 185–202, 233–60.
Mabinogion, The (transl. with an introduction by G. Jones and T. Jones) Everyman's Library, Dent, London, 1906.
Mattoon, M. (1978) *Applied Dream Analysis: a Jungian approach*, Winston: Washington.
Neumann, E. (1954) *The Origins and History of Consciousness* (transl. R.F.C. Hull), New York: Harper and Brothers.
Neumann, E. (1955) *The Great Mother: an analysis of the archetype*, Princeton University Press.

Neumann, E. (1976) 'On the psychological meaning of ritual,' *Quadrant* 9/2: 5–34.
O'Flaherty, W.D. (1984) *Dreams, Illusions, and other Realities*, Chicago and London: University of Chicago Press.
Oxford Book of Dreams, The (1987), chosen by Stephen Brook, Oxford University Press.
Perera, S.B. (1986) *The Scapegoat Complex: toward a mythology of shadow and guilt*, Toronto: Inner City Books.
Perera, S.B. (1989) 'Dream design: some operations underlying clinical dream appreciation,' *Dreams in Analysis*, Willmette, Illinois: Chiron Publications.
Perry, J.W. (1976) *Roots of Renewal in Myth and Madness*, San Francisco: Jossey-Bass.
Redfearn, J.W.T. (1989) 'Atomic dreams in analysands,' *Dreams in Therapy*, Willmette, Illinois: Chiron Publications.
Rossi, E.L. (1985) *Dreams and the Growth of Personality: expanding awareness in psychotherapy*, New York: Brunner Mazel.
Rycroft, C. (1979) *The Innocence of Dreams*, New York: Pantheon.
Samuels, A. (1985) *Jung and the Post-Jungians*, London: Routledge & Kegan Paul.
Schrodinger, E. (1961) *Science and Humanism*, Cambridge University Press.
Stevens, A. (1982) *Archetypes: a natural history of the self*, New York: Wm. Morrow and Co.
Stolorow, R. and Atwood, G. (1982) 'The psychoanalytic phenomenology of the dream,' in *Annual of Psychoanalysis* 10:205–20.
Ujhely, G. (1980) 'Thoughts concerning the *causa finalis* of the cognitive mode inherent in pre-oedipal psychopathology,' Diploma thesis, C.G. Jung Institute of New York.
von Franz, M.-L. (1960) *Dreams of Themistocles and Hannibal*, London Guild of Pastoral Psychology, August, lecture 111.
von Franz, M.-L. (1986) *On Dreams and Death: a Jungian interpretation* (transl. E.X. Kennedy and V. Brooks), Boston and London: Shambala Publications.
Whitmont, E.C. (1969) *The Symbolic Quest*, London: Barrie and Rockliff, London and Princeton University Press.
Whitmont, E.C. (1978) 'Jungian approach', in J.L. Fosshage and C.A. Loew (eds) *Dream Interpretation: a comparative study*, New York and London: Spectrum Publications, pp. 53–77.
Whitmont, E.C. (1987) 'Archetypal and personal interaction in the clinical process,' in *Archetypal Processes in Psychotherapy*, Wilmette, Illinois: Chiron Publications.
Whitmont, E.C. (1989) 'On dreams and dreaming,' in *Dreams in Therapy*, Willmette, Illinois: Chiron Publications.
Winnicott, D.W. (1971) *Playing and Reality*, New York: Basic Books, Inc.

PsychoAlchemy 030

夢，通往生命的泉源：榮格觀點的解夢書

Dreams, A Portal to the Source

著—艾德華・惠特蒙（Edward C. Whitmont）、
席薇亞・佩雷拉（Sylvia Brinton Perera）
譯—王浩威　校閱—徐碧貞

出版者—心靈工坊文化事業股份有限公司
發行人—王浩威　總編輯—徐嘉俊
執行編輯—裘佳慧　特約編輯—林婉華
內文排版—龍虎電腦排版股份有限公司
通訊地址—106台北市信義路四段53巷8號2樓
郵政劃撥—19546215　戶名—心靈工坊文化事業股份有限公司
電話—02）2702-9186　傳真—02）2702-9286
Email—service@psygarden.com.tw　網址—www.psygarden.com.tw

製版・印刷—中茂分色製版印刷股份有限公司
總經銷—大和書報圖書股份有限公司
電話—02）8990-2588　傳真—02）2290-1658
通訊地址—242新北市新莊區五工五路2號（五股工業區）
初版一刷—2021年7月　初版三刷—2023年9月
ISBN—978-986-357-215-2　定價—630元

Dreams, A Portal to the Source, 1st Edition /
by Edward C. Whitmont and Sylvia Brinton Perera /
ISBN: 9780415064538

國家圖書館出版品預行編目(CIP)資料

夢，通往生命的泉源：榮格觀點的解夢書／艾德華．惠特蒙（Edward C. Whitmont）、
席薇亞．佩雷拉（Sylvia Brinton Perera）著；王浩威譯. -- 初版. --
臺北市：心靈工坊文化事業股份有限公司，2021.07
面； 公分. - -（PsychoAlchemy；30）
譯自：Dreams, A Portal to the Source
ISBN 978-986-357-215-2（平裝）

1. 分析心理學　2. 解夢

170.181　　110011082

心靈工坊 PsyGarden 書香家族 讀友卡

感謝您購買心靈工坊的叢書，爲了加強對您的服務，請您詳塡本卡，
直接投入郵筒（免貼郵票）或傳眞，我們會珍視您的意見，
並提供您最新的活動訊息，共同以書會友，追求身心靈的創意與成長。

書系編號—PA 030　　書名—夢，通往生命的泉源：榮格觀點的解夢書

姓名　　是否已加入書香家族？ □是 □現在加入

電話 (O)　　(H)　　手機

E-mail　　生日　　年　　月　　日

地址 □□□

服務機構　　職稱

您的性別—□1.女 □2.男 □3.其他

婚姻狀況—□1.未婚 □2.已婚 □3.離婚 □4.不婚 □5.同志 □6.喪偶 □7.分居

請問您如何得知這本書？

□1.書店 □2.報章雜誌 □3.廣播電視 □4.親友推介 □5.心靈工坊書訊
□6.廣告DM □7.心靈工坊網站 □8.其他網路媒體 □9.其他

您購買本書的方式？

□1.書店 □2.劃撥郵購 □3.團體訂購 □4.網路訂購 □5.其他

您對本書的意見？

□ 封面設計　1.須再改進 2.尚可 3.滿意 4.非常滿意
□ 版面編排　1.須再改進 2.尚可 3.滿意 4.非常滿意
□ 內容　1.須再改進 2.尚可 3.滿意 4.非常滿意
□ 文筆／翻譯　1.須再改進 2.尚可 3.滿意 4.非常滿意
□ 價格　1.須再改進 2.尚可 3.滿意 4.非常滿意

您對我們有何建議？

□本人同意＿＿＿＿＿＿（請簽名）提供（真實姓名/E-mail/地址/電話/年齡/等資料），以作為心靈工坊（聯絡/寄貨/加入會員/行銷/會員折扣/等之用，詳細內容請參閱http://shop.psygarden.com.tw/member_register.asp。

廣　告　回　信
台北郵政登記證
台北廣字第1143號
免　貼　郵　票

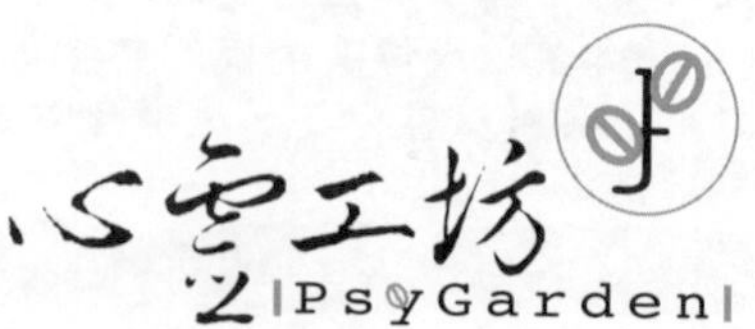

10684台北市信義路四段53巷8號2樓

讀者服務組　收

免　貼　郵　票

（對折線）

加入心靈工坊書香家族會員
共享知識的盛宴，成長的喜悅

請寄回這張回函卡（免貼郵票），
您就成爲心靈工坊的書香家族會員，您將可以——

⊙隨時收到新書出版和活動訊息

⊙獲得各項回饋和優惠方案